HISTOIRE
DES CRIMES
DU 2 DÉCEMBRE,
par
V. SCHOELCHER,
Représentant du Peuple.

Édition considérablement augmentée.

TOME II.

Bruxelles,
CHEZ LES PRINCIPAUX LIBRAIRES.

1852

Brux. — Imp. A. SAMUEL.

HISTOIRE

DU 2 DÉCEMBRE.

Il fallait, sous peine de défaite honteuse et de guerre civile, non pas seulement prévenir, mais épouvanter. En matière de coup d'état, on ne discute pas, on frappe; on n'attend pas l'ennemi, on fond dessus; on broye ou l'on est broyé.
P. Mayer.

L'histoire enregistrera ce scandale, que l'aristocratie des richesses s'est faite l'auxiliaire des pillards. Quand on a relevé les cadavres des émeutiers, qu'a-t-on trouvé en majorité ? Des malfaiteurs et des gants jaunes !
Granier Cassagnac.

Tout individu convaincu d'avoir fourni des secours en vivres ou en argent à un insurgé, en de lui avoir donné asile, sera considéré comme complice de l'insurrection, et puni avec toute la rigueur des lois qui régissent l'état de siège.
Colonel Fririon.

On doit leur courir sus comme à des bêtes fauves.
Colonel Denoue.

HISTOIRE
DES CRIMES
DU 2 DÉCEMBRE,
PAR
V. SCHŒLCHER,
Représentant du peuple.

ÉDITION CONSIDÉRABLEMENT AUGMENTÉE.

TOME SECOND.

BRUXELLES,
CHEZ TOUS LES LIBRAIRES.

CHAPITRE V.

LE PEUPLE.

Nous avons entendu dire mille fois que le peuple, lors des révolutions, est entraîné par des meneurs; qu'il cède aux excitations « de quelques artistes en émeute, » comme disent agréablement les littérateurs de l'ordre. Nous avons lu cela dans tous les journaux royalistes ou impérialistes, dans toutes les brochures anti-républicaines. Il n'y a pas d'erreur plus grande. Ceux qui tiennent un pareil langage sincèrement ne connaissent pas les classes laborieuses. Le peuple a des volontés très-précises, très-arrêtées. Il ne fait que ce qu'il veut; personne ne peut lui faire faire ce qu'il n'a pas résolu, ni le mettre en mouvement quand il n'est pas décidé à marcher. Il ne se bat qu'à son heure, lorsqu'il lui plaît, et pour sa propre cause.

Il est évident qu'au 2 décembre il ne se crut pas engagé dans la question. Jamais on ne le pressa davantage ; jamais plus d'habits, pour nous servir d'une expression reçue, ne descendirent dans la rue, et jamais ils n'obtinrent moins de crédit auprès des blouses. Nous en parlons par expérience. Nous avons employé, nos amis et nous, tout ce que la conscience des dangers que courait la république pouvait donner d'énergie pour exciter le peuple à nous suivre : il n'a pas remué. Pendant trois jours des voix éloquentes lui ont parlé, et ne l'ont pas ému. Malgré l'arrestation préventive de soixante et dix-huit citoyens influents dans son sein, les hommes politiques restés libres, bourgeois, ouvriers, chefs d'atelier et de corporation, auxquels il accorde confiance, l'ont gourmandé de son indifférence : il est resté neutre. Plus d'une fois on l'a entendu parler des événements du jour comme d'une querelle à laquelle il était étranger, comme il aurait causé des affaires d'Allemagne ou de Suisse.

Il y a eu des barricades sans doute, et trop de braves encore y périrent ; mais la faiblesse même de ces barricades et la rareté de leurs défenseurs, si grand que fût leur courage, témoignent que les masses ne s'ébranlèrent pas.

M. Mazzini a écrit que la démocratie française, divisée en différentes sectes socialistes,

« s'était débandée au moment du danger. » Malgré l'accueil que d'aussi indécentes attaques ont reçu dans la *Nation*, de Bruxelles [1]; malgré l'incroyable blâme adressé à ceux qui les ont relevées, nous répétons ici que l'assertion de M. Mazzini n'est pas seulement une insulte à notre parti, mais une fausseté. Parmi les combattants comme parmi ceux qui s'abstinrent, les socialistes proprement dits et les républicains se sont toujours confondus ; ils n'ont agi séparément nulle part. Pour ce qui est de l'*heure du danger*, M. Mazzini s'usera les dents sur la lime démocratique avant de faire croire que le peuple de Paris, le peuple de 1830, de 1832, de février et juin 1848, recule devant le péril.

Non, ce n'est pas le courage qui a manqué aux faubourgs le 2 décembre, personne ne le croira, c'est la volonté : il ne leur a pas plu de prendre parti.

Les amis de l'ordre ont une autre manière de calomnier le peuple. Comme ils font tout pour de l'argent, comme ils ont violé les lois de leur pays pour de l'argent, ils supposent que chacun

---

[1] Les rédacteurs de *la Nation* se sont mis complétement à la discrétion des haines de M. Mazzini; après avoir inséré deux attaques de lui, ils ont eu deux fois la déloyauté de refuser la réplique. Nous avons heureusement rencontré des sentiments plus honorables dans les journaux anglais.

leur ressemble, et les défenseurs de la Constitution, prétendent-ils, ne se sont battus que pour de l'argent! Chose bizarre! voilà des riches, des propriétaires prodiguant leur fortune pour pousser les pauvres à des batailles dont le succès doit amener la spoliation des riches, la destruction de la propriété, et la conversion des bottes vernies en sabots. Ces partageux-là, il faut en convenir, ont au moins une vertu tout à fait étrangère aux décembriseurs, celle du désintéressement.

Certes, si le peuple se battait pour de l'argent, le guet-apens militaire aurait eu peine à réussir; car jamais les brigands opulents n'ont distribué plus d'or. M. P. Mayer, l'historien bien instruit, a signalé ces libéralités par deux fois: « De temps
« en temps, un être à la figure plus humaine,
« aux mains plus propres que les autres, bien
« vêtu et bien reçu, surgissait au milieu d'un
« groupe sordide, et, au bout de quelques mi-
« nutes, chacun avait un rendez-vous dans l'o-
« reille, *de l'argent dans la main, et des car-
« touches dans la poche.* » (Page 125.) — « Tra-
« qués dans leurs derniers repaires, les anar-
« chistes vinrent par milliers encombrer les
« prisons et les forts. *On constata que les partis
« avaient payé l'émeute :* un grand nombre
« d'insurgés morts ou faits prisonniers *avaient
« leurs poches pleines d'or.* » (Page 162.)

Nous rapportons ces belles découvertes, non que nous ayons l'envie de les démentir, elles se démentent d'elles-mêmes, mais pour montrer une fois de plus la bassesse de ceux qui les supposent.

Disons la vérité. Le peuple de Paris n'a pas compris la situation ; il a cru que ce qui se passait ne le regardait pas ; que les décembristes « faisaient sa besogne. » Mais pour le justifier aux yeux de l'Europe qui s'étonne, de l'histoire qui s'étonnera, avouons qu'il avait plus d'une raison de n'être pas fort ému. En définitive, que renfermait l'attentat pour lui ? La dissolution de l'Assemblée, l'arrestation des généraux. — L'Assemblée ! il la détestait légitimement ; elle lui avait montré trop de haine, elle l'avait trop impitoyablement écrasé pour qu'il pût s'inquiéter de la voir licencier. — L'arrestation des généraux ! il avait plus de motifs de s'en réjouir que de s'en affliger. Il se rappelait comment ces messieurs l'avaient traité après juin 1848, lorsqu'ils devinrent maîtres du pouvoir exécutif; il pouvait même savoir quelque gré à M. Bonaparte de leur appliquer la loi du talion, de les arrêter arbitrairement *pour sauver la société* comme ils avaient arrêté et transporté arbitrairement *pour sauver la société* des milliers de bons citoyens, de braves et loyaux républicains.

Joignez à cela que les factieux promettaient

de *maintenir la république* et *rétablissaient le suffrage universel*, les deux conquêtes les plus précieuses de février. Avec le suffrage universel dont il croyait la restauration sincère, le peuple était sûr de se rendre maître de toutes les situations, et il regarda d'autant moins aux moyens employés pour le lui restituer que ces moyens frappaient ceux-là mêmes qui le lui avaient arraché.

Que de manœuvres, que de fraudes ne furent pas employées pour l'induire en erreur! Dans la journée du 2 décembre, un régiment qui traversa le faubourg Saint-Antoine avait à sa tête, et presque mêlé à ses rangs, un groupe d'hommes en blouse qui criaient « Vive la république! » sans que les chefs fissent rien pour les écarter. Ces fausses blouses, dont s'accommodaient si bien alors les ennemis de la république, n'étaient-elles pas occupées à tromper le peuple sur la nature du complot et les tendances de l'Élysée?

Quant aux mesures liberticides qui accompagnèrent le coup de Jarnac, elles ne le touchaient pas non plus directement. Il y avait longtemps que leur effet était produit pour lui, grâce aux lois exceptionnelles de la majorité. — Les arrestations arbitraires! Depuis la transportation de 1848, la liberté individuelle n'existait plus pour le peuple. — La suppression de la garde nationale ! N'avait-il pas été chassé par les *honnêtes gens* des rangs de cette milice? — La liberté de la presse ! En jouissait-il davantage ? Il est trop pauvre pour faire les avances d'un abonnement ; il ne peut acheter les journaux qu'au jour le jour, et les ennemis de la démocratie, après avoir rétabli les lois du cautionnement et du timbre, avaient combiné celles de l'interdiction du colportage et de la vente sur la voie publique de façon à lui rendre la presse véritablement inaccessible. Ces lois n'eurent pas d'autre but.

La majorité, les parlementaires et ceux qui s'appelaient les républicains modérés parce qu'ils aidaient, sans le vouloir, à saper la république, ont subi un cruel châtiment de leurs fautes. Le peuple, qu'ils avaient désintéressé dans la question, a regardé faire quand les soudards sont venus sabrer la tribune, envahir la justice et renverser les derniers remparts du droit.

Le peuple ne vit que ce que nous venons de dire dans le crime des conspirateurs nocturnes, et il répondit durement même aux représentants rouges qui l'appelèrent aux armes : « Nous ne « voulons pas nous faire casser la tête pour les « vingt-cinq francs, pour une Assemblée qui « nous a désarmés, transportés sans jugement, « qui nous a traités plus cruellement que ne le « pourra jamais faire tel despote que ce soit. »

Il peut aujourd'hui juger son erreur. Nous ne

nous trompions pas, nous; il ne s'agissait pas pour les représentants des barricades du personnel de l'Assemblée, ni des vingt-cinq francs, ni de la Montagne, ni des dissensions du parti. Il s'agissait des principes. Or l'Assemblée, quelle qu'elle fût et si coupables que fussent les fautes de la majorité, représentait encore vivant le droit et par conséquent les garanties suprêmes de la Constitution, de la liberté, du progrès, de toutes ces grandes conquêtes que nos pères et nos modèles ont scellées de leur sang depuis 89 jusqu'à 93.

Voilà, voilà pourquoi ces hommes à habits, que des gens sans cœur, sans foi et sans probité traitent de brigands, d'ambitieux ou de démagogues, ont risqué et perdu, le 2 décembre, le repos de leur famille, leur fortune à cette heure sous le séquestre des amis de la propriété, leur bien-être, le bonheur enfin de vivre dans leur patrie au milieu de ceux qu'ils aiment; toutes choses mille fois plus précieuses encore que leur vie tant de fois exposée.

Nous n'avons ici répondu qu'à d'odieuses accusations dirigées contre les Montagnards: quant au peuple de Paris, il a été ce qu'on a vu le peuple partout, à Vienne, à Berlin, à Bade, en Italie, dans certaines circonstances. Ce n'est pas lui, peut-il dire, jusqu'à un certain point, qui est coupable de son indifférence en face d'un attentat fatal, mais bien les gouvernements qui l'ont laissé dans l'ignorance. Le Christ pourrait encore pousser se généreuse expiration, 1850 ans après son premier sacrifice : Pardonnez-leur, ils ne savent ce qu'ils font !

Nous apprenons d'ailleurs que les yeux du peuple s'ouvrent tous les jours. Il regrette une neutralité qui, en moins de cinq mois, a fait tomber la France de honte en honte jusqu'à l'abîme d'ignominie où elle se trouve; il voit bien qu'il n'y a rien de commun entre lui et le prétendu *neveu de l'Empereur*. Il voit bien que les traditions de l'*Empereur* sont celles du plus grand et du plus lâche ennemi de la démocratie; il voit bien que M. Bonaparte n'est qu'un faux socialiste comme autrefois on avait les faux dévots. Que veut donc le peuple de concert avec M. Bonaparte? Rien. Le peuple veut la république, M. Bonaparte veut l'empire; le peuple veut le suffrage universel, M. Bonaparte n'en veut que le simulacre; le peuple veut la vérité, M. Bonaparte ne veut que le mensonge. En définitive, parce que la majorité avait mis des restrictions à la liberté, ce n'est pas une excuse pour le président Obus de la supprimer au profit de son vulgaire despotisme. Le mal ne saurait se justifier par l'excès du mal.

Le peuple a de grands torts à réparer, de grands devoirs à remplir, et vis-à-vis de lui-même et vis-à-vis des démocrates emprisonnés, transportés, exilés, et vis-à-vis de l'Europe. Lorsque Moïse voulut délivrer ses frères de la terre d'Égypte, ils lui répondirent d'abord : Laissez-nous mourir en paix. Mais les Hébreux étaient depuis deux siècles courbés sous la verge d'un esclavage abrutissant. La France dira-t-elle : Laissez-moi me reposer ? On conçoit que des esclaves dégradés par un long asservissement n'aient pas le courage de s'affranchir ; mais la raison a peine à s'expliquer qu'une nation éclairée, ennoblie par trois révolutions puissantes, forge de ses propres mains les chaînes dont quelques aventuriers la chargent avec une brutalité inouïe.

Si elle ne se hâtait de briser les liens du 2 décembre, ce serait pour elle le dernier degré de l'avilissement.

Que le peuple y songe après tout, la question n'est pas entre le petit parti bonapartiste et la France, elle est entre la démocratie et l'absolutisme. Ce qui se fait à Paris en politique se fait pour l'univers, quoi qu'en puissent dire les envieux, les ingrats et les ennemis de la grande nation. Le vent qui s'élève des bords de la Seine souffle sur le monde et conduit le vaisseau de l'humanité vers les rives du bien ou du mal. La révolution de février sonna une heure d'émancipation pour l'Europe ; alors les peuples

se dressèrent et les monarques se soumirent.
Dès que février fut vaincu à la suite des fatales
journées de juin, dès que la réaction triompha
au palais Bourbon en ordonnant l'exécrable
expédition de Rome, les potentats tressaillirent
de joie sur leurs trônes ébranlés, et se dirent :
Nous pouvons reprendre ce que nous avons cédé.
Le roi de Prusse viola les serments solennels
faits en saluant au balcon du palais de Berlin
les funérailles des martyrs qui passaient ; l'empereur d'Autriche, chassé de Vienne, y rentra et
rétracta tous ses engagements ; à leur exemple,
tous les petits princes d'Allemagne mirent en
lambeaux les constitutions qu'on leur avait
arrachées ; le pape, restauré par nos armes sacriléges, regagna plus qu'il n'avait perdu ;
Naples, Palerme et Messine furent mitraillées
par le roi Bomba ; Venise la belle grossit ses
lagunes des flots de son sang généreux ; Florence vit le Croate dans ses murs indignés ;
Milan, ô horreur ! eut de ses hommes et de ses
femmes fouettés sur les places publiques ; l'Italie
entière fut recouchée dans la tombe ; la Hongrie,
terrassée par le czar, qui n'a pas peur, lui, de
pratiquer la solidarité des rois, perdit le prix
de ses victoires ; les duchés du Schleswig et du
Holstein, sur le point de s'affranchir, retombèrent sous le joug danois à l'aide des troupes
austro-prussiennes.

Le crime du 2 décembre n'est point un fait isolé, il est le couronnement de toutes ces œuvres de la réaction, le corollaire des crimes précédents. Que *cette expédition de Rome à l'intérieur* ait déçu les royalistes qui l'avaient annoncée et préparée, elle n'en est pas moins, en réalité, le suprême effort de la marée monarchique repoussant le courant du progrès. Qu'elle se soit faite au profit des impérialistes, au nom des légitimistes ou des orléanistes, cela est indifférent ; que l'habitant des Tuileries s'appelle M. d'Orléans, M. Bonaparte ou M. Henri Capet, le nom n'y fait rien ; les uns et les autres représentent le même principe, l'absolutisme. Aussi l'insolence des souverains a-t-elle redoublé ; aussi les aristocraties ont-elles relevé la tête plus haut que jamais depuis notre défaite de décembre. Hier encore le sénat de Brême enlevait à cette ville libre la presse, le droit de réunion, le jury et l'assemblée des bourgeois.

Pour vaincre cette ligue du mal, il suffit que prolétaires et bourgeois de France veuillent oublier des divisions que les meneurs monarchistes ont excitées et entretenues avec un art fatal. Le prolétariat ne pourra jamais s'émanciper sans l'aide des bourgeois ; la bourgeoisie ne pourra jamais, sans les prolétaires, se défendre contre les entreprises du droit divin qui n'est pas tout à fait mort. Ils sont aujourd'hui frappés des mêmes coups par l'esprit de la contre-révolution dont la fin nécessaire est le despotisme. Nous voyons avec bonheur leur rapprochement s'opérer dans la disgrâce commune. Au fond leurs intérêts sont les mêmes, ils ne sont séparés que par des malentendus, leurs luttes sont des guerres fratricides ; qu'ils ne tentent rien les uns sur les autres, qu'ils forment alliance, celle-là pourra s'appeler vraiment sainte ; contre leur union nulle force brutale ne saurait prévaloir, et le monde leur devra bientôt son affranchissement.

Voilà ce que doit considérer la nation française, ouvriers, paysans et bourgeois ; voilà ce qu'elle doit se dire à chaque heure du jour. Elle a charge d'âmes ; elle porte en elle l'indépendance du monde. En se laissant asservir elle asservit l'Europe, en brisant ses fers elle brisera ceux de l'univers.

Au peuple de 1789, de 1830 et de 1848, au peuple tout entier, ouvriers, paysans et bourgeois, de réparer le mal qu'il a causé. Et il le fera, nous en gardons la ferme espérance. C'est notre consolation. Nous avons toujours foi en lui ; nous attendons qu'il se délivre ; nous attendons qu'il nous délivre de la terre d'exil ; nous attendons, les yeux toujours tournés avec amour et anxiété vers la patrie, qu'il nous en rouvre les portes. Les peuples frémissants attendent qu'il leur donne le signal de la nouvelle et dernière révolution qui doit assurer à jamais le triomphe des bons sur les méchants, de la république universelle sur les monarchies.

CHAPITRE VI.

RÉSISTANCE DANS LES DÉPARTEMENTS.

§ I.

CLAMECY.

Reprenons le triste récit des vaillants et infructueux efforts de la résistance.

Paris vaincu, la France entière ne tarda pas à l'être ; mais, c'est un fait important à constater, et qui signale encore tout ce qu'a eu de criminel l'entreprise de l'Élysée, Paris n'a pas protesté seul contre cet attentat. On vit alors, ce qui était sans exemple dans nos agitations politiques, on vit les départements se soulever sans demander le mot d'ordre à la capitale. Sur mille points de la France à la fois, les bons républicains ont pris l'initiative d'une résistance armée sans savoir même ce que ferait Paris.

Mais sous quel jour odieux cette noble résistance n'a-t-elle pas été présentée ! Il ne s'agit plus même de l'anarchie, de la démagogie, du désordre ; il y va de pire encore, il y va de la JACQUERIE. Nous avons lu quelque part que le mot est sorti du cerveau d'un M. Ach. Boucher, ancien compagnon de débauche de l'austère M. Morny. Il a fait fortune chez les cinq ou six mille coquins de la société du dix décembre.

C'est un besoin, c'est un devoir pour nous de rétablir la vérité et de rendre hommage à la noble conduite comme au dévouement de ceux qui se sont sacrifiés pour le salut de la patrie et des lois.

Nous parlerons d'abord de Clamecy, car c'est là surtout que, au dire des terroristes du 2 décembre, auraient pris place les actes les plus condamnables.

Le *Journal de la Nièvre*, cité par *la Patrie* du 15 décembre, contient un rapport dont voici les passages les plus saillants : « Le comité, qui
« s'intitulait *comité révolutionnaire social*, pu-
« blia diverses proclamations, dans l'une des-
« quelles il était décrété que TOUT INDIVIDU QUI
« PILLERAIT SERAIT IMMÉDIATEMENT MIS A MORT ;
« *mais il était permis à chaque patriote d'exer-*
« *cer, comme il l'entendrait, ses vengeances*
« *particulières*. Aussi y a-t-il eu plusieurs
« assassinats, et le procureur général disait hier,
« dans le discours qu'il a prononcé sur la tombe

« de deux gendarmes qui ont été tués; qu'il y
« en avait eu huit... Outre les deux gendarmes
« massacrés à la défense de la prison, avec des
« circonstances horribles, puisque les *insurgés*
« agitèrent la question de savoir *s'il ne fallait*
« *pas essayer de prolonger leur existence pour*
« *jouir de leur martyre*, on ne compte, jusqu'à
« présent, que dix personnes tuées pendant l'in-
« surrection. »

Ainsi l'on convient, on est forcé de convenir
que *les pillards* ont commencé par décréter que
tout individu qui pillerait serait immédiatement
mis à mort; mais, ajoute-t-on, « il était permis
« à chaque patriote d'exercer ses vengeances
« particulières. » Tels sont les procédés ordinaires de nos ennemis. Lors même qu'ils se
trouvent en face d'un acte irrécusable qui les
confond par sa haute valeur morale, ils imaginent aussitôt quelque infamie nouvelle pour en
atténuer l'effet. La prétendue permission donnée
aux patriotes d'exercer leurs vengeances particulières n'est qu'un de ces mensonges dont les
honnêtes gens ont le goût et la pratique. Il faut
ranger les huit assassinats du procureur général dans la même catégorie. On n'aurait pas
manqué de les énumérer, si on avait eu un argu-
ment semblable à produire contre la résistance.

Le fait est que la mort de M. Mulon aîné est
seule le résultat d'un crime, et c'est encore mille

fois trop. On l'a assassiné, disent les inventeurs
de la Jacquerie, « bien qu'il fût républicain,
« parce qu'on tirait aux habits sans s'inquiéter
« même de l'opinion. » Rien de plus faux.
M. Mulon a été tué par un fanatique qui l'a pris
pour M. Beson, avoué, réactionnaire furibond,
qui menaçait depuis longtemps les socialistes, et
qui venait de figurer au milieu d'insurgés, dont
une fusillade tirée sur le peuple avait tué un
démocrate et blessé neuf autres. Loin de nous,
bien loin de nous la pensée de justifier ainsi un
meurtre politique qui, eût-il atteint M. Beson,
n'en resterait pas moins un meurtre odieux.
Nous avons voulu seulement repousser la nouvelle imagination « d'une chasse aux habits,
expliquer, mais non pas excuser un assassina*
Au surplus, il est de toute fausseté que le peuple ait tiré, dans les rues de Clamecy, sur les
bourgeois. Les meneurs de la réaction, dont
MM. Bonaparte et Persigny sont les héritiers
directs, ont trouvé de ces sortes de choses pour
souffler la haine entre les riches et les pauvres,
mais nous constatons qu'on n'en a jamais admi-
nistré la moindre preuve. Il est certain, par
exemple, qu'à Clamecy, M. Tartras, qui, depuis,
a si violemment accusé les constitutionnels,
devant ces tribunaux de sang qu'on appelle des
conseils de guerre, circula, pendant les deux
jours de la résistance, le samedi et le dimanche,

avec une entière liberté au milieu de ses ennemis en armes.

Quant aux deux gendarmes « massacrés à la porte de la prison avec des circonstances horribles, » ils n'ont pas même été tués ensemble, ils ont succombé séparément, à vingt-quatre heures de distance. On va voir ce qu'il advint d'eux, au milieu du récit général que nous avons à faire des événements de Clamecy.

Trois ou quatre jours avant le guet-apens présidentiel, on avait arrêté, sous l'élastique accusation de société secrète, plusieurs démocrates à Clamecy et dans les cantons environnants.

Là, comme à Paris, les conspirateurs avaient certainement voulu enlever d'avance des chefs à la résistance. Cependant, à la nouvelle du crime, les démocrates se contentèrent d'abord d'envoyer à Auxerre et à Nevers, pour connaître les dispositions de ces deux villes ; mais considérant une inaction plus prolongée comme un déshonneur, ils se portèrent, le vendredi 5, à huit heures du soir, à la prison, pour demander l'élargissement des citoyens arbitrairement arrêtés. Le maire avait réuni dans la mairie, qui est contiguë à la prison, tous les fonctionnaires en armes, la compagnie de pompiers et les gendarmes. M. Tartras ordonna une décharge qui blessa neuf personnes et tua M. Meunier, instituteur, au moment où il quittait sa maison, située en face de la prison. Le peuple riposta, et un gendarme fut mortellement atteint comme on l'est dans la bataille, comme venait de l'être M. Meunier. Il est donc matériellement impossible qu'il ait été « martyrisé, lâchement assassiné. » M. Corbin, le procureur général, l'a dit, mais ce n'est pas la vérité. Peut-être est-il trop bon défenseur de la religion, pour comprendre que mentir sur une tombe c'est un sacrilége. Après la première fusillade échangée, les insurgés se retirèrent et les assaillants délivrèrent les prisonniers politiques. Il est absolument inexact qu'ils aient rendu la liberté aux hommes frappés par la justice. Mais il faut admirer l'audace et la maladresse d'une telle assertion de la part de gens qui, à Mazas, relâchaient les voleurs pour mettre, à leur place, des représentants du peuple, comme MM. Odilon Barrot, Lemaire, Goulard et autres.

C'est le lendemain, 6 décembre, vers quatre heures du soir, que l'autre gendarme a perdu la vie. Voici dans quelle circonstance :

Cinq à six cents des défenseurs de la loi vinrent pour s'emparer de la caserne de gendarmerie. Leur chef, l'honorable citoyen Guerbet, quincailler, condamné depuis à la déportation dans une enceinte fortifiée, s'avança *seul* et entra en pourparlers avec l'officier, M. Lemaître, auquel il demanda la reddition des armes et des munitions de guerre. Sur les observations de l'officier, représentant qu'il y aurait du déshonneur pour sa troupe à livrer ses armes, il fut convenu qu'on ne les enlèverait pas, que l'on se bornerait à détacher les batteries des carabines et à prendre les munitions. Pendant ces pourparlers, à l'intérieur, un gendarme, nommé Bidan, qui se trouvait à la porte de la caserne, voulut désarmer un des assaillants, Jean Rollin, dit Petit, jardinier, qui le regardait d'un air provocateur. Une lutte s'engagea entre eux. Très-malheureusement, au lieu de paralyser cet acte de témérité, plusieurs de ceux qui entouraient Bidan se laissèrent emporter par la colère, et il fut atteint de cinq ou six coups de feu qui l'étendirent mort. Après quoi, un homme violent, comme il y en a partout, comme on en a vu parmi les soldats du boulevard des Italiens, eut la lâcheté de frapper son cadavre. Il a été d'ailleurs constaté, lors du procès qui a suivi, que cet homme était épileptique. Les égorgeurs de décembre l'ont condamné à mort et exécuté. Nous reviendrons sur cette affaire dans notre prochain ouvrage au chapitre du rétablissement de l'échafaud par les bonapartistes.

Tels sont les faits dans leur plus entière vérité. Nous ne prétendons pas atténuer ce qu'ils ont de honteux ; mais y trouve-t-on rien qui puisse justifier cette affreuse assertion que l'on aurait voulu prolonger la vie de la victime pour jouir de ses souffrances? Si douloureux que soient ces faits, nous voudrions que les héros du 2 décembre n'eussent rien de plus à se reprocher! Il faut dire d'ailleurs que dans la matinée même, les assaillants avaient vu tuer trois des leurs, l'un, Coqueval, au coin de la rue Gigot, un autre au milieu d'une colonne qui passait devant la sous-préfecture, et enfin, un troisième, nommé Leclerc, tambour de la garde nationale dissoute, qui battait le rappel. Nous ne nous pardonnerions pas de présenter ces assassinats comme une justification, nous entendons seulement fournir au juge suprême tous les éléments propres à former son opinion.

Le *Journal de Maine-et-Loire*, fidèle au mot d'ordre, a inséré une lettre où l'on peut lire le passage suivant : « Tout ce que votre correspondant vous a dit sur Clamecy est au-dessous de la vérité. Il en a recueilli les détails de la bouche même de l'un des principaux fonctionnaires de cette malheureuse ville, dont la caisse a été volée, la maison pillée, et la femme et la fille, charmante personne de dix-sept ans, livrées aux outrages les plus exécrables! »

Exécrables mensonges!

Le fonctionnaire public dont il est question est certainement M. Daublet, receveur particulier. Il n'a pas pu tenir le langage qu'on lui prête. Notre livre tombera entre ses mains : il ne contestera pas un mot de ce que nous allons écrire, et la vérité que nous produisons restera la vérité pour tout le monde.

Dès que le soulèvement du 5 se fût prononcé, les constitutionnels demandèrent M. Rousseau, en qui ils avaient grande confiance. M. Rousseau, avoué à Clamecy, allié par son mariage à l'une des familles les plus considérables du pays, était alors président de la chambre des avoués et de plus officier de la garde nationale constamment réélu depuis quatorze ans. Ce forcené démagogue, prévenu la veille qu'on voulait l'arrêter préventivement, avait été s'abriter à trois lieues de la ville. Aussitôt que les patriotes réclamèrent sa présence, madame Rousseau, jeune femme pleine d'énergie et de courage, le fit chercher. Deux heures après il était à Clamecy, et, d'accord avec la nouvelle municipalité que l'on avait installée à l'hôtel de ville abandonné par les insurgés, il fit sonner le tocsin. A l'appel du tocsin, trois ou quatre mille hommes des différentes communes environnantes, et quelques-uns du département de l'Yonne, arrivèrent à Clamecy. Loin de se livrer à aucune orgie, comme on l'a prétendu, tout ce monde ne mangea que du pain, mais encore fallait-il le payer. C'est aux caisses publiques que l'on demanda naturellement de quoi nourrir les défenseurs de l'ordre public.

En conséquence, le 6, à deux heures, trente ou quarante personnes, le citoyen Eugène Millelot en tête, se rendirent chez le receveur particulier pour avoir de l'argent. *Trois seulement entrèrent* et le sommèrent de donner 20,000 fr. M. Daublet fut si peu violenté matériellement qu'il discuta, et finit par offrir 5,000 francs, déclarant d'ailleurs qu'il exigeait un reçu, afin de sauver sa responsabilité. On hésita ; car on comprenait bien que si la résistance était vaincue, celui qui signerait serait perdu. M. Daublet persista, et M. Eugène Millelot se décida, par un généreux dévouement, à le satisfaire[1]. Le percepteur alors chargea sa femme d'aller prendre l'argent, qu'elle apporta peu de minutes après.

Voilà le seul rôle qu'ait eu madame Daublet dans cette affaire.

Les 5,000 francs déposés par M. Millelot à la municipalité furent remis, quand il dut quitter son poste, à MM. Quenouille et Bretagne, sauf 250 francs employés à acheter des vivres. Le dimanche suivant, M. Quenouille confia à M. Cornu, banquier, les 4,750 francs restants, qui furent réintégrés dans la caisse publique.

[1] Les craintes que l'on pouvait avoir se sont trop bien justifiées ; l'honorable M. Millelot a été condamné à mort par des juges militaires, à la suite d'un procès où il a montré le plus intrépide courage et, ce que nous prisons bien davantage, le plus noble caractère.

La maison de M. Daublet n'a donc point été pillée ; on n'y a donc commis aucun excès. Trois personnes seulement, nous le répétons, y entrèrent. Tel est le fait que les preneurs aux 25 millions de la banque de France ont transformé en acte de brigandage ! C'est un acte purement révolutionnaire, et il n'est pas un homme honnête qui puisse y voir rien de déshonorant. Nous déclarons, pour notre compte, l'approuver complétement.

Quant à la femme de M. Daublet et à sa belle-sœur (non point sa fille), elles n'ont subi aucune espèce d'outrage ; la jeune fille même n'a point paru.

On a dit également que, le 6 au matin, lors de la prise de la sous-préfecture, la femme du sous-préfet avait été soumise aux dernières violences. Le sous-préfet était célibataire ! Enfin le président du tribunal de première instance qui est, à ce qu'il paraît, un véritable *honnête gens*, prétend aussi que sa cuisinière aurait été victime d'abominables attaques quand on pénétra chez lui pour y chercher ses armes ; la cuisinière elle-même lui donne tous les jours un démenti formel. Nous avons pour garantie l'affirmation de M. Rousseau.

Dans cet ordre d'idées, nos ennemis ne pouvaient manquer de prétendre que les femmes avaient été fort maltraitées à Clamecy. Il est heureusement facile de prouver le contraire. Beaucoup de dames de la ville s'étaient retirées à l'hospice, sous la protection morale de la souffrance et des sœurs de Charité. Les amis de la loi y vinrent plusieurs fois porter des blessés, et se conduisirent toujours avec tant d'égards que, depuis, les sœurs, par une sorte de reconnaissance, portèrent des vivres à tous ceux que les insurgés victorieux laissaient mourir de faim en prison.

Il y a un fait vrai, et, sans lui donner plus de portée qu'il ne convient, les accusations lancées contre les républicains nous autorisent à le mettre en évidence. Le jour même de l'entrée à Clamecy du général Pellion avec 2,000 baïonnettes, un soldat (la troupe se croyait tout permis) se rua sur une femme du peuple, dont le mari avait précisément été arrêté le matin. Déjà ulcérée de ce malheur, elle fut plus indignée encore des tentatives commises sur sa personne par un militaire, et le frappa d'une paire de ciseaux très-affilés qu'elle tenait. Le coup fut malheureusement mortel. Le lendemain le général Pellion fit une proclamation foudroyante, disant que les brigands voulaient *massacrer ses braves soldats !*

Citons à cette heure un trait de ces jacques qui ont plus particulièrement exercé leurs ravages à Clamecy. Le samedi au matin, lorsqu'ils étaient encore complétement maîtres de la ville, un ouvrier, qu'à ses vêtements on pouvait juger très-pauvre, apporta à M. Bretagne, tailleur, une montre et une chaîne d'argent qu'il venait de trouver. M. Bretagne n'ayant pas jugé à propos de s'en rendre dépositaire, l'ouvrier alla la remettre à M. Quenouille, négociant en vins, bien connu. Cela dit, nous ajouterons une seule chose : c'est que les élyséens, tout en parlant beaucoup des *brigandages des jacques* à Clamecy, n'ont jamais articulé un seul fait précis, pas un seul.

Le peuple de la Nièvre, tant calomnié par des vainqueurs qui espèrent ainsi pallier leurs forfaits, s'est constamment comporté avec une remarquable modération. Nous sommes à même d'en fournir un témoignage frappant. Le samedi 6, le comité acquit, en saisissant les dépêches, une nouvelle certitude que la capitale était complétement soumise; il savait, d'un autre côté, que Nevers et Auxerre n'avaient pas bougé; il jugea toute résistance impossible dans une ville ouverte, et déclara, sur les barricades, qu'il n'y avait plus qu'à se retirer, chacun comme il lui serait possible. Cette triste communication fut accueillie avec défiance et murmure. On cria, comme toujours, à la trahison, et la moitié du peuple persista à vouloir garder les barricades. Quelques membres du comité, entre autres M. Rousseau, n'en crurent pas moins devoir s'éloigner. Les hommes des barricades, ne voyant plus M. Rousseau, allèrent jusqu'à trois reprises le demander chez lui. Ils pouvaient concevoir un grand ressentiment de son départ. C'eût été juste, mais les vaincus sont rarement justes. Eh bien ! malgré cette situation des esprits, dans leurs trois visites successives, ils furent toujours pleins de respect et de déférence à l'égard de madame Rousseau, qui était restée, et ne prononcèrent pas une parole, directement ou indirectement, blessante pour elle. C'est de la propre bouche de madame et de M. Rousseau que nous tenons cette particularité significative.

Nous avons dit la vérité, toute la vérité, sur Clamecy, même ce qui était à notre désavantage. Que l'on juge, après cela, le correspondant de *la Patrie*, achevant ainsi sa lettre : « Voilà comment se sont passés les événements « de Clamecy. Je n'ai pas le courage de vous « parler *des assassinats et des crimes horribles* « *qui se sont commis; il me faudrait employer* « *toute la nuit pour vous faire un récit complet* « *des abominables atrocités dont la ville a été* « *le théâtre*. J'ai assisté aux deux révolutions à « *Paris, en 1830 et 1848, mais je n'ai rien vu* « *qui approchât de l'horrible tableau qui vient* « *de se dérouler devant moi.* »

Les dignes amis de MM. Fialin et Bonaparte, quand ils cherchent un terme de comparaison « *à d'abominables atrocités,* » le prennent dans les révolutions de 1830 et 1848 ! Ils oublient que leurs maîtres ont salué 1830 et 1848 comme des ères de régénération.

Nous avons consciencieusement avoué ce qu'on pouvait reprocher aux défenseurs de la loi dans la mort du gendarme Bidan et de M. Mulon ; mais s'il était jamais permis de justifier le mal par le mal, que n'aurions-nous pas à dire des insurgés ! Le 9, vers le milieu du jour, le préfet de la Nièvre, M. Petit Delafosse, se présente devant Clamecy avec deux cents soldats, en attendant le général Pellion, qui devait arriver le lendemain suivi de deux mille hommes de troupe. Au pont de Baugy, il s'empare de quatre imprudents qui avaient voulu aller en reconnaissance ; il en fait massacrer trois, le quatrième parvint à s'échapper. Un peu plus loin, à l'entrée du bois de la Poustaillerie, on tua également un pauvre ouvrier menuisier, chargé de ses outils, qui allait travailler au château de Quincy. M. Corbin, le procureur général, accompagnait M. Petit-Delafosse ; il a été témoin de ces assassinats, il les a sanctionnés par sa présence, et il ose accuser les socialistes dans ses discours funèbres !

Le préfet campa aux Chaumes, en attendant

le général Pellion. Comme nous l'avons expliqué, une grande partie des patriotes avaient déjà évacué Clamecy, mais un noyau de citoyens résolus à une défense désespérée se tenaient derrière une barricade formidable élevée à l'entrée de la ville. Les chefs jugèrent cependant que persister à soutenir la lutte n'était plus que répandre du sang en pure perte. Paris était bien décidément vaincu ; Auxerre n'avait pas fait un mouvement ; le préfet venait de traverser le département avec deux cents hommes ; une victoire même sur les deux mille soldats du général Pellion attendu ne servirait à rien. Les membres restants du comité firent comprendre aux plus vaillants qu'il fallait céder, et envoyèrent au préfet cinq parlementaires : M. Tartras, l'ancien maire ; M. Moreau, avocat ; M. Quenouille, négociant en vins ; M. Bretagne, tailleur et juge au tribunal de commerce ; le nom du cinquième nous échappe. Ces messieurs étaient chargés de dire que l'on se rendrait si le préfet voulait s'engager à n'exercer aucune poursuite. M. Delafosse, qui connaissait M. Bretagne pour un républicain, *le fit arrêter*, malgré les instances de M. Tartras, et laissa aller les autres en disant qu'il voulait la ville à merci. Les hommes de la barricade se décidèrent alors à s'éloigner. M. Moreau va annoncer leur détermination, le préfet s'irrite de le revoir, et *le déclare son prisonnier*.

Chez les sauvages même on respecte les parlementaires, mais les décembriseurs ne respectent quoi que ce soit au monde.

On sait que Clamecy et la Nièvre, livrés aux conseils de guerre, ont été ravagés par la proscription et les condamnations à mort.

§ II

DONJON ET LAPALISSE (*Allier*).

Les événements de Donjon et de Lapalisse remplissent de grandes pages des chroniqueurs de jacquerie. Notre ami politique, M. le docteur Nolhac, a bien voulu nous fournir une note qui rend aux choses leur véritable caractère. On verra, en le lisant, que ce jacques studieux et savant sait aussi bien tenir une plume qu'un fusil :

« Le 3 décembre, à quatre heures du soir, je recevais au Donjon deux lettres de Paris, qui m'apprenaient l'odieux attentat du sieur Bonaparte.

« Nous allons tout de suite, mon ami Pelassy et moi, trouver le *notaire* Terrier, frère du représentant, et le citoyen Fagot, *ex-maire du Donjon et l'un des grands propriétaires* du pays, pour leur faire part de la nouvelle. Notre résolution est prise à l'instant ; nos mains se serrent en silence, et nous nous séparons pour courir aux armes. L'heure du sacrifice était venue, et nous étions décidés à accomplir notre devoir jusqu'au bout.

« Cinq minutes après, nous quatre et deux autres citoyens, que je ne puis nommer, car aujourd'hui ce serait les *dénoncer*, étions dans la rue avec nos fusils, appelant le peuple à la défense de la république. Sans perdre un instant, nous nous dirigeâmes vers le bâtiment qui sert à la fois de mairie et de caserne de gendarmerie. Là, nous nous trouvâmes en face de quatre gendarmes, du maire, de l'adjoint et du juge de paix.

« Nous nous approchâmes du juge de paix et lui dîmes : « Vous savez ce qui se passe ; le pré-
« sident est un parjure ; nous ne pouvons plus
« reconnaître ses fonctionnaires, vous êtes notre
« prisonnier. » Le juge de paix porta la main à sa poche, et en sortit un pistolet, qu'il rentra immédiatement, sur la menace de lui faire sauter la cervelle ; un gendarme veut dégainer ; il est couché en joue, et le sabre rentre au fourreau.

« Au même moment, le maire est arrêté, et s'écrie : « Mais pourquoi m'arrêter ? je n'ap-
« prouve pas plus que vous ce qui se passe ; je

« suis légitimiste, vous le savez tous, et je suis
« prêt à m'entendre avec vous pour combattre
« le coup d'état. » On ne l'écoute pas ; les gendarmes sont consignés à leur caserne ; maire, adjoint, juge de paix, et un ancien garde du corps, fermier du maire, qui survint, sont conduits en prison. Il était quatre heures et demie.

« La porte de la mairie fut alors enfoncée, pour y constituer une commission directrice et nous emparer des armes de la garde nationale que nous y supposions cachées. Nous n'y trouvâmes rien.

« Le tocsin ne tarda pas à se faire entendre, et nous construisîmes à la hâte une barricade devant l'église, pour protéger ceux qui étaient au clocher et défendre la mairie au besoin. En même temps, nous envoyâmes des exprès dans toutes les communes du canton, pour inviter nos amis à venir promptement se joindre à nous.

« A ce moment, on vint nous donner l'avis de ne pas nous avancer sur la grande place, parce que la maison du maire (où logeaient le juge de paix et le directeur de la poste) était pleine de réactionnaires armés, qui nous fusilleraient par les fenêtres. Aussitôt, nous courons à cette maison qu'on venait de fermer ; nous faisons sauter une porte, et nous trouvons dans la cuisine du juge de paix quarante fusils de munition chargés et amorcés qui sont transportés à la mairie.

« Le notaire Terrier, au nom de la commission provisoire, donna l'ordre écrit au directeur de la poste de nous remettre toutes les dépêches qui pourraient arriver. J'allai de mon côté, accompagné de plusieurs citoyens, m'emparer des caisses de la garde nationale et faire battre la générale; je me rendis ensuite chez les deux armuriers de la ville, dont les fusils étaient tous démontés; un seul des deux marchands était chez lui, et, sur une simple invitation, il s'empressa de remettre les batteries en place; de là je montai, avec les citoyens Pelassy, *pharmacien*, et Raquin, *épicier*, dans la chambre du brigadier de gendarmerie, pour le sommer de nous remettre les armes de ses hommes, ce qu'il fit immédiatement.

« Il était onze heures du soir, trois cents républicains avaient répondu à notre appel; partie était arrivée, conduite par le citoyen Gallay, *riche propriétaire*, qui avait parcouru les communes voisines en faisant appel aux démocrates; partie de Bert et Montcambrone, dirigée par les citoyens Laborde, *petit propriétaire*, et Terrier jeune, *propriétaire*, et enfin partie de Montaiguet. Nous décidâmes de nous emparer de Lapalisse, chef-lieu d'arrondissement, *éloigné de vingt et un kilomètres du Donjon, et traversé* par la route de Paris à Lyon ; le commandement de cette expédition fut confié aux citoyens Fagot, Laborde, Raquin et Vignot, le premier comme commandant, les autres comme lieutenants.

« A minuit, une voiture de chasse fut attelée pour conduire nos prisonniers, et sur l'ordre de Pelassy, le brigadier de gendarmerie vint lui-même leur attacher les mains. A une heure du matin nous nous formons en colonnes pour le départ ; sur les trois cents hommes présents, cent seulement, dont quatre-vingts armés, marchèrent sur Lapalisse. Le calme et le silence de la nuit n'étaient interrompus que par les couplets de *la Marseillaise*.

« Ce simple récit, dont tous les témoins oculaires pourraient au besoin garantir la véracité, est un démenti formel donné aux inventions de tous les écrivains officiels, et entre autres au *Messager de l'Allier*, journal de la préfecture, qui n'a pas rougi d'écrire, à la date du 8 décembre : « On nous communique de nouveaux dé-
« tails sur la manière dont les brigands du Don-
« jon se sont conduits envers leurs prisonniers.
« C'est au milieu de la nuit que ceux-ci ont été
« arrachés de leurs lits, et on ne leur a pas per-
« mis de prendre tous leurs vêtements ; ils ont
« été amenés presque nus, des sabots aux pieds.
« On les a fait monter sur une charrette à fu-
« mier ; l'escorte vociférait autour d'eux les in-

« jures les plus grossières et les menaces les plus
« atroces, avec accompagnement de chansons
« démagogiques ou obscènes. Le temps étant
« brumeux, la nuit glaciale, les honorables
« citoyens ainsi conduits grelottaient et se plai-
« gnaient du froid, ce qui amusait beaucoup
« leurs bourreaux; M. de la Boutresse ayant
« essayé, pour se réchauffer, de battre des bras,
« on lui lia les mains. En arrivant à Lapalisse,
« les insurgés ont dirigé leurs captifs vers la
« prison publique. »

« Tout, tout cela est faux. Nous avons fait nos
prisonniers à quatre heures et demie du soir. On
leur a attaché les mains dès leur départ, parce
que nous devions craindre d'être attaqués en
route [1]. Nous aurions pu les mener à pied; nous
les avons conduits dans une voiture de chasse
du pays. En marche, deux ou trois hommes
s'étant permis quelques plaisanteries à leur égard,

---

[1] Nous ne pouvons, quant à nous, approuver cette mesure de nos amis politiques. La raison donnée est loin de nous paraître suffisante pour justifier une dureté aussi humiliante, bien que nos ennemis aient constamment usé de ce traitement envers les patriotes arrêtés. Qu'on le remarque bien, en effet, le tableau que fait le journal réactionnaire du transport des autorités du Donjon est la peinture fidèle des cruels traitements employés contre les républicains de Paris, par exemple, que l'on conduisait d'un fort à un autre. *(Note de l'auteur.)*

il suffit d'en faire sentir l'inconvenance pour qu'elles cessassent à l'instant même.

« En arrivant à Lapalisse, nos prisonniers furent déposés dans une des salles de la sous-préfecture, où nous leur donnâmes à boire et à manger avant d'avoir pensé à nous. Le citoyen Pelassy notamment poussa la complaisance jusqu'à leur allumer du feu lui-même.

« Du reste, que répondre à des gens qui au moment du danger ont été lâches jusqu'à la platitude? Ils nous font insulter aujourd'hui; ils sont conséquents avec eux-mêmes.

« Dans le trajet du Donjon à Lapalisse, notre avant-garde arrêta un courrier à cheval, porteur d'une dépêche du sous-préfet, par laquelle il promettait un prompt secours aux autorités du Donjon.

« A propos de ce sous-préfet, qui, fils d'un légitimiste, boudant sous la branche cadette, arriva brusquement sous la république au poste où il se trouve, on ne sait trop comment et moins encore pourquoi, ne vient-il pas de me passer sous les yeux un journal de la Guadeloupe où on pose ce garçon en capitaine Fracasse? M. de Rochefort, d'après ce journal, à la première nouvelle des troubles du Donjon, serait accouru bravement, avec quelques gendarmes, pour nous mettre à la raison; il aurait fait à nos sommations des réponses auprès desquelles pâlissent celles de Cambronne. Voilà ce qui explique, à la Guadeloupe, pourquoi M. de Rochefort s'est fait offrir un sabre d'honneur par des compères, et a été décoré par le neveu du grand Napoléon. La suite de ce récit prouvera la loyauté de l'ex-défenseur du trône et de l'autel.

« A six heures et demie du matin, nous arrivions en vue de Lapalisse, par la grande route de Lyon. Nous fîmes halte pour prendre haleine et nous former en colonne.

« Les citoyens armés furent divisés en quatre sections de vingt et un hommes chacune, sur deux rangs de dix hommes de front. Aux premiers rangs nous plaçâmes les fusils à baïonnette, au second les fusils de chasse. Les prisonniers furent laissés à l'arrière-garde, sous la surveillance d'une douzaine de citoyens sans armes. On a pourtant osé imprimer dans plusieurs feuilles honnêtes que nous nous étions fait un rempart de leurs corps en les mettant devant nous !

« Nous nous avançâmes ensuite, silencieux, sur la ville. Le jour qui commençait à poindre laissait voir le drapeau rouge flottant au centre de notre petite troupe.

« Bientôt nous vîmes venir à nous une colonne composée de pompiers et de gardes nationaux amis de l'ordre et du parjure. Elle avait à droite un tambour, près du sous-préfet armé et en uniforme.

« A vingt-cinq pas, le sous-préfet cria : « Halte ! Qui vive ? » Un ancien militaire, le citoyen Raquin, qui commandait la première section, dont je faisais partie, lui répond : « République démocratique ! » plusieurs ajoutent, « et sociale. » — « D'où venez-vous ? » — « Du Donjon. » « Retournez d'où vous venez. » Et les fusils des réactionnaires s'arment et s'abaissent sur nous. « A la baïonnette ! » crions-nous tous, et notre section s'élance avec une admirable impétuosité. Mais nous avions à peine fait quelque pas, que le glorieux sous-préfet M. de Rochefort s'enfuyait le premier à toutes jambes, entraînant sa troupe entière.

« Je le serrais de très-près, et me serais emparé de lui malgré sa surprenante vélocité, sans le maire d'une commune voisine, nommé Maridet, et un autre garde national qui me couchèrent en joue presque à bout portant ; cela lui permit de rentrer à la sous-préfecture. Mais il n'y fut pas plus courageux. Une croisée bientôt brisée ouvrit passage à Félix Terrier, frère du notaire, et à quelques autres citoyens, auxquels il se rendit sans coup férir.

« Dans la première salle nous trouvâmes environ cent cinquante fusils de munition ; nous découvrîmes ensuite dans un placard sept à huit cents cartouches en paquets, et enfin, deux projets de proclamation sur les événements du

Donjon. Bien entendu, les épithètes de factieux et d'anarchistes ne nous étaient pas ménagées par ces religieux observateurs de la foi jurée

« Sans perdre un instant, nous donnâmes des fusils aux citoyens qui n'en avaient pas encore ; nous construisîmes à la hâte une barricade devant la sous-préfecture ; quelques-uns montèrent au clocher situé à cent pas de là, et une vingtaine de citoyens résolus se placèrent sur le perron de l'église pour protéger ceux qui sonnaient le tocsin.

« Pendant que nous prenions ces dispositions, les réactionnaires étaient allés se rallier à la caserne de gendarmerie, au nombre d'une centaine. Plaçant devant eux un peloton de gendarmes commandé par un lieutenant et un maréchal des logis, ils s'avancèrent sans bruit, dans l'espoir de nous surprendre.

« Au détour d'une rue qui fait angle avec celle de l'Église, ils se trouvent en vue du groupe d'hommes qui gardaient le clocher. A différentes reprises on crie aux gendarmes de s'arrêter; plusieurs citoyens, et notamment le notaire Terrier, supplient le sous-préfet, qui était là, de les faire retirer, le rendant responsable du sang qui allait se répandre ! M. de Rochefort, glacé par la peur, garde un stupide silence ; d'autres sommations de se retirer sont faites aux gendarmes, sans résultat. Pendant ce temps, l'officier de gendarmerie décharge ses pistolets sur nous ; les gendarmes mettent le sabre à la main et s'élancent au galop. Le groupe de l'église riposte, et plusieurs gendarmes tombent.

« La fusillade cessait à peine que je volai au secours des blessés, avec les citoyens Bourrachaud père et fils ; le maréchal des logis Lemaire expira dans mes bras pendant que je cherchais à ouvrir son uniforme pour visiter ses blessures. Son cheval était tué. A quelques pas plus loin, nous relevâmes le gendarme Jaillard que nous transportâmes provisoirement dans la salle de la mairie. Je constatai à la hâte une fracture du bras. Son cheval était étendu roide mort, comme celui du maréchal des logis. Un peu plus loin gisait un troisième cheval ; on nous dit que c'était celui du lieutenant.

« Tel est le triste épisode que la loyauté réactionnaire a transformé en une scène d'assassinat.

« Nous étions, au contraire, tous si profondément émus, que nous ne prîmes pas garde au sous-préfet, qui put rentrer librement à la sous-préfecture, sauter sur son cheval et s'enfuir par les derrières. Trois ou quatre citoyens indignés lui lâchèrent leurs coups de fusil à une distance de plus de 800 mètres.

« Ce ne peut être à l'occasion d'une telle conduite que les coryphées de l'ordre ont offert à M. de Rochefort un sabre d'honneur, et que l'ex-président l'a décoré ? C'est plutôt parce qu'après la cessation de toute résistance, M. de Rochefort, au milieu d'un escadron de chasseurs, poursuivait les pauvres paysans en fuite dans les bois de la Vallée, en faisant tirer sur eux sans merci. Trois ouvriers, qui étaient restés étrangers à la prise d'armes de la veille, furent FUSILLÉS, le lendemain, dans ces bois.

« Tout ce que je viens de rapporter est de notoriété publique à Lapalisse. Voici cependant ce qu'ont dit, écrit, colporté les gagistes du pouvoir, al' "s que la terreur et les exécutions sommaires rendaient toute rectification impossible.

« Les cannibales qui ont assassiné les gen-
« darmes de Lapalisse se sont acharnés, *assure-*
« *t-on*, sur le cadavre du malheureux brigadier
« percé de dix balles. Ils *auraient*, chose hor-
« rible ! dansé sur son cadavre, et l'*auraient*
« criblé de coups de baïonnette. » (*Messager de l'Allier*, 8 décembre.)

« On s'est pourtant basé sur ces infâmes *conditionnels* pour envoyer d'honnêtes pères de famille devant les conseils de guerre, pour les transporter en masse, pour révoquer de leurs fonctions, c'est-à-dire, les spolier, deux notaires, les citoyens Terrier, du Donjon, et Rocher, de Lapalisse, enfin, pour ruiner nombre d'honorables habitants de notre département ! J'affirme sur l'honneur que le citoyen Rocher notamment n'a pris aucune part directe ou indirecte à la résistance de son arrondissement. Au moment de l'affaire de Lapalisse il était près de sa femme, qui se trouvait gravement malade.

« Le *Constitutionnel* du 13 janvier dernier, exhumant ses ignobles fables de juin 1848, a osé dire « que le notaire Terrier avait déchargé ses pistolets à bout portant dans la tête du maréchal des logis expirant. » Mes confrères de Lapalisse étaient ce jour-là dans les rangs de nos adversaires ; leur témoignage ne peut donc être suspect de partialité en notre faveur ; ce sont eux qui ont fait l'autopsie du maréchal des logis, j'en appelle à leur probité de médecin : lui ont-ils trouvé une seule blessure à la face ou à la tête? Personne autre que moi et les citoyens Bourrachaud, père et fils, ne s'est approché du maréchal des logis, et c'était pour le secourir s'il en eût encore été temps. Mais il fallait bien un prétexte pour motiver le fameux ordre du jour du colonel Denoue, qui enjoint « aux Fran« çais dignes de ce nom de nous courir sus « comme à des bêtes fauves. » Il fallait bien un prétexte pour justifier le mémorable arrêté du général Eynard, qui enlevait à nos familles leurs dernières ressources en séquestrant nos biens !

« Un jeune prêtre de Lapalisse, qui vint devant la sous-préfecture me demander quelques conseils pour les blessés, et que nous reçûmes avec toute la convenance possible, a eu, lui aussi, l'indignité de signer dans les journaux une lettre dans laquelle, au milieu de perfides jérémiades, il nous traite d'hommes ivres de vin et de sang, et nous accuse d'avoir forcé l'entrée du presbytère et couché le curé en joue. Cet homme a sali sa robe, car il a menti sciemment. Personne de nous n'est entré à la cure, et si nous étions ivres, c'était d'inanition : depuis la veille nous n'avions rien mangé.

« Quoi qu'il en soit, après l'engagement avec la gendarmerie, nous procédâmes, à domicile, au désarmement des conspirateurs. Malheureusement, à de très-rares exceptions près, les démocrates de Lapalisse restèrent sourds à notre appel. Je pourrais même citer tel d'entre eux qui, non content de refuser son concours personnel, dépêcha un émissaire pour paralyser le mouvement d'une localité voisine prête à nous seconder. Certes je suis loin de mettre en doute leur courage ou leur dévouement ; je constate seulement que s'ils expient comme nous aujourd'hui, par la transportation ou l'exil, leur amour pour la république, ils le doivent peut-être à la *discipline exagérée* qui enchaîna un instant leur spontanéité révolutionnaire. Ils me comprennent. Découragés par un isolement qui rendait tout nouvel effort stérile, la plupart des nôtres nous abandonnèrent. Notre nombre était réduit à une cinquantaine, et de tous côtés les troupes marchaient sur nous ; de Moulins un escadron de chasseurs, du Mayet et de Jalligny de nouvelles brigades de gendarmes, de Cussets d'autres troupes. Il fallut songer à quitter Lapalisse.

« Nous délivrâmes en conséquence nos prisonniers.

« Le juge de paix du Donjon, M. d'Olivier, fut à peine dans la rue qu'il s'écria devant plus de quarante témoins : « Napoléon est un misé-
« rable scélérat dont je ne serai jamais le fonc-
« tionnaire, me donnât-il un million d'appoin-
« tements. Je pars pour le Cantal, mon pays, et
« dès aujourd'hui je dis pour toujours adieu au
« Donjon, je vous en donne ma parole. »

« Deux jours plus tard, quand la terreur sévit au Donjon sur tous ceux qui avaient conservé le moindre sentiment du juste et de l'injuste, ce malheureux dressait les listes de proscription, exécutait à la lettre la circulaire du colonel Denoue, en traquant les républicains « comme des bêtes fauves. » Digne fonctionnaire de la réaction, méprisé de ceux mêmes qui l'employaient pour sa conduite d'homme privé et de magistrat, il payait ses dettes en faisant arrêter ses nombreux créanciers. On le connaîtra bien par deux faits dont je puis garantir l'authenticité. Il va arrêter un boucher avec qui il avait eu de nombreux démêlés pour payement de mémoires : ne le trouvant pas, il arrête la femme, et promet de la rendre à la liberté si le mari se constitue ! Le pauvre boucher se livre, et lui et sa femme sont encore sous les verrous !

« M. d'Olivier envoie ma domestique en prison pour la forcer à me dénoncer ! Il s'empare d'autorité de mon cheval, qu'il met à *mes frais* en fourrière, et ne le rend qu'après l'avoir fait tomber fourbu par un mois de courses forcées. Si, au moins, le maître de M. d'Olivier, le futur Caracalla, par quelque remords de conscience, faisait de la pauvre bête un consul ou un sénateur !

« Une fois l'abandon de Lapalisse décidé, nous chargeâmes sur la voiture de chasse qui avait servi à conduire nos prisonniers les fusils dont nous nous étions emparés. Il était deux heures de l'après-midi ; la neige tombait à gros flocons. Tout le restant de la journée nous tînmes la campagne, sans avoir la moindre nouvelle. A neuf heures du soir nous rentrions au Donjon harassés de fatigue et la mort dans l'âme.

« L'adjoint et le juge de paix qui, malgré leur parole, s'étaient hâtés de rentrer au Donjon, avaient été remis en prison. J'étais tellement exténué, que je fus obligé de me faire soutenir pour aller les visiter et leur faire envoyer des vivres et des couvertures.

« A onze heures du soir, un généreux paysan,

arrêté depuis pour ce fait, vint nous prévenir que la troupe approchait. Nous nous réunîmes pour agiter la question d'une résistance désespérée. Impossible d'y songer. La plupart de nos amis étaient dispersés ou découragés. Nous n'étions plus que treize; nous embrassâmes nos femmes, nos enfants, avec la tendresse d'un long adieu, et partîmes. Qu'ils ont dû être heureux, les modérés de la réaction, s'ils ont appris tout ce que nous avons souffert pendant cinq jours, courant les bois et couchant sur la neige. Pour ma part, je ne pouvais plus avancer que soutenu par deux de mes braves amis, plus habitués que moi aux fatigues de la marche; un troisième portait mon fusil. Une fièvre brûlante me tenait seule debout.

« Nous nous dirigeâmes sur le département de Saône-et-Loire que nous supposions en pleine insurrection; mais là non plus rien n'avait bougé.

« Ce fut alors seulement que l'âme navrée, mais toujours ferme, nous avons échangé nos armes contre le bâton du proscrit, résignés à attendre que le peuple apprenne à ses dépens ce que peut coûter un instant de défaillance ou d'erreur.

Docteur DE NOLHAC,
du Donjon (Allier).

« Londres, 27 avril 1852. »

§ III.

BASSES-ALPES.

Le 4 décembre, à Forcalquier, quelques républicains, en apprenant le crime présidentiel, se réunirent pour se concerter dans une petite bastide située à deux pas de la ville. M. Escoffier, *propriétaire d'un grand établissement d'horlogerie*, était à leur tête. Le sous-préfet, M. Paillard, ayant été averti, fit cerner la bastide, et donna ordre *de tirer* sur les membres de la réunion qui s'éloignèrent à son approche ; les soldats refusèrent d'obéir, et firent seulement deux arrestations.

La lutte était engagée, l'autorité l'avait provoquée.

M. Escoffier, qui n'était plus en sûreté à Forcalquier, en sortit avec plusieurs amis. On répandit l'alarme dans la campagne. M. Buisson, *fabricant de liqueurs*, à Manosque, *ex-maire de la ville, membre du conseil général*, jouissant d'une influence considérable, fut avisé ; il n'hésita pas ; suivi de M. Pierrette Aillaud, il sortit de Manosque le 5 au matin, avec trois ou quatre cents hommes, alla à Maune où il se rencontra avec M. Escoffier et plusieurs délégués des communes voisines. Après s'être entendu, on marche sur Forcalquier, que la troupe évacue sans combat, pour se retirer à Digne. On délivre les prisonniers faits la veille ; on s'empare de la mairie, de la poudrière, et on se dirige sur la sous-préfecture, dans laquelle s'étaient renfermés en armes le sous-préfet, les fonctionnaires et quelques bourgeois effrayés. M. Paillard, paraissant au balcon, veut justifier le coup d'état ; des murmures couvrent sa voix. Les portes sont enfoncées, et l'on s'empare des armes, qui presque toutes étaient des fusils de chasse.

M. Paillard et le substitut du procureur de la république furent arrêtés. Dans la mêlée, malgré les efforts de M. Escoffier et de ses amis pour protéger M. Paillard, que plusieurs hommes voulaient punir de ses ordres de la veille, un sabre, involontairement ou à dessein, dirigé vers lui par un tout jeune homme, le blessa à la cuisse. La blessure fut si peu grave que M. Paillard ne s'en aperçut, comme ceux qui le conduisaient, que lorsqu'il fut en route pour Manosque, où on le menait avec le substitut. Aussitôt on s'arrêta, le blessé fut déposé dans une maison de campagne, et il retourna quelque temps après à Forcalquier, où le substitut, sur sa demande, eut la faculté de rentrer avec lui. Là, ces messieurs furent mis en prison. On les ramena ensuite à Manosque, à l'aide d'un cabriolet que le receveur particulier mit à leur disposition. La presse des fusilleurs de prisonniers a écrit que ces messieurs avaient été dirigés sur Manosque pour y être exécutés. C'est une fable ridicule ; la vérité est que, sur un faux avis que les soldats revenaient à Forcalquier, on a pensé qu'il était plus sûr de les garder à Manosque.

M. Paillard avait voulu faire assassiner M. Escoffier, en ordonnant aux soldats de tirer sur lui à bout portant ; le lendemain M. Escoffier lui sauva la vie. Comme tous les hommes sans générosité d'âme, M. Paillard n'eut ni remords ni reconnaissance, et il chargea méchamment M. Escoffier et ses honorables amis, dans le procès qui suivit les événements de décembre, devant la juridiction de Marseille.

Ajoutez à ce récit quelques mesures locales, sans portée politique, prises à la hâte par une commission municipale improvisée, et vous aurez toute l'histoire des événements de Forcalquier tant calomniés.

Parti de Manosque le matin, M. Buisson y revint le soir, et s'en rendit maître. Déjà toute la partie inférieure du département savait les événements de Forcalquier. Valensolles, Gréoulx, Riez, étaient avisés ; Gréoulx se leva à l'instant. M. Guibert, *fils d'un des hommes les plus riches du département, docteur en droit, membre du conseil général*, et M. Jourdan, *propriétaire, ancien substitut du procureur général* à l'île de la Réunion, après avoir envoyé un courrier à Riez, partirent à la tête de cent hommes armés. Ils entrèrent le 5 à Valensolles, aux cris répétés de « Vivent la République et la Constitution ! » On n'y désarma même pas les gendarmes. La mairie fut prise; chacun s'arma; et à onze heures du soir, près de quatre cents hommes, encouragés par les cris patriotiques de plus de cent femmes, épouses, mères et filles de tous ces paysans qui se levaient, se joignirent au premier groupe. A deux heures du matin cette bande, comme disent les insurgés, cette généreuse bande, comme dit Corneille, était à Oraison. Le village endormi se réveilla au bruit de la générale; cent cinquante hommes se réunirent à la colonne; aux Mées, près de deux cents hommes vinrent encore augmenter ses forces, sans cesse accrues par une multitude de paysans arrivant des communes environnantes.

Ceux qui se levaient étaient des hommes de tout âge, de toute condition. On a beaucoup parlé des sociétés secrètes du département des Basses-Alpes; nous sommes en mesure d'affirmer que plus d'un appartenant à ces sociétés secrètes ne prirent point de part au mouvement, tandis que bon nombre d'autres, qui ignoraient jusqu'à l'existence de ces sociétés, avaient le fusil sur l'épaule. C'est aussi ce qui eut lieu dans l'Allier.

Pour gagner Digne, il fallait passer le pont de Malijay ; qu'on disait gardé par les soldats partis la veille de Forcalquier. Quelques hommes sans armes se portèrent en avant. Le 6 au matin ils furent saisis au pont, notamment M. Lazare, de Valensolles, au moment même où les soldats se retiraient sur Digne. Ces hommes furent indignement traités. *On leur vola*, assurent-ils, l'argent qu'ils avaient sur eux. Instruite de la retraite des soldats, la colonne marcha sur Malijay, et s'y étendit sur une vaste esplanade du côté de Digne. Par la rive droite de la Durance arriva, une heure après, une seconde colonne venant de Forcalquier et conduite par M. Escoffier ; puis une troisième, fournie par Peyruis, Volonnes et Château-Arnout, sous les ordres de M. Aillaud, *ex-garde général des eaux et forêts*.

Les trois colonnes se réunirent, et, en attendant celle de Manosque, on prit à la hâte quelques mesures d'ordre. La municipalité de Malijay concourut à les rendre faciles.

Des charrettes chargées d'équipements militaires furent arrêtées ; leurs conducteurs ayant donné des renseignements inexacts, elles durent être visitées ; mais le chargement fut respecté, et il suffit à M. Jourdan d'intervenir pour détruire le mauvais effet des fausses déclarations des charretiers.

Vers huit heures du soir, le même jour, 6, MM. Buisson, Pierrette Aillaud, Francoul, *maître d'hôtel garni*, à Manosque, arrivèrent avec les Manosquiens. Les quatre colonnes formaient ensemble un effectif d'au moins six mille hommes qui, le lendemain, à dix heures, firent leur entrée dans Digne, sans qu'un seul coup de fusil eût été tiré, ni, quoi qu'on en ait dit, la moindre violence commise. De nombreuses adhésions saluèrent le défilé. Le maire y assista revêtu de son écharpe.

Que s'était-il passé à Digne jusqu'à ce moment ? En voyant l'indignation soulevée par des parjures, l'autorité avait fait arrêter préventivement M. Cotte, *premier avocat* de Digne, M. Roustan, *cafetier*, et d'autres encore. L'autorité agissait là comme à Forcalquier, comme à Sisteron, où M. Ferevoux, *mécanicien*, vivant avec son père, *propriétaire*, fut également traîné en prison à titre de républicain. On sait maintenant que ces rigueurs provocatrices répondaient aux instructions envoyées par les insurgés de Paris. Un de nos compagnons d'exil possède une lettre de M. Ch. Fortoul, dans laquelle le frère du ministre de l'instruction publique écrit à son père, secrétaire général de la préfecture : « Nous voilà casés ! Hippolyte est mieux rue de « Grenelle qu'à la Marine. Le coup d'état *sera* « *plus rude à la bourgeoisie qu'à la démo-*

« *cratie* ; je crois qu'il sera bien reçu chez nous.
« Mais si quelque agitation se fait sentir,
« n'hésitez pas, allez au devant d'elle, *et ne*
« *reculez pas devant les moyens révolution-*
« *naires*. Notre préfet est bien, mais IL FAUT
« L'AIGUILLONNER, » etc. Quels hommes d'État !

MM. Cotte et Roustan ne restèrent pas long-temps sous les verrous. Ils furent remis en liberté par l'intervention du maire, l'honorable M. Frachin, et de la garde nationale. Le procureur de la république, M. Prestat, avait quitté son parquet, et M. Dunoyer, le préfet, après une entrevue avec le commandant des troupes, s'était retiré dans le fort de Digne. La ville était donc abandonnée à elle-même quand les constitutionnels y entrèrent, le 7 décembre au matin.

Dès qu'ils furent massés sur le champ de foire, le maire s'approcha d'eux et demanda l'élargissement des gendarmes faits prisonniers dans diverses localités et amenés *sans liens* au milieu des amis de la loi, ainsi qu'un officier attardé, saisi à Malijay. Tout en rendant hommage aux sentiments exprimés par le maire, on contesta sa qualité ; il voulut rendre son écharpe ; M. Buisson le pria de la garder et il y consentit. Les gendarmes furent conduits à la préfecture où ils sont restés détenus jusqu'au dernier moment ; l'officier rentra dans sa caserne *sans conditions* et sans avoir reçu une seule injure.

A ce moment vingt-cinq gendarmes de la ville, en tenue et en armes, vinrent sur la place, leur lieutenant en tête, se mettre à la discrétion des constitutionnels. MM. Pierrette Aillaud et Jourdan les conduisirent à la mairie, où ils laissèrent leurs armes avec leurs munitions, puis ils rentrèrent dans leur caserne. Leur lieutenant *conserva son sabre*. M. Aillaud, se présentant avec lui au balcon, recommanda au peuple de respecter ses épaulettes, et quand il sortit il ne fut l'objet d'aucun outrage. Nous disons ces choses-là autant pour répondre à toutes les calomnies de la presse élyséenne que pour m'ontrer la courtoisie de ceux auxquels la presse orléaniste lance encore tous les jours ses vulgaires insultes.

Pendant ce temps les défenseurs de la Constitution acclamèrent deux chefs, M. Buisson et M. Cotte, le premier chargé de la direction du mouvement, le second mis à la tête de la population de Digne. Ces deux citoyens se rendirent ensemble à la préfecture. Elle était déjà gardée, ainsi que le tribunal, par les hommes de Riez, d'Allemagne, de Quinson, d'Estublon, de Puymoiçon et de Mezel, arrivés dès la veille dans la nuit, et conduits par MM. Allemand, *médecin de Riez*, Gilly, *propriétaire et ancien maire* d'Allemagne ; Gasquet fils, *propriétaire* de l'auberge le plus en renom de Riez ; Rous, *tailleur et petit propriétaire*. Cette colonne, forte d'au moins dix-huit cents hommes, avait, comme les autres, effectué sa marche avec un ordre parfait.

Les citoyens Buisson et Cotte, partageant volontairement la haute responsabilité qui leur incombait, formèrent un comité de résistance, dans lequel ils s'adjoignirent MM. Pierrette Aillaud, l'ancien garde général, Barneau jeune, *avocat* de Sisteron, Jourdan, Escoffier et Guibert.

Dès qu'il fut organisé, le comité avisa au plus pressé : éviter une lutte à Digne, et propager la résistance. Le commandant du fort, M. Chevalier, sur l'invitation qui lui en fut faite, se rendit dans une maison particulière auprès du comité, et signa une sorte de capitulation, dont voici les bases : Armistice de vingt jours entre ses hommes et les constitutionnels ; remise des fonds déposés à la caserne par le receveur général, s'élevant à 15,000 francs, et partage des munitions de guerre en son pouvoir.

Aussitôt après, une première adresse au peuple fut rédigée ; elle prononçait la déchéance du président, et proclamait la souveraineté du peuple *comme la seule loi en ce moment debout*. Pendant toute cette journée du 7 et une partie de la nuit, le comité de résistance ne cessa pas un instant de prendre les mesures les plus urgentes. M. Cotte pourvut à la sûreté de la ville ; des postes furent placés à l'évêché, à la mairie, au séminaire, au couvent, à la poste, à la recette générale, au tribunal, partout enfin où il y avait une précaution à prendre. Les moindres ordres du comité étaient ponctuellement exécutés. — Selon les calomniateurs patentés, les bureaux de la préfecture auraient été mis au pillage et les meubles brûlés sur la place, les employés même auraient couru risque de la vie. Autant de faussetés. C'est tout ce que nous pouvons dire. Nous n'avons rien à déplorer. L'argent était apporté de la caserne à la préfecture en même temps que des barils de poudre (il y en avait six énormes, bien qu'on ait écrit que le commandant en livra seulement vingt kilogrammes) ; chacun allait et venait, et rien n'a été pris, aucun accident n'est arrivé. Un homme d'une petite commune, accusé d'avoir dérobé trois couteaux dans les cuisines, fut traduit devant le comité ; il confessa sa faute. Immédiatement M. Jourdan rédigea un mandat d'arrêt qui fut signé par M. Buisson et exécuté. Plus tard des amis de ce malheureux sont venus le réclamer ; M. Buisson a refusé de le faire mettre en liberté !

Tel est le seul fait de vol commis pendant le

mouvement, le seul acte de cette effroyable jacquerie qui a dévasté le département des Basses-Alpes ! Qu'on le sache bien d'ailleurs, si le soulèvement des Basses-Alpes avait déshonoré la civilisation, il faudrait en accuser la ville entière, car la garde nationale y adhéra complétement. Le journal des mitraillades, *la Patrie*, l'a ainsi avoué dans son article du 15 décembre : « La garde nationale, assemblée à la hâte par « les soins du maire, passa bientôt du côté de « *l'insurrection*, et fit entendre même, devant la « caserne, les cris de : Vive la rouge ! vive la « sociale ! » Donc, ou l'élite de la population de Digne s'est rangée du côté de brigands qui voulaient « mettre la ville à feu et à sang, qui parlaient de se distribuer entre eux les jeunes filles et les jeunes femmes » (*Patrie*, 15 décembre), ou la feuille élyséenne, cette fois encore, a menti. Le doute est-il possible ?

Certes, dans une ville de 4,500 âmes, tout à coup occupée par 7,000 à 8,000 hommes en armes, on peut avoir eu à regretter des froissements, des embarras inhérents à un pareil encombrement ; mais, quoi qu'en aient raconté les journaux du crime, il n'y eut, nous le répétons encore une fois, ni vol, ni viol, ni meurtre. On a écrit que le couvent avait été mis à sac ; mensonge ! que l'évêque avait été insulté ; mensonge encore ! que le séminaire était devenu un lieu de désordre; toujours mensonge! On y avait logé quelques hommes, sur la proposition du maire lui-même; où est le mal?

Citons encore deux faits. Avisé, pendant la nuit du 7 au 8, qu'un assassinat, crime complétement étranger à la politique, avait été commis aux environs de Digne, le comité prévint aussitôt le parquet; dès le lendemain matin la justice put faire une descente sur les lieux, et suivre son cours. M. Bréton, ingénieur, apprit à M. Jourdan qu'un homme voulait profiter des circonstances pour assouvir une vengeance particulière sur un employé des ponts et chaussées. Cet homme était de Peyruis. M. Jourdan vit le chef de cette localité, mais celui-ci connaissait le fait et avait déjà pris des mesures énergiques. A la suite d'un avis semblable, M. Buisson avait envoyé, à toute bride, un émissaire aux Siéyez pour prévenir tout accident; il n'était également rien arrivé.

Et ils osent outrager la résistance de Digne! Où vit-on jamais diriger avec plus de bonheur et de fermeté la fièvre d'une population soulevée par un attentat?

Il est très-vrai que les livres des contributions indirectes furent brûlés sur la place; mais en France les droits réunis ne comptent plus depuis longtemps avec de pareils accidents; ils doivent s'y attendre à tous les mouvements populaires. On se rappelle que le frère de Louis XVIII se fit presque une popularité en 1815, en rentrant à Paris, rien qu'avec ces mots : *Plus de droits réunis !*

Le 8 décembre, le comité de résistance publia une seconde proclamation, dont voici le texte :

« Habitants des Basses-Alpes,

« Après la victoire, il y a le devoir d'en profiter.

« Tous les conseils municipaux sont dissous.

« Les juges de paix sont momentanément suspendus.

« Les contributions indirectes sont abolies.

« Que dans chaque commune il soit immédiatement procédé à la nomination de comités de résistance, composés de cinq membres ;

« Que ces comités de résistance puisent leur force et leur droit dans le suffrage direct et universel ;

« Que pour chaque canton et chaque arrondissement de semblables comités sortent également de l'urne du scrutin ; que tous ces comités correspondent entre eux, et que leurs communications aboutissent au comité de résistance central.

« Les comités de résistance sont provisoirement investis de tous les pouvoirs.

« Le comité central de résistance recommande à tous les comités de résistance, comme un de leurs premiers devoirs, de s'occuper activement des familles dont les soutiens sont en ce moment les soldats de la liberté.

« Que dans chaque commune où les gendarmes n'auraient pas encore été désarmés, ils le soient immédiatement, en conciliant les exigences de la nécessité avec la générosité qui convient à la force et au droit.

« Citoyens, que partout l'activité, l'énergie, la fièvre de la liberté remplacent dans vos cœurs toute crainte et tout découragement. Le succès et l'avenir sont dans vos mains, vous les tenez.

« C'est vous dire qu'ils ne vous échapperont pas.

« *Les membres du comité de résistance,*

« CH. COTTE, BUISSON, P. AILLAUD, ESCOFFIER, AILLAUD DE VOLX, GUIBERT, JOURDAN, BARNEAUD.

« Digne, 7 décembre 1851. »

Comparez ce digne langage avec les sauvages proclamations et les circulaires épileptiques des Maupas, des Saint-Armand et des Morny !

Pendant la journée du 8, divers membres du comité allèrent chez les comptables, et puisèrent dans leurs caisses, vides tout à point, une somme de deux mille et quelques cents francs, qui, avec les quinze mille francs reçus la veille du commandant du fort, firent une somme de dix-sept mille francs. Pas un des comptables n'a présenté la moindre objection et n'a été l'objet de la plus légère violence. Ils se sont presque tous, depuis, vanté de leur courage et de leur adresse. Leur courage, personne ne l'a vu ; leur adresse, on la leur avait rendue facile; ils ont été, les uns et les autres, déchargés de toute responsabilité par des reçus du comité.

Le receveur général, M. Matharel, prétend qu'il a sauvé ses bureaux du pillage. Quoi ! lui tout seul contre sept mille brigands ! Ce qui est vrai, c'est que les brigands mirent à sa porte un piquet qui faisait bonne garde.

Les défenseurs de la propriété, qui se donnent des gages annuels de douze millions et de quatre-vingt mille francs pour administrer la fortune publique, ont dit encore que les directeurs du mouvement des Basses-Alpes avaient emporté, en quittant la France, la somme prise dans les caisses publiques! Nous ne descendrons pas à défendre nos amis politiques sur ce terrain, nous plaignons quiconque croirait qu'ils en ont besoin ; mais, pour le bon ordre, nous allons dire comment ces sommes ont été employées. Il avait été résolu que chaque homme recevrait deux

francs cinquante centimes et pourvoirait à tous
ses besoins. Les chefs de section se présentaient
l'un après l'autre à la préfecture, avec un ruban
rouge roulé autour du bras, pour se faire reconnaître ; chacun d'eux déclarait le nombre d'hommes arrivés avec lui de sa commune, touchait
vingt-cinq francs pour dix hommes, cinquante
francs pour vingt hommes, ainsi de suite, et
donnait un reçu, annexé ensuite à un contrôle
général. Soit que les pièces aient été brûlées au
dernier moment, pour ne pas compromettre une
foule d'individus, soit que l'administration les
ait aujourd'hui dans les mains, elles sont perdues pour la décharge des membres du comité.
Qu'importe! leur parfaite honorabilité sera une
garantie suffisante pour tout homme d'honneur.
Il est clair que les soldats de la Constitution et
du droit n'ont pas tous reçu deux francs cinquante centimes, les dix-sept mille francs n'y
auraient pas suffi; mais un certain nombre
d'entre eux les ont touchés ; le reste a été employé en restitutions pour des fournitures prélevées dans diverses localités, en remboursement d'une somme empruntée à Manosque, en
frais d'estafettes, etc. Un gros sac de monnaie,
emporté au moment où les colonnes ont quitté
Digne, a été l'objet des plus mauvais commentaires ; mais la note remise par le directeur
des postes lui-même les réduit au silence,

en constatant qu'il n'était plein... que de gros sous.

Les décembriseurs, dont l'intégrité est si notoire, ne manquent pas de dire que ce sont là des vols; ils ont coutume de ne pas plus reculer devant le mot que devant la chose. Nous demandons simplement si ce n'est pas dans les caisses publiques qu'ils ont puisé pour solder et nourrir leurs troupes. Ils ont fait mieux encore, ils ont forcé les démagogues à les entretenir. Voici ce que tout le monde peut lire dans le *Journal de Lot-et-Garonne* (15 décembre):

« Quelques habitants de Villeneuve ayant mis
« obstacle *aux réquisitions frappées* pour la
« nourriture et le logement des troupes, les sol-
« dats ont été logés militairement *chez les ré-
« calcitrants. Diverses autres mesures d'ordre*
« ont été prescrites par le préfet, avec une
« promptitude et une vigueur remarquables ! »

Grâce aux renseignements de l'honorable M. Phillips, récalcitrant qui se trouvait à cette époque à deux cents lieues de Villeneuve, nous sommes à même d'expliquer que la principale mesure d'ordre prise par M. le préfet Preissac s'appelle, en langue vulgaire, une exaction révoltante. On a tout simplement envoyé à Villeneuve une colonne mobile pour se réconforter aux dépens des démocrates, en ayant soin de dire à l'heureuse colonne « qu'elle était maltresse de faire ce qu'elle voulait chez les jacques. » C'est ce que les soldats logés chez madame Dubruel lui ont déclaré ! Vous entendez, lecteurs, vous voyez si nous avons tort de dire que les bonapartistes se conduisent en France comme en pays conquis ! Le bataillon n'a été mis en subsistance *que chez les républicains*. Ce fut une sorte de contribution de guerre que l'on n'imposa à aucun réactionnaire blanc ou bleu, riche ou pauvre. De malheureuses familles dont le père, le soutien, était en prison ou en fuite, se trouvèrent forcées, n'ayant pas le nécessaire pour elles-mêmes, de loger et de nourrir un ou plusieurs soldats ! Les trois plus grands coupables de la municipalité, MM. Brondeau, Dubruel et Phillips, n'en eurent pas moins de quarante chacun à héberger pendant un mois ! Il est assez rare, si riche partageux que l'on puisse être, d'avoir quarante lits à la disposition des janissaires d'un 2 décembre. Le cas avait été prévu : lorsqu'on ne pouvait les prendre chez soi, on était tenu de donner un franc cinquante centimes par homme et par jour. Quelques soldats ont même trouvé plaisant de se faire payer deux fois le même billet de logement, comme il est arrivé, par exemple, chez les demoiselles Rives. Ces demoiselles n'avaient signé aucune espèce de protestation contre le coup de Jarnac; elles n'avaient pris aucune part à la résistance ; elles ne peuvent passer pour des brigands, mais elles furent tenues de payer la contribution forcée à titre de sœurs de M. Rives, proscrit. On a là une idée succincte de ce que le journal honnête de Lot-et-Garonne appelle « une mesure d'ordre. »

Pareille chose a eu lieu dans le département des Basses-Alpes. Un, aubergiste de Riez, M. Gasquet père, ayant réclamé au colonel Sercey, commandant la colonne expéditionnaire, le prix des dépenses faites chez lui par la troupe, le colonel, en manière de réponse, lui mit un pistolet sur la poitrine, le menaçant de le tuer pour châtier son insolence ! Ce fait est affirmé par le citoyen Gasquet fils, aujourd'hui réfugié à Nice. M. Gasquet père, qui est un vieillard, a été malade pendant plus de dix jours, à la suite de cette scène inouïe. Nos conquérants sont de durs maîtres.

Scandale et impudence ! Ces factieux logent de force, *militairement*, selon leur expression, leurs soldats chez des citoyens qui repoussent la restauration des réquisitions; ils mettent le pistolet sur la poitrine de ceux qui ne sont pas contents: *Mesure d'ordre* ! Les défenseurs de la loi et de la Constitution pourraient aussi frapper des réquisitions à coups de pistolet ; ils trouvent plus juste, plus régulier de prendre dans la caisse publique telle somme dont ils donnent reçu au percepteur et dont ils rendent compte ensuite : *Vol et pillage!*

S'il y avait des juges en France, M. le colonel Sercey comme M. le préfet Preissac iraient expliquer leur *mesure d'ordre* devant la cour d'assises. Ce qu'ils ont fait peut s'appeler, selon le dictionnaire bonapartiste : « Mettre des troupes en subsistance chez des républicains ; » mais, selon le dictionnaire des gens honnêtes, cela s'appelle : « Voler à main armée. »

Un mot, puisque nous en sommes aux explications, un mot des calomnies dirigées contre les deux hommes placés à la tête de la résistance des Basses-Alpes. Dans un article odieux et ridicule de *la Patrie*, le nommé Amédée Césana a soutenu que M. Buisson avait donné l'ordre de « *fusiller* M. Prestat, procureur de la république, partout où on le rencontrerait. » M. Buisson est un homme d'une douceur de mœurs égale à l'énergie de son caractère ; il s'est peint tout entier en disant, au contraire, devant ses amis du comité, lorsqu'il apprit la fuite de ce magistrat, universellement détesté : « Nous sommes bien heureux, il nous aurait embarrassés. » Le citoyen Cotte a été de même attaqué d'une manière dégoûtante. Sa jeunesse, sa bienveillance, son rare talent, sa belle position à Digne, où il était le premier avocat de la ville, répondent pour lui. Pendant qu'il fut maître de la situation, il a constamment fait des efforts heureux pour maintenir l'ordre et suffire à tout ; il a organisé la garde nationale, dans les rangs de laquelle on a vu défiler le maire, M. Frachin, cette fois sans écharpe ; il a exigé, il est vrai, que les armes cachées fussent apportées à la mairie, mais en s'écriant : « Il faut que chacun ici, riche et pauvre, puisse défendre au besoin sa personne, sa liberté et son vote. »

Dans la soirée du 8, un émissaire, envoyé par le comité à Marseille, en revint avec de déplorables nouvelles. Paris était écrasé, Marseille impassible ; un corps de six à sept cents hommes avait été conduit en poste jusqu'à Vinon ; d'autres troupes allaient être dirigées sur Digne. Évidemment, la partie était perdue ; les sept mille citoyens maîtres de Digne se trouvaient seuls en armes dans ces localités. C'était trop peu pour assurer la victoire à la loi. Ils quittèrent Digne où il leur devenait impossible de se défendre, surtout y ayant le fort contre eux. La nuit fut glaciale, et quand ils arrivèrent à Malijay, la faim, le froid, les mauvaises nouvelles avaient éclairci les rangs en abattant les courages.

On rencontra à Malijay une colonne de Sisteron, *conduite par le citoyen Ferevoux.*

Sisteron s'était levé en même temps que Forcalquier, Manosque, Barcelonnette, etc. La résistance y avait été si puissante, en quelques instants, qu'elle songea à attaquer la citadelle d'où elle venait d'arracher M. Ferevoux, arrêté préventivement, et dans laquelle se refugièrent ensuite le sous-préfet, les fonctionnaires et quelques réactionnaires ; mais les défenseurs de la loi, après avoir reconnu qu'une telle entreprise était au-dessus de leurs forces, se résolurent à aller joindre le gros de l'armée constitutionnelle. Trois ou quatre cents hommes étaient sortis de la ville, sous les ordres de M. Ferevoux, et attendaient depuis vingt-quatre heures à Malijay, n'ayant pas dû entrer à Digne, pour ne pas y augmenter l'encombrement.

— A Barcelonnette le mouvement, conduit avec une égale vigueur par les citoyens Gastenel, *propriétaire*, et Favre, *marchand de bois*, n'eut pas d'obstacle sérieux à vaincre; mais il ne franchit pas les étroites limites du chef-lieu d'arrondissement, et dut nécessairement s'affaisser de lui-même, faute du succès extérieur.

Quelle lâche guerre on nous a faite! Quelle persistance dans d'affreuses accusations, alors que toutes nos voix étaient étouffées, alors que nous ne pouvions immédiatement redresser les mensonges et en détruire l'effet! Au dire des inventeurs de la jacquerie, pendant la nuit où les constitutionnels campèrent à Malijay, le château de ce nom aurait été mis au pillage, les meubles, les lits auraient été brûlés, les vignes arrachées. *Tout cela est faux*. Quelques hommes, seule chose condamnable, se sont introduits dans le château ; pressés par le froid et la faim, ils y ont fait du feu et bu quelques bouteilles de vin. Hors de là, rien qu'on puisse reprocher aux défenseurs de la loi. Nous ne craignons pas, sur ce point, d'invoquer le témoignage du propriétaire.

Un ouvrier étant venu annoncer que les troupes étaient encore à Oraison et n'arriveraient pas de longtemps, on abandonna les fortes positions prises à Malijay, et l'on alla, le 9, dans la journée, occuper définitivement le village des Mées, dans lequel les plus fatigués pouvaient trouver un peu de repos.

Le 9, arrivèrent les soldats de l'insurrection, au nombre de six cent cinquante ou sept cents, commandés par le colonel Parson. Les constitutionnels étaient bien encore quatre mille à ce moment. Les autres, découragés par les nouvelles de l'intérieur, étaient rentrés dans leurs villages, formés en détachements réguliers.

Une barricade avait été élevée à l'entrée des Mées. Les hauteurs qui dominent la route étaient bien gardées et cachaient des tirailleurs postés en avant de la barricade. On décida cependant qu'il fallait parlementer. La lutte parut inutile, puisqu'elle ne pouvait avoir d'issue, dans l'état

d'isolement où on se trouvait. C'était du sang
perdu. MM. Aillaud et Jourdan reçurent mission
d'aller au-devant des troupes, et acceptèrent
sans hésiter. Il y avait dix minutes qu'ils marchaient, le premier un sabre au côté, le second
un fusil sur l'épaule, lorsqu'ils rencontrèrent
l'avant-garde des insurgés. Ils demandèrent à
parler au colonel. A peine avaient-ils décliné la
qualité dans laquelle ils se présentaient, qu'un
chef de bataillon, se jetant entre eux et le colonel, s'écria : « Vous, des parlementaires? Vous
êtes des brigands et des rebelles ! » Puis, tournant les yeux sur M. Jourdan, il ajouta : « En
voilà encore un de ces avocats ; il y a assez
longtemps qu'ils nous *embêtent*. » M. Jourdan
regarda ce galant homme. — L'ordre de désarmer ces messieurs fut donné. On visita jusqu'à
leurs poches, et on les conduisit à la queue du bataillon. En traversant les rangs, ils recueillirent
les injures d'un officier et les plaisanteries de
quelques soldats. Le colonel Parson ne dit mot
et laissa faire.

Ce honteux incident terminé, le bataillon quitta
la route, et le colonel, prévoyant que les hauteurs étaient gardées, donna ordre de les fouiller.
Quelques coups de fusil furent échangés. Les
choses en étaient là depuis trois quarts d'heure,
lorsque arriva le juge de paix des Mées. Craignant les justes représailles que les amis de

MM. Jourdan et Aillaud pourraient exercer aux Mées, dont ils étaient les maîtres, ce magistrat venait demander la délivrance des deux intrépides parlementaires. Le colonel chercha à leur imposer des conditions, mais ils refusèrent d'en accepter aucune. « Un *captif* ne peut pas contracter, » dit froidement M. Jourdan. Le coup porta. Le colonel, à qui l'on reprochait ainsi sa déloyauté sous les armes, prononça la mise en liberté. Ils eurent bientôt regagné les Mées. Presque au même moment, on y amenait deux soldats faits prisonniers, et, peu après, un capitaine, un sous-lieutenant, et seize ou dix-sept hommes tombés dans une embuscade. Les troupes n'avançaient plus et faisaient, au contraire, mine de reculer. Les impatients voulaient se jeter à leur poursuite, lorsqu'on vint dire aux constitutionnels que le colonel demandait un chef pour traiter de l'échec qu'il venait d'éprouver.

M. Buisson, suivi de quelques amis, franchit la barricade afin de se rendre à l'invitation du colonel, mais les prisonniers parvinrent presque aussitôt à s'échapper. M. Buisson, en arrivant en face du bataillon, s'aperçut de leur évasion, et, *au moment même, il reçut un feu de peloton* qui blessa trois de ceux qui l'accompagnaient, l'un à la tête, le second au ventre, le troisième *au pied. Rougissant pour l'armée d'une telle trahison,* il se replia sur la barricade, et M. Ferevoux, qui avait eu le soin de se placer sur une hauteur, à côté de la route, put, avec quelques tirailleurs, favoriser sa retraite, en tenant les soldats en respect.

Tout cela se passait le 9, à midi. Les troupes n'attaquèrent pas, et retournèrent à Vinon (soixante ou soixante-cinq kilomètres des Mées), d'où elles étaient venues. Elles attendirent là des renforts et de l'artillerie pendant près de soixante heures. Ceci est la vérité, quoi que les honnêtes gens aient pu dire de la prétendue fuite des nôtres. La retraite des troupes est affirmée en ces termes par l'*Écho des Basses-Alpes* (25 décembre) : « Au-delà des Mées, où les émeutiers
« s'étaient fortifiés, ils rencontrent un détache-
« ment du 14e léger, envoyé en avant. Des coups
« de feu partent des rangs des insurgés. La
« troupe riposte par quelques feux de peloton
« qui abattent ou blessent une quarantaine d'é-
« meutiers. Tandis que le détachement se replie
« sur le bataillon, les insurgés parviennent à se
« rallier ; embusqués sur les hauteurs, ils har-
« cèlent la retraite du bataillon, qui revient sur
« Oraison. Deux officiers et quelques soldats
« tombent entre les mains des émeutiers. La
« troupe, croyant avoir affaire à des bandes plus
« considérables, croit prudent de se replier sur
« Vinon, et d'aller attendre des renforts. »

Malgré cette retraite, le découragement continua à se mettre dans les rangs des républicains. Ils se sentaient trop isolés, et comprenaient qu'ils ne pourraient rien. La plupart de ceux qui étaient restés se retirèrent. Ils apprenaient, le 10 au matin, que de nouvelles troupes se rassemblaient à Riez, à Manosque, à Forcalquier et à Digne où le commandant du fort, violant la capitulation signée entre lui et la résistance, avait repris tous les postes de la ville.

Les chefs n'eurent plus qu'un souci, se rendre dans le Var, où il restait, croyaient-ils, quelque chance aux amis de la loi. Après avoir traversé la Durance, avec de l'eau jusqu'à la ceinture, ils entrèrent, le soir à onze heures, à Verdière, où un émissaire leur apprit les événements d'Aups. Dès cet instant, ils songèrent à leur sûreté, et parvinrent, après de cruelles fatigues, à gagner le Piémont.

Nous venons d'exposer les différentes phases du mouvement des Basses-Alpes. On a pu juger de son caractère jusque dans ses moindres détails. Légitime dans sa cause, irréprochable dans ses moyens, formidable dans ses premiers développements, il fut aussi éminemment politique, c'est-à-dire qu'il avait un but déterminé et possible. Les hommes intelligents, énergiques, pleins de générosité qui le dirigèrent ne comptaient pas sur Paris, mais sur Marseille. Marseille devait être le centre de la résistance générale du Midi. L'action ne s'étant pas produite au centre, celle des Basses-Alpes devint inutile, et c'est la conscience de son inutilité qui fit renoncer chacun à une résistance plus prolongée.

Les bonapartistes ont ce triste privilége de ne respecter pas plus le caractère national qu'ils ne se respectent eux-mêmes. Ce n'est point assez pour ces cinq ou six mille coquins de transformer en brigands les hommes de cœur armés contre le 2 décembre, il leur faut encore s'en prendre au courage de leurs ennemis. Partout ils l'ont nié. On a vu comment les choses se passèrent aux Mées; on a vu que, malgré leur mauvaise situation, les démocrates restèrent sur le terrain en face des troupes; on a vu que, d'après le propre journal de la préfecture, le colonel jugea opportun de faire retraite : il est dès lors curieux de lire le compte rendu des *vainqueurs* :

« La population était dans une anxiété terrible,
« lorsque, dans la journée du lundi, on apprit
« que des troupes arrivaient au secours de
« Digne. Les six mille *insurgés* partirent aussi-
« tôt pour aller à leur rencontre. Mais la déser-
« tion ne tarda pas à se mettre dans les rangs
« de cette phalange *de bandits et de poltrons*,
« qui n'avaient de courage que pour *piller* et
« *voler* sans danger... De six mille, la colonne
« des *insurgés* fut bientôt réduite à deux mille,
« qui se dispersèrent au *premier feu* qu'ils eu-

« rent à essuyer de la troupe. C'est aux Mées
« qu'a eu lieu cette rencontre. On compte très-
« peu de morts parmi les insurgés, attendu
« qu'ils ont presque immédiatement pris la
« fuite. » (*La Patrie*, 15 décembre.)

Quelle complète absence de tout noble sentiment! Quelle audace d'imposture en présence des faits les plus patents! Si l'Europe pouvait en croire les indignes Français de l'Élysée, elle se persuaderait que notre vaillante nation n'engendre plus que des peureux, fuyant comme des volées de perdreaux au moindre coup de feu. Écoutez-les autre part : « On envoya *cinq* gen-
« darmes sur la route qui conduit de Privas à
« Chomérac pour s'assurer de la vérité. Mais à
« peine cette demi-brigade eut-elle débouché
« dans la plaine du lac, qu'elle y fut accueillie
« par plus de cent coups de fusil. Les gendar-
« mes, blessés, firent feu avec leurs carabines,
« et un de ces *pillards* ayant été abattu par une
« balle, tout le rassemblement, qui était, dit-
« on, composé de *six cents bandits*, prit la fuite,
« et se déroba tellement, en fuyant dans les
« champs et dans les vignes, aux recherches de
« la gendarmerie et de la troupe de ligne qui
« survint, qu'il fut impossible d'en découvrir
« aucun. »

Analysez cette belle aventure, et vous y voyez *six cents Français* tirer *cent* coups de fusil sur *cinq* gendarmes, puis se sauver devant les *cinq* gendarmes *blessés*, se sauver si fort et se cacher si bien, que l'on n'en peut découvrir aucun, pas *un* sur *six cents ! ! !*

Un des plus précieux spécimens de ce genre de polémique où éclate le patriotisme des écrivains bonapartistes est fourni par *le Nouvelliste de Marseille* du 14 décembre : « Arrivé, dit-il, « à la Pomme (banlieue de Marseille), les *insur-* « *gés* étaient 4,500 environ. Un conseil fut tenu « en présence de délégués du Var, et la division « s'y introduisit. Deux des principaux chefs se « prirent de querelle, et ils étaient sur le point « de *s'égorger* dans un combat particulier, lors- « que l'approche de *plusieurs* gendarmes, qui « étaient venus en reconnaissance, fut signalée. « Aussitôt l'alarme se répandit parmi les *insur-* « *gés*, qui, au cri de « *Sauve qui peut!* » se par- « tagèrent en plusieurs colonnes et se retirèrent « dans diverses directions, etc. »

Or *le Nouvelliste de Marseille* a pris soin d'abord de nous dire que ces QUATRE MILLE CINQ CENTS Marseillais au milieu desquels la vue de *plusieurs* gendarmes jette le *Sauve qui peut!* sont les socialistes de la ville auxquels précisément « leurs chefs venaient de distribuer des armes et des cartouches ! »

Nous ne faisons pas à ces déplorables récits l'honneur de les réfuter. Nous les recueillons seulement, pour que l'on sache comment en usent les décembristes avec l'honneur français.

§ IV.

VAR.

Dans le Var, le mouvement fut aussi très-sérieux. Si la résistance avait pu s'organiser aussi fortement partout, les aventuriers du parjure et leurs complices seraient déjà où ils devraient être, où ils seront bientôt, à Belle-Ile.

Dès le 4 décembre, aussitôt que la nouvelle du crime gagna le Midi, les républicains des Bouches-du-Rhône et du Var se concertèrent. Les socialistes de Marseille, ne trouvant pas la ville disposée à braver les forces considérables assemblées pour la comprimer, quittèrent ses murs et allèrent se joindre aux patriotes du Var, qui prirent les armes, comme ceux des Basses-Alpes, avec une spontanéité héroïque. Plus de quinze mille hommes décidés se trouvèrent, le 5 décembre, réunis près d'Aups, où notre ancien et savant collaborateur de *la Réforme*, le citoyen Camille Duteil, alors rédacteur en chef du *Peuple de Marseille*, fut élu général. Au conseil tenu entre lui et les autres chefs, on délibéra sur la question de savoir si l'on marcherait au secours de Paris. C'était le vœu de tout le monde, et il s'éleva des rangs pendant toute la journée du 5. On était sûr de rassembler en vingt-quatre heures, dans les départements voisins, plus de cinquante mille combattants pour cette expédition essentiellement légale. Il ne se trouva malheureusement pas un seul homme de guerre propre à la diriger. M. Camille Duteil, qui n'a été occupé toute sa vie qu'à déchiffrer des hiéroglyphes, ne se sentit pas capable de manier cinquante mille hommes, et de leur faire traverser la France. Craignant de manquer à la tâche, il eut le courage de ne pas l'entreprendre. Mieux il était obéi depuis le moment où il fut nommé général, plus il eut peur de compromettre tant de braves gens par inexpérience.

Hélas! cette puissante force fut perdue. Ceux qui la composaient, voyant qu'on ne faisait rien d'eux, rentrèrent en partie dans leurs foyers la nuit suivante. Le lendemain 6, M. Duteil avait cependant encore cinq à six mille hommes concentrés à Aups, où il eut un engagement de peu d'importance avec une troupe de sept à huit cents soldats et gendarmes.

Les journaux honnêtes de Paris et de la province ont répété sur tous les tons, et exploité d'une manière infâme, un conte plus infâme encore, relatif à des prisonniers faits sur différents points, et que les constitutionnels avaient menés à Aups avec eux. Voici la version de *la Patrie*, plus dramatique que celle du *Nouvelliste de Marseille* et autres : « Les *insurgés* (on a « déjà vu que partout les amis de l'ordre appellent « ainsi les amis de la loi), les *insurgés*, furieux, « avaient condamné les otages à mort. Déjà des « prêtres avaient été amenés près d'eux; le « moment de l'exécution était fixé à deux heures « après midi. La promptitude de la marche de « la colonne, la vigueur de l'attaque, et la « défaite des *insurgés*, ne leur ont pas permis « de mettre leur exécrable sentence à exécution. »

Le *Moniteur* du 17 décembre ajoute un détail qui avait échappé à l'honnête correspondant de *la Patrie*. Il dit que « les *brigands* avaient déjà « creusé la fosse de leurs futures victimes! »

Presque tous les chefs militaires se sont mis à l'unisson des trompettes élyséennes chargées d'avilir la nation à ses propres yeux et à ceux du monde entier. Leurs rapports sont remplis de ces faussetés, contre lesquelles nous protestons au nom de l'honneur national comme au nom de la vérité. Le lieutenant-colonel Trauers, après avoir rendu compte de ce qu'il appelle la *défaite des insurgés*, a dit aussi : « Les quarante « et quelques personnes qu'ils traînaient à leur « suite sont rendues à leurs familles. Ce groupe « se composait de gendarmes et de fonction-

« naires. Les uns et les autres devaient être
« exécutés le jour même. *Des poulies étaient*
« *attachées aux arbres de la place pour servir*
« *au supplice des gendarmes.* Un seul de ces
« prisonniers a été frappé par nos balles. On
« espère le sauver. » (*Rapport* du 11 décembre.)

Voilà donc de farouches socialistes qui avaient pris la résolution de massacrer, précisément ce jour-là, quarante prisonniers qu'ils tenaient depuis deux ou trois fois vingt-quatre heures ! Les *poulies* et les *arbres* étaient prêts ! Pourquoi, s'ils avaient ce dessein, ont-ils attendu jusque-là, à moins que ce ne fût pour laisser au colonel Trauers le plaisir de les délivrer? Pourquoi, s'ils étaient résolus à les sacrifier, ne les ont-ils pas baïonnettés à l'instant, plutôt que de les laisser reprendre? Le temps eût-il manqué à des scélérats pour enfoncer un morceau de fer dans la poitrine de malheureux désarmés? Peut-être, il est vrai, sont-ce les baïonnettes qui manquaient, car M. Trauers dit lui-même, dans son Rapport : « *La plupart des insurgés étaient*
« *mal armés ou* N'AVAIENT PAS D'ARMES. »
(*Moniteur*, 17 décembre.) On s'explique dès lors comment ce glorieux vainqueur peut ajouter :
« Nous leur avons tué de soixante à quatre-
« vingt-dix hommes ; nous n'avons eu à regretter
« la mort que d'un seul fusilier. »

Ce qui s'est passé, le voici au vrai. Lorsque, le 6 décembre, les constitutionnels résolurent en conseil, à Aups, de se dissoudre; ils décidèrent en même temps que les prisonniers, qui avaient toujours été fort convenablement traités, seraient rendus à la liberté. L'attaque de la troupe prévint l'exécution de cette mesure. Projets de pendaison, arbres, poulies et prêtres de l'heure suprême, autant de contes qui ne s'appuient sur quoi que ce soit au monde. On rougit vraiment de voir un soldat, à qui son grade au moins devrait imposer quelque respect de sa propre dignité, descendre jusqu'à l'emploi de tels moyens pour grossir son mérite. Le colonel Trauers a indignement multiplié les affirmations fausses et déloyales dans son rapport : « Un « seul de ces prisonniers, dit-il en parlant des « gendarmes, a été frappé par nos balles. » On sait, d'un autre côté, que les émules de M. Trauers prétendaient que les constitutionnels avaient mis leurs prisonniers en avant pour s'en faire un rempart! Il semble ainsi donner une nouvelle consistance à ce bruit. Ce n'est qu'un nouveau mensonge. Une lettre datée de Lorgues, publiée par la *Gazette de Lyon* et reproduite par le *Moniteur* du 29 décembre, explique la chose telle qu'elle est :

« On avait dit aux soldats que la maison où « *les prisonniers étaient retenus depuis trois* « *ours* était pleine d'insurgés. Ainsi abusée, la

« troupe fit feu sur la maison, pendant que,
« d'un autre côté, les rouges enfonçaient les
« portes pour égorger ces malheureux [1].

« M. Andéol de Laval, voyant que ses amis
« allaient périr, a sauté par la fenêtre d'un
« second étage pour dire à la troupe de ne pas
« tirer, et il criait : Sauvez les prisonniers ! —
« Mais les soldats, croyant que c'était un insurgé
« qui criait : Je me fais prisonnier ! répon-
« daient : POINT DE QUARTIER ! *et quarante sol-*
« dats ont fait feu à deux pas de distance. Les
« prisonniers ont alors tous crié : Ce n'est pas
« un insurgé ! Tous les soldats ont levé les
« mains au ciel.

« M. Andéol de Laval, croyant qu'il allait mou-
« rir, a voulu serrer la main du capitaine pour
« lui dire qu'il ne lui en voulait pas ; il s'est
« tourné vers lui en criant : Je meurs content, puis-
« que j'ai sauvé mes compagnons. *Vive le* 50e !

« Le capitaine s'est précipité sur lui, criant :
« Oh quel regret ! Il a dit que jamais il n'avait

---

[1] Cette fois, il ne s'agit plus de poulies, mais d'égorgement. Nous sommes seulement embarrassés de savoir
pourquoi les rouges enfonçaient des portes dont ils
avaient les clefs, et comment ils enfonçaient les portes
d'une maison que la troupe mitraillait ! Tout cela n'a
pas même une apparence de vraisemblance ; mais on a
dit une fois de plus que les rouges voulaient égorger.
Qu'importe le reste ?

« vu un courage aussi grand, et que jamais
« cette figure ne sortirait de sa mémoire.
« M. de Laval a une blessure au pied, une a
« l'épaule, une près de la tempe, du plomb des
« insurgés dans plusieurs parties du corps ; un
« coup de baïonnette au bras ; son paletot a
« neuf trous de balles, sa cravate en est criblée,
« comme sa casquette, son gilet et ses bottes :
« et pas une blessure grave. *Le miracle est évi-
« dent.* M. de Laval veut que tous ses habits
« soient pendus à Saint-Ferréol, lieu de pèleri-
« nage célèbre, près de Lorgues. »

Les sauvages colonels du 2 décembre tirent sur des gens sans défense enfermés dans une maison ; ce sont leurs amis qu'ils blessent, et ils insinuent ensuite dans un rapport officiel que nous les avons assassinés ! Ils nous donnent, on en conviendra, de fortes raisons pour ne pas porter bon témoignage de la « franchise militaire. »

Mais que d'autres réflexions n'inspire pas le récit qu'on vient de lire ! Il part d'un *honnête gens,* d'un ami de la religion ; eux seuls croient aux miracles de cette espèce. Or, l'ami de la religion juge tout simple que la troupe, supposant la maison pleine d'*insurgés*, c'est-à-dire de défenseurs des lois, se mette à la mitrailler quoique ces *insurgés* ne fassent aucun acte d'hostilité ! Il constate également avec approbation que les janissaires croyant entendre un *insurgé* crier : « Je me fais prisonnier, » répondirent « POINT DE QUARTIER ! » et tirèrent sur ce malheureux qui se rendait « quarante coups de fusil à deux pas de distance ! « Enfin, parce que l'homme aussi lâchement assassiné échappe à la mort et se trouve être un réactionnaire au lieu d'être un républicain, l'ami de la religion dit que « le miracle est évident ! » A son tour, M. Laval lui-même, criblé de blessures, ne se plaint pas qu'on l'ait mitraillé, puisqu'on le prenait pour un *insurgé !* C'est l'idéal de la cruauté de sectaire, c'est la haine poussée jusqu'au sacrifice de la vie pour se satisfaire. Tout autre qu'un modéré aurait dit : « Mais eussé-je été un républicain, un démagogue, un rouge, un socialiste, ce n'était pas une raison pour faire sur moi une décharge de mousqueterie à bout portant quand je déclarais me livrer. Il n'est pas de peuple civilisé chez lequel on ne respecte l'ennemi qui se rend. » M. Laval ne pense point ainsi, il crie : « Vive le 50e qui m'a assassiné ! » et attache ses vêtements en lambeaux dans la chapelle d'une idole de l'endroit !

Il serait difficile de rencontrer, en feuilletant l'histoire, un épisode où il y ait plus d'inhumanité et de fanatisme que n'en renferme ce récit de quelques lignes. Et ce sont les démocrates que l'on dit altérés de sang !

Les chefs de la résistance, répètent encore les souteneurs du parjure, ont toujours disparu les premiers. Nouveau procédé à l'usage des *honnêtes gens* pour flétrir la cause des gens honnêtes. M. Corbin, procureur général à la cour d'appel de Bourges, a déshonoré le ministère public en introduisant cette infamie jusque dans un de ses réquisitoires. Et pourtant s'il est une chose vraie, c'est qu'il n'existe pas dans l'histoire de mouvement politique qui ait laissé plus de chefs aux mains des vainqueurs que celui du 2 décembre. Loin de disparaître le premier, M. Duteil déclara qu'il passait à l'étranger et qu'il resterait à la tête de tous ceux qui voudraient s'y rendre en colonnes régulières et disciplinées. Sept cents hommes à peu près le suivirent, sans que le colonel Trauers osât rien faire pour les en empêcher. Au bout de vingt-quatre heures on s'aperçut qu'il serait fort difficile de nourrir sept cents hommes partout où l'on passerait. Le général improvisé divisa sa troupe en sections de soixante à quatre-vingts personnes, qui prirent divers chemins, se dirigeant sur Nice, lieu de rendez-vous général. Le citoyen Roch, *professeur de mathématiques au collége d'Arles* (Gard), un de ceux qui suivirent M. Camille Duteil, nous a raconté que le général partagea avec tout le monde une somme de 300 ou 400 francs qu'il reçut de chez lui. Il ne possédait que cela, et cet homme « chargé du produit de ses vols » arriva à Nice tout aussi pauvre que le dernier des combattants !

Les différents groupes ne furent nullement inquiétés et gardèrent un ordre parfait. Celui dont M. Roch faisait partie rencontra deux ou trois fois des gendarmes allant en estafettes, et toujours sans les maltraiter. Dans tous les villages jusqu'à la frontière ils furent reçus avec des marques de vive sympathie. Une fois en Piémont, les autorités, qui se conduisirent avec beaucoup d'humanité, leur faisaient distribuer des billets de logement partout où ils arrivaient à la chute du jour.

Ces brigands qui avaient dévalisé les châteaux et pillé les caisses publiques étaient dénués de tout, si bien qu'à peine sur le sol étranger ils ont été obligés, pour subsister, de vendre successivement, à vil prix, leurs armes et tout ce qu'ils pouvaient avoir en objets de valeur.

Arrivés à Nice, au nombre de cinq cents à peu près, ils furent mis dans les forts, et honorablement traités pendant les huit ou neuf jours qu'ils y restèrent, jusqu'à ce qu'on les laissât se disperser pour demander leur vie au travail. On peut imaginer ce que souffrent encore bon nombre d'entre eux ! Ah ! en vérité, comme le dit leur chef dans la lettre suivante, ceux qui insultent de tels hommes dans une telle situation sont des lâches.

« *A M. Maquan, rédacteur en chef de l'Union du Var, à Draguignan.*

« Monsieur,

« J'oppose le plus formel démenti aux assertions de votre correspondant de Riez, qui a vu mes compagnons se jeter sur leurs armes pour me fusiller, puis me mettre à pied, me garrotter et me traîner après eux en me prodiguant l'insulte. Ceux que j'ai menés au combat, ceux qui n'ont pas voulu m'abandonner, qui m'ont, pour ainsi dire, porté dans leurs bras jusqu'à la frontière du Piémont, prêts à m'ouvrir un passage les armes à la main au pont de Geydan, ceux-là, monsieur, ne peuvent pas être des lâches, et il n'y a que les lâches qui assassinent avec le fusil ou avec la plume.

« Que vous dirai-je de l'ignoble relation de votre autre correspondant, qui représente un soldat sarde insultant des exilés français, en leur chantant la chanson que les traîtres chantaient ici aux soldats de Charles-Albert, après la bataille de Novare ? Ce serait outrager de braves soldats qui nous ont fraternellement accueillis, que de chercher à les justifier d'une pareille infamie.

« Les autorités piémontaises nous auraient traités, d'après ce même correspondant, comme des malfaiteurs, et la population de Nice n'aurait manifesté pour nous que le plus profond mépris. A cela, je réponds que l'autorité a eu pour nous tous les égards dus au malheur, et que c'est chez les habitants de Nice que la plupart de mes compagnons ont trouvé asile et travail.

« Il en est de tous vos récits comme des poulies que j'aurais fait préparer à Aups, pour pendre les prisonniers, au nombre desquels vous étiez, monsieur le rédacteur. Je m'attendais que vous montreriez plus de respect pour vous-même, sinon plus de reconnaissance pour celui qui vous a protégé, *rassuré*, soutenu, alors que la colère du peuple grondait autour de vous.

« J'ai l'honneur de vous saluer.

« Signé : CAMILLE DUTEIL [1].

« Nice, 2 janvier 1852. »

---

[1] Un dernier trait. Au moment où toutes les feuilles réactionnaires retentissaient du bruit des mauvais traitements que M. Maquan disait avoir été infligés aux prisonniers, M. Phillips, ingénieur des ponts et chaussées, adjoint du maire de Villeneuve, s'arrêtait, en quittant la France, chez le maire d'une petite ville de la Dordogne. Or, ce maire lui dit qu'il venait de recevoir d'un de ses parents, prisonnier du Var, une lettre dans

Cette lettre a été publiée dans *l'Avenir de Nice.*

§ V.

MARMANDE (*Lot-et-Garonne*).

Il nous reste à parler de Marmande, dont le nom défraye aussi les journaux de ceux qui, après avoir épouvanté la France par leurs fusillades, ont entrepris de la déshonorer, « en pratiquant le système de la calomnie sur une vaste échelle. »

Le 3 décembre, après la publication de la dépêche télégraphique qui annonçait le coup de main des insolvables, une vive fermentation se manifesta dans la population de Marmande et des environs. Le soir, la majorité républicaine du conseil municipal apprend tout à coup que le maire était enfermé à l'hôtel de ville avec plusieurs fonctionnaires, et que l'hôtel de ville,

laquelle il annonçait qu'ils étaient parfaitement traités et nourris de la même manière que ceux qui les gardaient en otage. M. Phillips, par sa position sociale et scientifique, par son caractère personnel, est un homme dont personne ne peut mettre la véracité en doute. — Nous multiplions à chaque pas nos preuves et nos autorités, parce que ce livre est un livre de bonne foi, destiné à convaincre nos adversaires de bonne foi que les rouges ont été indignement, lâchement calomniés.

sous la garde d'un petit nombre de gendarmes, était assiégé par une foule nombreuse et menaçante. Les conseillers courent à leur poste, apaisent la foule, et décident la convocation du conseil municipal, qui, par une délibération immédiate, appelle tous les citoyens à la résistance.

Cette délibération acheva de calmer le peuple, en lui donnant confiance dans la municipalité.

Le lendemain, de nouvelles dépêches, tout en annonçant les triomphes sanglants de l'armée sur la population parisienne, laissent cependant comprendre que la lutte s'engage.

Le maire s'est réfugié à la sous-préfecture, où le sous-préfet a convoqué les fonctionnaires avec quelques citoyens, et concentré toutes les brigades de gendarmerie de l'arrondissement.

Les plus exaltés parmi les habitants de Marmande et ceux des communes voisines accourus en grand nombre, veulent prendre immédiatement les armes et emporter la sous-préfecture d'assaut. A la nuit, une collision est devenue imminente, lorsque, sur la médiation de M. Vergnes, *avocat, membre du conseil général, ancien membre de l'Assemblée constituante*, de M. Baccarisse, *avoué, ex-commandant de la garde nationale*, et de plusieurs autres citoyens, un armistice est conclu avec l'autorité jusqu'à l'arrivée des nouvelles du lendemain.

Il demeure convenu que le peuple respectera l'hôtel de la sous-préfecture, mais que la garde de la ville lui sera remise ; que la milice citoyenne sera reconstituée sur l'ancien pied ; que les armes des gardes nationales de l'arrondissement qui avaient été dissoutes leur seront rendues (ces armes étaient encore déposées à la sous-préfecture) ; que le conseil municipal sera assemblé le lendemain matin de bonne heure pour aviser à la situation ; qu'enfin des postes mixtes, *composés de gendarmes et de gardes nationaux*, seront établis à toutes les issues de la ville pour empêcher l'introduction d'aucune force armée de part ni d'autre.

En exécution de cette convention, M. le sous-préfet se transporta à Sainte-Bazeille, pour donner l'ordre d'y caserner la troupe de ligne qui, sur sa demande, avait pu être envoyée de Bordeaux à son secours.

Le lendemain, 5 décembre, devant le conseil réuni, le maire, reconnaissant son impuissance, donne sa démission, ses adjoints en font autant, et le conseil, *à l'unanimité*, nomme M. Vergnes président d'une commission municipale provisoire, et lui adjoint MM. Mouron, *négociant*, et Goyneau, *avoué*.

La commission, aussitôt installée, rédige et publie une courte et vive proclamation, dans laquelle elle rappelle les termes de la Constitution et les devoirs des citoyens. Le but de cette commission était de maintenir l'ordre et de faire exécuter la *délibération du conseil municipal* qui conviait les citoyens à la résistance : elle engageait elle-même tous les hommes de bien à l'assister dans l'accomplissement de cette tâche.

Le commandant de la garde nationale, M. Baccarisse, comprenant combien l'expérience d'un militaire est nécessaire dans des circonstances aussi graves, présenta à la commission M. le commandant Peyronny que le bruit des événements avait attiré à Marmande.

M. Peyronny avait été un des plus brillants officiers de l'armée d'Afrique. Dans deux occasions, il avait été candidat de la démocratie aux élections pour l'Assemblée nationale; il avait obtenu plus de quarante mille suffrages. Son amour de l'ordre véritable, sa bravoure à toute épreuve, ses convictions républicaines étaient connues dans le pays. La commission provisoire l'engagea donc à se charger de l'organisation et du commandement supérieur de la garde nationale de Marmande et des environs.

On trouva enclouées les deux pièces de canon que possédait la ville; elles furent aussitôt remises en état. Les armes emmagasinées à la sous-préfecture furent remontées et livrées aux gardes nationaux. Des réquisitions faites par le président de la commission réunirent à la commune toutes les poudres existantes chez les débitants, et toutes les matières propres à en préparer de nouvelles. Une fabrique de poudre fut établie à la mairie, et la compagnie d'artillerie de la garde nationale fut occupée à la confection de gargousses et de cartouches.

D'un autre côté, les proclamations de la commission et un ordre du jour du commandant Peyronny furent envoyés dans les principales communes de l'arrondissement de Marmande et des arrondissements voisins, pour les exciter à joindre leurs efforts à ceux de la ville de Marmande. Plus de vingt communes commencèrent à s'organiser, et quelques gardes nationales voisines vinrent se faire passer en revue au chef-lieu par le commandant Peyronny.

Des correspondances par estafettes, d'étape en étape, furent organisées avec Agen, Villeneuve, Nérac et Bordeaux.

Marmande présentait ainsi pour la défense de la Constitution un bataillon de six cents hommes résolus, équipés, approvisionnés, s'appuyant sur une masse au moins double de gardes nationaux des environs. Ces forces pouvaient être reliées avec celles de Villeneuve, d'Agen, et même de la Réole qui semblait n'attendre qu'une impulsion pour faire son mouvement.

Cependant, le maire et le sous-préfet de Marmande quittèrent la ville le 5; la gendarmerie de tout l'arrondissement, qui d'abord y avait été concentrée, se retira de l'autre côté de la Garonne, à Couthures, et plus tard à la Réole. Les nouvelles de Paris devenaient chaque jour plus alarmantes.

Villeneuve avait énergiquement opéré son mouvement dès le 2 décembre. Son conseil municipal, entièrement composé de démocrates, avait, à la réception de la dépêche télégraphique, proclamé la déchéance du président parjure, réorganisé la garde nationale dissoute, et mis le sous-préfet sous la surveillance d'une commission prise dans son sein. Néanmoins les événements marchaient si vite qu'il fut impossible de lier aussitôt qu'il l'eût fallu la résistance de Villeneuve à celle de Marmande. Il en était de même pour l'arrondissement de Nérac. Les campagnes soulevées spontanément, avaient, dès le 4 ou le 5, porté une colonne de mille hommes sur Agen, d'où elles furent repoussées par un contre-ordre[1]; quelques petites villes s'étaient également prononcées; mais partout le défaut de liaison, le temps ayant manqué au milieu d'une surprise sans exemple, empêchait une prompte organisation.

[1] Il reste encore à savoir pourquoi les démocrates d'Agen, loin de se mettre sur pied, engagèrent à rétrograder la colonne qui marchait à leur aide.

D'un autre côté, la population ouvrière de Bordeaux, malgré la faiblesse de la garnison qui pesait sur elle, avait nettement refusé de s'associer au mouvement, en répondant « que le coup d'état frappait l'aristocratie et ne la regardait pas. » Agen, la Réole, Saint-Macaire, Langon, villes sur lesquelles on devait compter, ne remuaient pas ; elles se trouvaient paralysées par l'apathie dont Bordeaux donnait l'exemple.

Il était facile de prévoir dès lors que les forces constitutionnelles de Marmande, restant presque isolées, ne pourraient rien. La garnison de Bordeaux, dégagée par la complète neutralité de la population de cette ville, et par la cessation de toute lutte à Paris, ne tarderait pas à être lancée sur le point le plus voisin où la résistance s'était organisée, et Marmande subirait les premiers coups sans avoir eu le temps de recevoir de renforts.

Aussi un profond découragement s'empara-t-il des amis de la loi, d'abord si dévoués, si résolus.

Dans cette conjoncture grave, la commission municipale jugea nécessaire de consulter la garde nationale elle-même. Une grande revue fut ordonnée pour le lendemain, dimanche 7 décembre. Chaque capitaine demanda que tous les hommes de sa compagnie décidés à combattre, malgré les circonstances, les troupes qui pouvaient arriver de Bordeaux d'un moment à l'autre, sortissent des rangs et vinssent se faire inscrire. Disons-le, à l'honneur de Marmande, dans son bataillon de 600 hommes il s'en trouva 200 qui acceptèrent cette lutte désespérée. Un conseil de guerre fut assemblé le soir. On y décida que l'on abandonnerait la ville pour occuper, dans la campagne, des positions où il fût possible de tenir les troupes en échec. Rester dans la ville était exposer, si elle était prise, tous ces braves gens à être assassinés jusqu'au dernier, en vertu des sanguinaires proclamations des insurgés, qui commandaient de fusiller tout homme pris les armes à la main.

Pendant la délibération du conseil de guerre, vers deux heures du matin, eut lieu un incident grave. Nous sommes obligé de le dire, l'ancien commandant de la garde nationale avait disparu avec sa famille. Cette circonstance fit un moment croire à la trahison de tous les chefs, et excita une de ces fermentations subites qui peuvent amener en quelques instants les plus grands malheurs. Mais M. Peyronny et M. Vergnes se présentèrent bientôt sur la place, où ils trouvèrent la majeure partie de la garde nationale déjà assemblée et dans une agitation extrême. Leur voix put cependant se faire entendre. La garde nationale reprit ses rangs, et M. Peyronny, pour dissiper entièrement l'effervescence, proposa de marcher aussitôt à la rencontre des troupes qui venaient attaquer Marmande. Cette résolution, adoptée d'enthousiasme, fut exécutée au chant de *la Marseillaise*.

Il était trois ou quatre heures du matin. La nuit régnait encore, lorsque les Marmandais arrivèrent à Sainte-Bazeille.

A peine les premières dispositions prises, se montra, sur la grande route et en face de la garde nationale massée en colonne, un corps de gendarmerie de trente ou quarante chevaux. Le commandant Peyronny se porta en avant avec témérité, et lança trois fois le cri de : Qui vive ? La gendarmerie, sans répondre, se forma en bataille, et *fit un feu de peloton principalement dirigé sur le commandant*. Celui-ci échappa comme par miracle à cette grêle de balles, et n'eut que la visière de sa casquette traversée. Il se plaça alors vers la gauche, et, comme la gendarmerie, le sabre à la main, s'élançait pour charger la garde nationale, il commanda le feu. Le premier peloton, calme et ferme, tira ; le désordre se mit dans les rangs de la gendarmerie, qui tourna bride, abandonnant sur le terrain un brigadier grièvement touché à la cuisse et quelques chevaux tués ou blessés.

Dans le procès intenté au commandant Peyronny, on a *tâché d'établir que l'agression était venue du côté de la garde nationale*; mais il résulte expressément de toutes les dépositions et d'une lettre du lieutenant de gendarmerie, M. Flayelle, publiée dans le journal *l'Indicateur de Bordeaux* du 24 décembre, que la gendarmerie chargea, sans explication ni sommation préalables, et que c'est pour repousser cette charge que la garde nationale fit feu. Ainsi partout les républicains ont eu la générosité de ne tirer jamais les premiers.

Malgré ce premier succès, quelques gardes nationaux se débandèrent, comme si tout était fini. M. Peyronny se hâta de ramener le reste, de remettre de l'ordre dans les rangs, et, voulant parer au danger d'un retour agressif de la gendarmerie dans la situation où il se trouvait sur une grande route, au milieu d'une plaine, avec des hommes sans habitude de la guerre, il les mena à travers champs sur une partie de la plaine accidentée par des ruisseaux, des ravins et des chemins creux.

Deux cents hommes environ le suivirent avec M. Vergnes sur les hauteurs de Castelnau où ils firent halte. Mais, au milieu de ces populations rurales, d'abord si animées, le découragement avait fait plus de progrès encore qu'à Marmande. Quelques paysans seulement se joignirent aux défenseurs de la Constitution.

Le commandant se porta alors à Coubon et fit faire une nouvelle halte. Là il trouva plus de découragement encore qu'à Castelnau : chacun se disait que, les grandes villes ne faisant rien, on s'exposait inutilement. Sa troupe elle-même, impressionnée par ce qu'elle voyait, s'était graduellement réduite à cinquante ou soixante combattants déterminés à mourir. M. Peyronny leur remontra l'impossibilité de soutenir la lutte, du moins en ce moment, et lès engagea à rentrer chez eux en rapportant leurs armes, qu'un bon soldat, leur dit-il, ne doit jamais abandonner. Ainsi firent-ils sans accident. Pendant que leur petit bataillon avait occupé les hauteurs de Castelnau et de Coubon, la colonne expéditionnaire envoyée de Bordeaux, alarmée de la défaite de la gendarmerie, avait pris les plus grandes précautions pour avancer de Sainte-Bazeille à Marmande. Elle ne pénétra en effet dans la ville qu'à deux heures après-midi, alors que les Marmandais étaient déjà rentrés chez eux par des chemins détournés.

Ce soulèvement aurait pu devenir, avec un chef comme M. Peyronny, une chose considérable, si les grands centres environnants avaient agi ; il se dispersa devant la certitude de ne pouvoir continuer la lutte avec utilité, mais il n'en est pas moins un titre de gloire pour Marmande.

Tout fut sérieux, digne, énergique dans la résistance de cette petite ville ; nous devons le dire plus particulièrement pour elle, parce qu'elle a été plus particulièrement en butte aux attaques de la presse réactionnaire.

L'épisode du gendarme Gardette, dont nous parlerons dans le chapitre suivant et auquel nos ennemis, selon leur fatale tactique habituelle, ont voulu donner un caractère de férocité, n'enlèverait point, fût-il même ce qu'on a dit, au mouvement de Marmande son cachet hautement honorable. Nous nions formellement les cruautés qui auraient été commises sur le gendarme Gardette ; nous les nions parce que, dans l'intimité où l'on avoue les propres torts de son parti, nos amis nous ont affirmé qu'elles n'avaient point été commises ; mais, admettant même leur existence, nous disons que la violence de deux ou trois n'effacera pas le mérite de la modération de tous.

Que l'on y songe bien, c'est la garde nationale *tout entière* et la municipalité *tout entière* de Marmande qui se sont levées ; l'armistice conclu entre le sous-préfet et M. Vergnes ne s'explique que par cette unanimité même ; on ne fait pas de traités avec des bandits. Que l'on y songe donc bien : en cherchant à déshonorer le mouvement de Marmande, on déshonore en réalité tous les partis.

Il est regrettable, bien regrettable assurément, que M. Peyronny, abattu par les souffrances d'une longue détention, obsédé par sa famille et ses défenseurs, ait renié tous ses devoirs. Mais cette trahison ne saurait prévaloir sur l'évidence palpable des faits. On a vu trop souvent des soldats capables d'affronter mille morts succomber terrifiés devant une crainte chimérique. Le courage civil est le plus rare de tous les courages. Braver les triomphateurs n'est pas donné à toutes les âmes. M. Peyronny en est un triste exemple. Chose bizarre, il a poussé la faiblesse jusqu'à s'accuser de lâcheté ! Pour éviter une dégradation officielle, qui n'aurait pas touché son honneur puisqu'elle partait de juges de commande, il s'est dégradé de ses propres mains. Il mérite aujourd'hui sa condamnation flétrissante, non pour ce qu'il a fait à Marmande, mais pour ce qu'il a dit devant ceux qui s'arrogeaient le droit de le juger. Il n'a pas craint de présenter le corps dont il fut le chef comme un ramas de pillards et de forcenés qui l'auraient mis en avant le couteau sur la gorge. L'intrépidité de M. Peyronny, l'officier renommé par sa vaillance, suffit seule à démentir M. Peyronny l'accusé. Il est de ceux qui peuvent avoir peur du jugement du premier conseil de guerre venu, mais non pas de ceux qui se laisseraient forcer la main par une poignée de misérables, et qui se chargeraient de diriger leurs coupables entreprises pour éviter leurs poignards.

M. le chef de bataillon Peyronny avait été mieux inspiré quand, de lui-même, livré à ses propres instincts, dans le premier interrogatoire qui suivit son arrestation, il maintint la légalité et l'honorabilité de ses actes. Non, il n'est pas vrai que Marmande, sous la protection de sa garde nationale, avec des hommes comme tous ceux qui se glorifient de s'être trouvés à la tête du mouvement, ait subi aucune violence, ait eu rien à redouter des prétendus brigands venus du dehors.

Ce qu'il faut proclamer, au contraire, à l'honneur de la population de Marmande, c'est qu'elle avait spontanément embrassé le seul système de résistance qui pût sauver les libertés publiques, et que si partout, à Paris surtout, on eût pris une semblable position, l'inexorable discipline militaire elle-même aurait reculé devant une telle attitude. L'armée n'aurait jamais consenti à entreprendre une guerre odieuse, impie, fratricide, contre les gardes nationales debout en vertu du droit, et défendant la loi sous le commandement des autorités municipales.

Nous nous sommes attachés à dire les événements de Clamecy, du Donjon, des Basses-Alpes, du Var et de Marmande, parce que ce sont les cinq points où les défenseurs de la loi, qui montrèrent tous et partout le même courage, ont été le plus odieusement calomniés.

Nous ne pouvons faire l'historique général des mille soulèvements partiels de la province ; il nous faudrait beaucoup de temps et de matériaux qui nous manquent. Il suffit de constater que la France presque entière a résisté à l'attentat du 2 décembre. Malgré la force militaire dont la horde des coquins disposait, malgré la complicité et l'influence des autorités, elle a été obligée, pour vaincre, de mettre en état de siége, c'est-à-dire, de livrer au tranchant du sabre, TRENTE-DEUX départements : Rhône, Drôme, Isère, Ain, Loire, Ardèche, Cher, Nièvre, Seine, Seine-et-Oise, Seine-Inférieure, Oise, Loiret, Loir-et-Cher, Eure-et-Loir, Eure, Yonne, Aube, Saône-et-Loire, Allier, Gard, Hérault, Basses-Alpes, Lot, Lot-et-Garonne, Var, Gironde, Bas-Rhin, Jura, Gers, Aveyron, Vaucluse.

Que l'on juge, par là, de l'animadversion qu'excitèrent, d'un bout du pays à l'autre, dans toutes les âmes honnêtes, le parjure et la révolte du pouvoir. Trente-deux départements en état de siége ! Cela signifie qu'au fond de trente-deux départements, surpris tout à coup par l'invasion des barbares, la résistance fut assez énergique et prit des proportions assez considérables pour qu'on ne pût la vaincre sans recourir aux dernières violences de la force. Cela signifie qu'au fond de trente-deux départements les patriotes ont pris les armes sans attendre Paris, sans calculer que, Paris vaincu ou ne faisant rien, ils seraient, eux, impitoyablement décimés. Quel éclatant témoignage rendu à leur vaillance ! Ils se sont perdus, mais sur tous les chemins du monde où les jettera la proscription, ils porteront la gloire d'avoir pour leur part contribué à sauver l'honneur de la nation et de la démocratie.

Le monde, en les voyant, reconnaîtra aussi qu'en France la politique a pris une face nouvelle. Jusqu'à cette heure, les ennemis de la liberté avaient cru suffisant de frapper quelques chefs pour se conserver. Maintenant, rien de semblable.

La proscription n'a jamais atteint plus de chefs, mais elle n'avait jamais non plus été faucher, comme aujourd'hui, jusqu'au sein des couches les plus obscures et les plus pacifiques de la société. Ce n'est pas seulement dans les ateliers, dans les mansardes des cités, qu'elle a été répandre la désolation et la misère, mais bien aussi au fond des chaumières ! Le dernier des villages, comme la capitale, a subi l'effet des peurs napoléoniennes.

Au nombre des huit cents bannis qui disputent à Londres leur existence à toutes les difficultés de l'exil, à côté des ouvriers de Paris, de Lyon, des grands centres industriels, l'Angleterre étonnée voit tous les jours des paysans, des vignerons qui n'avaient jamais foulé le pavé d'une ville.

C'est que partout, aujourd'hui, dans notre patrie, du nord au sud, de l'est à l'ouest, l'idée démocratique et sociale a des adeptes, des défenseurs et des soldats.

De leur soulèvement général, dès qu'éclata le crime du 2 décembre, il reste un fait grand, capital, de la plus haute signification, que nous avons déjà indiqué au commencement de ce chapitre : l'intervention de la province dans les affaires publiques.

La province avait toujours laissé tout se juger, se faire, se décider à Paris. Cette fois, villes et campagnes ont dit : « Cela nous regarde; » villes et campagnes ont agi. Les laboureurs sont entrés dans la lice : notaires, pharmaciens, avoués, médecins, négociants, marchands, propriétaires se sont mis à la tête de la résistance, ils l'ont provoquée et conduite. C'est l'avènement à la politique active de plusieurs classes de citoyens qui, jusqu'à cette heure, s'étaient en quelque sorte abstenues.

Nous signalons cette participation efficiente des populations rurales et de la bourgeoisie départementale aux combats de décembre, comme pleine de promesses et de bons espoirs pour l'avenir. La province sait maintenant ce qu'elle a à faire. Qu'au mouvement prochain, destiné à chasser les barbares, elle suive tout entière le noble exemple plus particulièrement donné par le Var, les Basses-Alpes, le Lot-et-Garonne, une partie de la Nièvre et de l'Allier; que tous les hommes de bien, tous les patriotes se lèvent en masse, et quelles que soient les forces amassées à Paris pour écraser la capitale, la démocratie l'emportera par sa puissance morale même, par le seul poids de son nombre.

Le jour où tous les citoyens, sans exception, bourgeois, paysans, ouvriers, citadins et campagnards, riches et pauvres prendront part aux troubles civils, la démocratie, ayant alors pour elle tout ensemble la raison, le droit et les gros bataillons, ne tardera pas à gagner une victoire utile aux uns comme aux autres, profitable à tous sans distinction : la victoire de l'égalité, de la liberté et de la fraternité !

CHAPITRE VII.

LA RÉSISTANCE DES DÉPARTEMENTS TRANSFORMÉE EN JACQUERIE.

Il y a longtemps que les amis de l'ordre d toutes couleurs ont organisé un bien coupable système de calomnies pour perdre les républicains dans l'opinion publique. Ils nous représentent, avec une persévérance acharnée, comme des hommes de désordre, de sang et de rapine. La fameuse réunion de la rue de Poitiers a dépensé cinq cent mille ou six cent mille francs pour répandre les œuvres de cette infernale conjuration du mal, qui ne s'arrête point à la France. Il est convenu qu'il ne se commet pas un crime en Europe qu'on ne doive l'attribuer à la *démagogie*, ce qui veut dire, dans le langage des rétrogrades, à la démocratie. Au commencement de janvier, les journaux napoléoniens, en province et à Paris, ont publié la note suivante :

« La Savoie paraît fortement travaillée par *les menées insensées de la démagogie*. A Aix-les-Bains, il y a eu, dans la nuit du 1ᵉʳ au 2 janvier, *des tentatives d'incendie*, qui ont été heureusement aperçues à temps. Le feu avait été mis à des amas de matières combustibles attenant à une maison.

« Quelques jours auparavant, des lettres anonymes, renfermant des menaces *d'incendie, de pillage et de guillotine*, étaient parvenues à divers habitants.

« Des arrestations ont été faites. On dit aussi que la caisse publique de Moutiers *a couru des dangers*, et que des troupes y ont été dirigées pour empêcher *un commencement* DE JACQUERIE de ce côté-là. »

Plus il y a de précision dans ces nouvelles, plus elles sont condamnables, car tout y est faux depuis le premier jusqu'au dernier mot. C'est la *Gazette officielle* du Piémont elle-même qui se charge de donner un démenti à la presse des mitrailleurs :

« Nous sommes autorisés à déclarer, dit-elle, que les bruits répandus par le *Courrier des Alpes* relativement à des tentatives de pillage et d'incendie, qui auraient eu lieu dans certaines provinces du Piémont et notamment dans la Tarentaise, sont *dénués de fondement.* »

Autre exemple : La reine d'Espagne est frappée par un assassin. Aussitôt *le Constitutionnel* et *la Patrie* imputent le crime à la démagogie. Il s'est trouvé que le meurtrier était un prêtre. Nous avons d'autant moins dessein d'en tirer avantage, que, malgré l'étonnant courage de cet homme, son crime est inexplicable ; mais quelle déloyauté n'y a-t-il pas à attribuer de la sorte aux républicains jusqu'au mal commis par des hommes attachés au cœur même du légitimisme !

Les meneurs du 2 décembre ont continué à exploiter la peur en face de la résistance qu'a trouvée partout leur insurrection ; ils ont crié au meurtre, au pillage, au viol, sans excepter Paris de ces détestables répétitions. Il importe de citer quelques passages des journaux intimes de l'Élysée pour rappeler quels genres d'arguments ces honnêtes gens ont à leur disposition, et dans quel style il les expriment. Écoutons d'abord *la Patrie* du 9 décembre :

« *Une horrible et vaste jacquerie* était organisée dans la France entière. Toutes les correspondances saisies, tous les interrogatoires subis attestent qu'UN PILLAGE UNIVERSEL ET QU'UN ÉGORGEMENT GÉNÉRAL devaient signaler, en 1852, l'expiration des pouvoirs du président de la république. Témoins des funestes divisions et des folles haines de l'ancien parti de l'ordre, *les hommes de sang et de cupidité qui ont juré la ruine de la société*, se réjouissaient, dans le secret de leurs conciliabules, de cet affaiblissement des forces conservatrices. Pareils au tigre qui guette sa proie pour la dévorer, ils attendaient l'heure de l'action avec patience, parce qu'ils croyaient que leurs victimes ne pourraient pas leur échapper, parce qu'ils croyaient que le moment viendrait infailliblement où ils n'auraient qu'à vouloir *pour se partager les dépouilles des riches.*

« Signé : CÉSANA. »

Voici maintenant un spécimen de ce que *le Constitutionnel* répète tous les jours (13 décembre) :

« Au milieu des plus grandes merveilles de la civilisation la plus avancée, la plus préoccupée du bien-être de tous, le génie du mal semble protester contre ce nouvel essor de l'intelligence humaine, pour nous ramener au temps de la barbarie la plus reculée.

« Le socialisme et la jacquerie, surpris, déroutés par les mesures du 2 décembre, et croyant à tort, sur quelques points de la France, pouvoir se montrer et agir tête levée, *viennent*

de se livrer aux massacres, au viol, aux plus
atroces cruautés. Le socialisme et la jacquerie
viennent d'inventer de nouveaux et d'inexpli-
cables supplices. Honnêtes gens, représentants
et défenseurs de l'ordre et de l'autorité publique,
inoffensifs propriétaires, et enfin jusqu'à des
femmes et à des enfants, tous ont vu se lever
sur leur tête les armes de ces implacables
bourreaux.

« Signé : VÉRON. »

La Presse, abandonnée à M. Bonaparte, s'est
mise aussitôt au diapason de ses devanciers
(15 décembre) :

« Ce qui ne s'est vu que rarement, ce qui est
le propre des générations profondément gangrenées, c'est que l'idée, vraie ou fausse, dispa-
raisse de la bannière arborée par les insurrections pour faire place aux plus hideux appétits.
C'est que *le pillage, le viol, l'assassinat, tout
ce qui est réputé crime et infamie dans la conscience universelle, deviennent le moyen et le
but des révolutions que l'on tente;* c'est que
des hordes sauvages puissent se ruer au sein du
foyer domestique, *y voler le fruit de l'épargne,
y souiller la femme,* Y MASSACRER LES ENFANTS,
sous prétexte de résistance A L'AUTORITÉ ÉTABLIE.
La guerre civile, si douloureuse qu'elle soit, a

quelquefois sa grandeur. Mais ce n'est pas la guerre civile que nous voyons dans ce moment. C'est quelque chose qui n'a heureusement pas de nom, et qui *ne mérite aucune pitié !*

« Signé : PERRODEAU. »

Les journalistes tarés n'ont pas seuls tenu cet infâme langage, c'était un mot d'ordre : tous les fonctionnaires qui voulaient se faire bien venir des insurgés victorieux, l'ont répété; ainsi, ce loyal recteur de l'académie de la Haute-Saône qui a trouvé moyen de dire, dans une circulaire aux instituteurs de son département :

« Partout où les démagogues ont pris les armes, les scènes les plus hideuses se sont passées. Le *vol*, l'*incendie*, l'*assassinat*, voilà par quels actes se sont signalés les misérables qui rêvaient l'asservissement de notre nation. Des soldats *massacrés* et *torturés*, des femmes *livrées aux derniers outrages*, DES ENFANTS JETÉS VIVANTS DANS LES FLAMMES, voilà leurs exploits d'aujourd'hui. Jugez de ce qu'ils eussent fait, s'ils avaient eu le temps de couvrir la France du réseau de leurs machinations ténébreuses ! » (*Moniteur* du 24 décembre.)

Les termes manquent pour stigmatiser d'aussi abominables discours. Où la haine la plus invétérée imagina-t-elle jamais des accusation[s] plus repoussantes, plus impossibles? Not[re] cœur se soulève à y penser. Que dirait de [la] France le monde entier, si la délirante exagéra[-]tion de ces horreurs n'en était la meilleure réfutation; s'il était possible de croire à ce amas de viols dont l'image seule fait frémir Journaux, circulaires, livres et réquisitoires impérialistes ont été fort prodigues de cette exécrable accusation de viol sur tous les points où la légalité a un moment triomphé. A les entendre, il n'est pas d'ouvrier ni de paysan en France qui ne soient prêts à se porter sur les femmes aux derniers excès. Le livre que l'Élysée a fait publier sur le 2 décembre, celui de M. Mayer, le défenseur des bonapartisades des boulevards, l'avocat des tueurs de femmes et des transporteurs d'enfants, est tout dégoûtant de ces prétendus excès, racontés avec des injures ignobles pour les socialistes. Honte à ces détestables menteurs! Ils ne parleraient pas si facilement de viol, si leur profonde immoralité ne les empêchait de comprendre que c'est le crime le plus révoltant, le plus lâche, le plus hideux qui se puisse commettre.

Ils savent, cependant, que le respect des femmes est un des sentiments les plus chers à notre grande et chevaleresque nation; aussi s'attachent-ils toujours à reprocher aux républicains d'y manquer. Les femmes, grâce au ciel, ne croient point à ces infamies, et leur attitude nous venge suffisamment. Personne, aujourd'hui, ne l'ignore : au milieu de l'étrange torpeur où est tombée la France, c'est parmi elles que les barbares du 2 décembre trouvent leurs plus persévérants adversaires.

Quiconque ne s'est point prosterné devant le parjure a été présenté sous les mêmes couleurs. Les représentants du peuple eux-mêmes n'ont pas échappé à ces misérables imputations. Eux aussi excitent au pillage et à la dévastation ! Le 4 décembre, *le Constitutionnel* disait à Paris : « Cependant, le préfet de police avait été « informé que *cent vingt* des ex-représen- « tants montagnards, réunis partiellement dans « la nuit, avaient rédigé une proclamation « qui n'était qu'une *excitation au pillage et à « la destruction des propriétés*; il a pris des « mesures efficaces pour en empêcher l'im- « pression et l'affichage. Des agents fermes et « intelligents, appuyés d'une force militaire « imposante, ont été placés dans les directions « signalées ; la proclamation des Montagnards « *ne s'est pas montrée.* » Le procédé est délicat et la chute jolie : les Montagnards avaient rédigé une proclamation qui excitait au pillage, mais la police veillait, et la proclamation *ne s'est pas montrée !* Pourquoi donc ne s'est-elle pas montrée? Est-ce un reste de pudeur? Puisque l'écrivain de police faisait tant que de la supposer, il ne lui aurait pas coûté beaucoup plus de la rédiger et d'y mettre notre signature à tous.

Dans *le Pays*, M. Laguéronnière, qui disait fièrement, les premiers jours : « Je renonce à écrire, puisque la presse n'est plus libre, » a repris la plume, le coup une fois réussi, et l'un de ses premiers gages donnés aux conquérants a été de dénoncer « une société qui avait pour objet d'assassiner le président. » Une société se formant pour assassiner un homme ! En vérité, c'est trop de niaiserie !

M. Mayer a cependant trouvé quelque chose de mieux : « Dans une réunion présidée par les membres de la Montagne, dit-il, et qui se tint tout près de la barrière du Trône, deux cents fusils furent distribués et un projet de gouvernement provisoire mis en discussion. *On agita pendant une heure la question d'assassinat du président de la république*, qu'on abandonna pour cause d'impossibilité physique, disent les uns, et pour ne pas se déshonorer par un assassinat, disent les autres. Quelques ateliers, où des tentatives d'embauchage avaient été inutilement essayées dans la journée, furent signalés « à la justice du peuple. » Un des décrets projetés par cet embryon de comité de salut public

portait : « *Le suffrage universel est provisoire-
« ment suspendu ; les élections ne se feront
« qu'au rétablissement de la paix.* » *La peine
de mort était rétablie*, et Paris devait avoir un
tribunal révolutionnaire par arrondissement. »
(*Histoire du 2 décembre*, page 125.)

Le sang que les égorgeurs de décembre ont
répandu leur monte au cerveau et leur trouble
la raison. Voyez ! M. Mayer rassemble les projets les plus infâmes pour nous rendre odieux
en nous les attribuant, et, sans y penser, il énu-
mère précisément ceux que ses patrons ont réalisés. Le suffrage universel ! Ils l'avaient suspendu de complicité avec les burgraves, ils en
ont fait depuis un ridicule simulacre. Les
tribunaux révolutionnaires ! Ils en ont couvert la France sous le nom de conseils de
guerre, commissions mixtes, etc. Le rétablissement de la peine de mort ! Nous aurons à citer
des centaines de condamnations à mort, prononcées par les juges militaires pour faits de
guerre civile. L'Europe a appris avec horreur
que les monstres du 2 décembre avaient redressé
l'échafaud politique et bonapartisé Charlet,
paysan au cœur plein de générosité ! Charlet,
un des plus nobles enfants de la France !

Et ces hommes cruels viennent déclarer ensuite que les membres de la Montagne ont mis
en délibération « la question d'assassinat de

M. Bonaparte ! » Par la valeur de cette révoltante absurdité, débitée à Paris, en plein jour, en face d'hommes dont les caractères sont connus, dont les actes furent publics, on peut juger ce qu'il y a de vrai dans toutes les atrocités de la prétendue jacquerie des départements.

Une fois ce filon de la jacquerie découvert, le parti du crime l'a fouillé avec une fureur qui rappelle les beaux temps de la rue de Poitiers. Pas un château qui n'ait été saccagé, pas un presbytère qui n'ait été dévasté. Malgré la terreur qui ne permettait pas de contredire les assassins, ils ont reçu quelques démentis d'autant plus significatifs qu'on courait certains risques à rétablir la vérité. Nous croyons utile de rapporter ceux qui sont arrivés à notre connaissance ; cela peut servir à édifier l'Europe sur ce qu'il faut croire du reste.

« Le pillage du château de M. de Deleyrac, à
« Saint-Jean-de-Gard, le sac du château de
« M. de Larcy, à Saint-Chaptes sont démentis. »
(*L'Opinion publique*, 18 décembre.)

« M. de Lamartine a adressé la lettre suivante
« à *l'Assemblée nationale* :

« Monsieur,

« Je lis dans votre journal les lignes suivantes :
« On écrit de Mâcon, 7 décembre, que M. de

« Lamartine, voyant l'émeute s'approcher de
« Monceaux, a fait requérir des forces militaires
« pour protéger sa résidence. L'autorité s'est
« empressée de déférer à sa prière. »
« Ces faits sont complétement inexacts.
« Ni le château de Saint-Point, que l'on disait
« avoir été saccagé et incendié, ni le château de
« Monceaux, résidence actuelle de M. de Lamar-
« tine, n'ont été l'objet d'aucune menace, ni d'au-
« cune violence. M. de Lamartine n'a réclamé la
« protection d'aucune force publique.
« Recevez, etc.
« LAMARTINE.

« Monceaux, 12 décembre 1851. »

(*L'Union*, 18 décembre.)

On sait tout ce qui a été débité sur Poligny ;
c'est un des points où les ogres du socialisme
ont mangé le plus de chair fraîche. Une lettre
insérée dans *l'Union franc-comtoise*, par le curé
de cette ville, donne la vraie mesure de ces contes
féroces :

« Poligny, 11 décembre 1851.

« Monsieur le rédacteur,

« Dans le numéro de votre journal du 9 courant, vous publiez un extrait de *la Sentinelle*

« *du Jura*, dans lequel vous faites mention
« d'*orgies bachiques* commises à la cure de Po-
« ligny par les *insurgés*, dans la matinée du 4.
   « Pour ne pas aggraver, contre les règles de
« la justice, la position des inculpés, je proteste
« contre l'inexactitude de l'article précité en
« ce qui concerne la conduite des *insurgés* à la
« cure.
   « A la vérité, quelques-uns d'entre eux m'ont
« prié, dans la matinée du 4, de leur donner
« quelques litres de vin ; mais ils l'ont fait d'une
« manière honnête, et ils n'en ont pas bu une
« goutte à la cure.
   « Je dois ajouter qu'au milieu des désordres
« affligeants dont notre ville a été le théâtre, ni
« leurs auteurs, ni leurs complices n'ont fait la
« moindre manifestation, ni la moindre insulte
« contre la cure, ni contre aucun des membres
« du clergé de cette ville ! Je vous prie d'insé-
« rer ma réclamation dans votre plus prochain
« numéro.
   « J'ai l'honneur, etc.

« CRÈTENET, curé. »
(*L'Union*, 18 décembre.)

Cette lettre, qui n'est certes pas écrite par un
ami des *insurgés* ni de leurs *complices*, bien

qu'elle parte d'un homme loyal et courageux, a un intérêt particulier en ce qu'elle nie formellement que la moindre insulte ait été faite à la cure ni aux prêtres. D'un autre côté, l'*Echo du Midi* a été forcé de convenir, dans son numéro du 18 décembre, que l'assassinat de l'abbé Cavalié, à Béziers, attribué avec tant d'éclat aux *jacques*, était un crime tout privé, issu d'une discussion d'héritage. Nous ferons simplement remarquer, à ce propos, que les histoires de prêtres maltraités, volés, assassinés ; de presbytères dévastés, saccagés, incendiés, tiennent une grande place dans les élucubrations diffamatoires des décembriseurs. Cela devait être. Elles répondent au troisième terme de la formule stéréotypée contre les républicains, ennemis de la propriété, de la famille et de la religion.

Ennemis de la famille ! Voici une des fables inventées pour le prouver. Si grande que soit notre répugnance à reproduire ces indignités, il faut que l'on ait une idée complète de la moralité d'une telle polémique : « Les chefs de la
« jacquerie de Poligny se sont hâtés de passer
« la frontière et de se réfugier en Suisse. Le
« mouvement avait été organisé par un démo-
« crate socialiste *dont le premier acte a été de*
« *faire emprisonner* SON PÈRE ET SON FRÈRE.
« Cet apôtre des vertus socialistes et de la fra-
« ternité a quitté la France. »

Les apôtres de la famille ont, en vérité, d'abominables moyens de la défendre. Il n'est pas un mauvais sentiment de la nature humaine qu'ils ne mêlent à leurs calomnies ! Tous ces chroniqueurs de honte et de faussetés sont allés si loin, que, malgré leur effronterie habituelle, ils ont dû se rectifier eux-mêmes sur quelques traits particuliers. Ceux de *la Patrie*, après avoir accumulé pendant deux jours une montagne de crimes ordinaires aux socialistes : meurtres, pillage, viols, etc., qui auraient été commis à Capestang, se sont vus obligés de confesser que tout était faux (numéro du 13 décembre). Nous ne concevons pas, du reste, qu'ils n'aient pas l'habileté de se donner plus souvent le mérite de ces redressements. Même ainsi désavouées, leurs coupables impostures ne laissent pas que de produire encore de funestes effets. Le poison, une fois inoculé, laisse toujours des traces.

Entrons dans les détails, à propos de Joigny, pour faire voir comment ces honnêtes gens pratiquent la vérité. Ils disaient (*Patrie*, 8 décembre) : « *D'horribles forfaits* ont été commis à « Joigny. *Le curé, le maire, le sous-préfet et* « *plusieurs gendarmes ont été lâchement massa-* « *crés*, sans qu'il se soit trouvé une poignée d'hom- « mes assez énergiques pour empêcher *ces assas-* « *sinats.* » Le lendemain, 9 décembre, le sous-

préfet écrit au véridique journal de l'Élysée :
« Pas une goutte de sang n'a été répandue à
« Joigny. La vie de personne n'a été menacée,
« toute tentative de désordre eût été prompte-
« ment réprimée par la gendarmerie et les *bons*
« *citoyens*, qui, à la première nouvelle des évé-
« nements, se sont armés et sont venus se met-
« tre à la disposition des autorités. Signé, le
« *sous-préfet* : D'AVÉSIÉ DE PONTÈS. »

Comment croire que le bruit de tant « d'horribles forfaits, », si minutieusement détaillés,
soit venu d'une ville où il n'y a pas même eu
l'ombre d'une résistance quelconque? Mais
qu'importe l'apparence de la probabilité aux
élèves de Basile, pourvu qu'ils agitent le drapeau sanglant de leurs impostures? Est-ce qu'ils
n'ont pas affirmé de même avoir *vu de leurs
yeux*, gisant sur le sol, les cadavres mutilés de
fonctionnaires qui font, à cette heure, les beaux
jours du 2 décembre? Lisez le *Journal de Lot-
et-Garonne* du 12 décembre 1851 : « Sur la
« route, le sous-préfet, M. Paillard, que l'on
« emmenait prisonnier, a été tué *à coups de
« crosse* et de fusil. Nous avons lu hier une
« lettre écrite par une personne QUI AVAIT VU le
« cadavre de cette victime gisant *sur la route*. »
On sait que M. Paillard est si bien vivant qu'il
a chargé ses ennemis avec fureur... devant les
conseils de guerre.

Chaque incident de la lutte a servi de texte aux apologistes des décembrisades pour broder les histoires les plus épouvantables que leur malfaisante imagination pût créer. Nous avons donné plus haut (p. 30) les détails de la mort du gendarme Bidan, à Clamecy. Certes, la vérité est assez triste pour n'avoir pas besoin d'être amplifiée. Eh bien! les diffamateurs de la France ne s'en contentèrent pas. Ils firent plusieurs versions renchérissant d'horreur les unes sur les autres, et leur presse les colporta partout pour en épouvanter les crédules. C'est ainsi que le *Journal de Lot-et-Garonne* (16 décembre) emprunte au *Messager de Moulins* du 12 les lignes qu'on va lire : « Un gendarme tombe « entre les mains des bandits de Clamecy; on « délibère sur le genre de mort qu'on lui fera « subir, et l'on se décide, enfin, à l'attacher sur « une échelle. *On lui ouvre le ventre dont on* « *fait sortir les entrailles, et une danse infer-* « *nale a lieu autour du malheureux supplicié*, « avec l'aide de quelques affreuses mégères, « dignes compagnes de pareils anthropophages. »

Les hommes qui ont frappé le pauvre gendarme Bidan de la même manière que les soldats percèrent de coups le blessé de la barricade Montorgueil (voyez t. 1er, p. 416) ont été jugés ; l'un d'eux a été tué juridiquement, le 30 juillet, à Clamecy. Or il est constant qu'il ne s'est pas retrouvé un mot, un seul mot, du récit du *Messager* dans les faits imputés par le ministère public aux accusés. L'échelle, le corps nu, le ventre ouvert, les entrailles arrachées et exposées, la danse, les anthropophages ; de ces hideux détails tout, tout est faux !

Il est donc avéré, judiciairement avéré, que le *Messager de Moulins* a, de propos délibéré, forgé un crime monstrueux, afin de l'imputer aux socialistes ! Y a-t-il au monde une action plus lâchement déloyale ? Ne faut-il pas être méchant jusque dans la moelle des os pour trouver en soi la veine de pareilles inventions, et pour en verser l'horreur sur ses ennemis ?...

Les diffamateurs de la nation française ont aussi tiré grand parti des blessures du gendarme Gardette, à Marmande. Son affaire est peut-être celle qui a le plus révolté l'opinion publique si indignement trompée. L'historiographe de l'élu des paysans, M. Mayer, qui a bourré son livre de tous les crimes dont on a voulu souiller la première participation des paysans, « des jacques, » à la vie politique, répète ceci :

« Les atrocités commises par les *insurgés* sur
« les agents de la force publique tombés entre
« leurs mains sont à peine croyables, et laissent
« clairement entrevoir le sort que ces nouveaux
« jacques nous réservaient, si la résolution et

« l'énergie de Louis Bonaparte n'étaient venues
« renverser leurs coupables espérances. A Sainte-
« Bazeille, le brave Gardette, jeté par un coup
« de feu à bas de son cheval, est saisi par les
« hommes de MM. Vergnes et Peyronny, *lardé à*
« *coups de baïonnette*, et *on commençait à lui*
« *scier les poignets*, lorsqu'un retour agressif
« des gendarmes a mis en fuite cette horde de
« sauvages. » (P. Mayer, *Histoire du 2 décembre*
« page 246.)

« On sait, » dit encore le *Journal de Lot-et-Garonne* rendant compte des débats du conseil de guerre à l'audience du 5 avril 1852, » on sait
« que dans cet odieux guet-apens, le malheu-
« reux Gardette, maréchal des logis de gendar-
« merie, atteint de deux coups de feu, est pré-
« cipité de son cheval au milieu des *insurgés*,
« seul et sans secours sur la route. Ce n'est pas
« en la puissance d'ennemis qu'il tombe ; mais
« bien au pouvoir des plus lâches assassins, etc. »

Qu'y a-t-il de vrai dans tout ceci ? Nous allons l'examiner :

L'*odieux guet-apens* dont parle le journal honnête et modéré est la rencontre que la garde nationale de Marmande fit, près de Sainte-Bazeille, d'un corps de gendarmerie qui, au milieu de la nuit, répondit à un qui-vive par une décharge.

De quel côté était le guet-apens ?

Trois hommes comparurent devant le conseil de guerre de Bordeaux, comme prévenus des faits de cruauté dont le gendarme aurait été l'objet : Plazanet, Prévot et Caban. Ils sont accusés : « Plazanet d'avoir frappé le maréchal des logis Gardette d'un coup de broche dans les reins, Prévot de lui avoir porté plusieurs coups de sabre sur la tête, Caban d'avoir dirigé contre sa poitrine un coup de baïonnette qui aurait été détourné par une main inconnue. »

Plazanet était une espèce d'idiot, un homme atteint d'aliénation mentale ; des témoins le déclarent, les geôliers mêmes de la prison en témoignent. Il avait suivi la garde nationale armé d'une *broche* et il était si bien fou, qu'après avoir frappé le gendarme, il l'accompagna tranquillement dans la maison où le blessé fut recueilli, et là se vanta de son action ou plutôt s'accusa lui-même. Peu de jours après sa condamnation, ce malheureux est mort d'un coup de sang. Le citoyen Prévot a marché avec la garde nationale dont il faisait partie; il n'avait pas même de sabre; il ne portait que son fusil. Gardette qui, selon ses expressions, « fit le mort en voyant avancer les gardes nationaux, » Gardette seul accuse Prévot ; personne autre n'a vu celui-ci commettre la lâcheté qu'on lui impute, et qu'il nie avec indignation. Gardette, toujours « en faisant le mort, » a reconnu aussi Caban d'une manière formelle comme ayant été prêt à lui porter un coup de baÿonnette, mais il n'a pas reconnu celui qui a détourné le coup ! Personne n'a vu le mouvement cruel qu'il attribue à Caban, personne ne se vante d'avoir arrêté le bras de Caban, qui passe à Marmande pour un homme honnête et paisible.

Voulez-vous insinuer, dira-t-on, que le maréchal des logis Gardette accuse des innocents ? Nous n'irons pas si loin vis-à-vis d'un homme que nous ne connaissons pas. Nous croyons qu'il se trompe. Il faut expliquer aussi qu'il était terriblement engagé. Il a été décoré, nommé sous-lieutenant et appelé *le brave Gardette* par tous les chroniqueurs de jacquerie. Ce n'est pas assurément pour avoir été atteint au milieu des rangs et abandonné par les siens sur le champ de bataille ; ce n'est pas non plus pour avoir fait le mort. Il n'y a rien d'héroïque dans tout cela. C'est pour les blessures qu'il aurait reçues étant par terre, et qui révèlent l'atroce barbarie des démocrates. On comprend qu'il lui aurait fallu un courage au-dessus du commun pour renoncer à tout le bénéfice de ces blessures en venant les nier. Une chose certaine, c'est que le conseil de guerre lui-même, un conseil de guerre ! a été obligé de mettre en doute les déclarations précises du nouvel officier ; il a complétement acquitté Caban, et prononcé des circonstances atténuantes pour Prévot. Être acquitté par un conseil de guerre bonapartiste, surtout quand on est accusé d'avoir touché un gendarme, c'est être deux fois innocent. Être condamné avec circonstances atténuantes, c'est encore une preuve décidée d'innocence. Le citoyen Prévot, s'il est coupable, l'est au premier chef, car il se serait acharné sur un blessé, il lui aurait porté plusieurs coups de sabre à la tête ! Cuisinier, l'homme que les guillotineurs élyséens ont mis à mort à Clamecy, en avait fait beaucoup moins. Les juges à épaulettes n'ont condamné le garde national de Marmande que pour ne pas donner un démenti trop absolu à un frère d'armes et à ce grand principe que tout accusé de décembre peut être plus ou moins coupable, mais est toujours coupable. Encore, le citoyen Prévot est-il heureux de n'avoir pas été livré au bourreau. C'est un trait d'indépendance assez rare dans l'histoire des tribunaux de sang pour qu'on doive le signaler.

Arrivons aux poignets sciés dont on a montré, trois mois durant, les tronçons sanglants au monde entier, pour preuve de la férocité des nouveaux jacques. Les poignets sciés ! Il n'en a pas été une seule fois question pendant tous les débats, pas une seule fois ! Personne n'en a parlé, ni le ministère public, ni l'acte d'accusa-

tion, ni aucun témoin, ni le maréchal des logis
lui-même, car, heureusement pour lui et pour
la vérité, il n'est pas mort et il s'est présenté à
l'audience avec ses deux poignets parfaitement
intacts ! Le *Journal de Lot-et-Garonne*, en
rendant compte de sa déposition, exécute un de
ces tours qui font la gloire des disciples d'Escobar. Après avoir rapporté textuellement le commencement de son témoignage, il l'interrompt,
ouvre une parenthèse, exprime d'un air pathétique l'émotion du militaire au souvenir de ses
armes enlevées, glisse l'histoire des poignets,
ferme la parenthèse et rend la parole au témoin !
Que pensez-vous, lecteur, de ces procédés jésuitico-napoléoniens ? Il est clair que Gardette n'a
pas parlé de poignets, mais que le journaliste,
inventeur de l'atrocité dont il avait le premier
souillé ses colonnes, persiste à la rappeler pour
n'en avoir pas le démenti. Si le fait avait le
moindre fondement, il ne l'aurait pas relégué
dans une ligne entre parenthèses ; le maréchal
des logis, peu républicain, eût montré ses bras
cicatrisés, et le conseil de guerre, peu démagogue, n'eût pas manqué de mettre en relief un
aussi puissant moyen d'impressionner l'opinion
publique. En réalité la chose se réduit à ceci.
Un des Marmandais, voulant s'emparer du sabre du maréchal des logis, coupa, ou scia, si
l'on veut... la dragonne de cuir qui retenait en-

core l'arme au bras du blessé. L'affreuse assertion des poignets sciés demeurera comme un témoignage de plus de l'infâme déloyauté des hommes de décembre à côté des femmes sciées en deux dont *le Constitutionnel* remplissait ses colonnes pendant les journées de juin 1848.

En somme, les coquins, les évêques, les sergents de ville et les réactionnaires bleus, blancs, de toute nuance, ont accumulé, au sujet de Clamecy et de Marmande, tous les mots les plus horribles de la langue : férocité, tortures, poignets sciés, ventre ouvert, entrailles mises à nu, danse infernale, mégères, brigands, assassins, sauvages, anthropophages, cannibales, bêtes-fauves, etc. La vérité, vérité juridiquement établie, est que deux blessés, l'un à Clamecy, l'autre à Marmande, ont été frappés à terre... l'un par un fou, l'autre par un épileptique.

Il reste prouvé, juridiquement prouvé que les circonstances atroces dont la presse élyséenne avait entouré ces actes et fait tant de bruit sont d'exécrables mensonges.

Nous avons donné quelques développements à ces explications pour que l'on juge bien ce qu'est le fantôme de la jacquerie dressé par les experts en diffamation politique. Ils ont pris des couleurs si sombres, des accents si lamentables que les moins crédules de nos adversaires hésitent pendant que les peureux s'effarent et condamnent tout un parti sans le connaître. Il ne tiendra pas à nous que la lumière ne se fasse ; nous disons les choses telles qu'elles sont, nous mettons les faussaires de l'ordre en plein jour, nous avons droit d'espérer qu'à la fin les hommes sincères de toute opinion, en les voyant si souvent pris en flagrant délit d'imposture, leur retireront toute créance.

Oui, l'Europe vous jugera tous, elle jugera l'attaque et la défense. A côté des faits complétement isolés, complétement individuels de Marmande et de Clamecy, tels qu'ils sont en réalité, à côté même de ceux de Bédarieux, elle mettra le blessé de la barricade de Montorgueil, recevant à terre onze coups de baïonnette; elle mettra le malheureux Bernier abattu d'un coup de carabine sur le Pont-Neuf et jeté tout vivant dans la Seine; elle mettra la femme fusillée au milieu de Paris; elle mettra les tueries sauvages des boulevards; elle mettra les trente cadavres d'hommes inoffensifs couchés sur l'asphalte devant Tortoni par le colonel Rochefort; elle mettra le massacre des prisonniers impitoyablement organisé sur toute la surface de la France; elle mettra l'échafaud de Cirasse, de Cuisinier, du noble Charlet, et elle dira qui, des républicains ou des bonapartistes, éprouve le plus la sainte horreur du sang répandu. Nous attendrons en paix son jugement et celui de l'histoire.

Quand rien ne peut servir de texte aux insulteurs de la nation conquise, ils présument le mal pour épouvanter leurs bénévoles lecteurs. Ainsi la *Patrie* du 15 décembre s'exprimait en ces termes sur la présence des constitutionnels à Digne : « Un de nos correspondants nous écrit
« que la ville entière *frémit* encore *d'épouvante*
« à l'idée des malheurs qui *auraient* fondu
« sur elle, si l'insurrection en fût restée maî-
« tresse pendant vingt-quatre heures de plus.
« *On parlait déjà* d'arrêter les prêtres, de dé-
« pouiller les églises, et de partager entre les
« insurgés les jeunes femmes et les jeunes
» filles. »

« *On parlait déjà*, etc. » L'écrivain sait parfaitement que ce qu'il dit est faux, mais l'impression générale reste. Il n'en veut pas davantage. Les défenseurs de la Constitution passent certainement, aux yeux de beaucoup de personnes prévenues, pour avoir dépouillé les églises à Digne et s'être partagé les jeunes femmes et les jeunes filles !

On remarquera la même mise en scène dans la note suivante de Privas :

« ... Ce n'était pas certes pour soutenir la
« Constitution que ce rassemblement s'était
« formé, ni pour réintégrer nos ex-représen-
« tants montagnards dans la jouissance de leurs
« vingt-cinq francs par jour ; c'était unique-

« ment pour commettre *des meurtres et pour
« piller*. Les armes dont ils étaient porteurs et
« l'usage qu'ils en ont fait tout de suite prouvent
« assez manifestement cette première intention.
« « Quant au *pillage*, ils ont commencé dès Cho-
« mérac à s'en montrer avides, puisqu'ils ont
« arrêté et *pillé* le courrier de Privas à Monté-
« limart à son passage. »

Les mots *meurtre* et *pillage* reviennent *quatre
fois* avec un lugubre fracas dans ces huit lignes.
A propos de quoi ? De dépêches saisies. Mais
alors il faut traiter de meurtriers et de pillards
tous les militaires qui, en campagne, se servent
de leurs armes et saisissent les estafettes de
l'ennemi.

Citons deux derniers exemples des hideuses
multiplications que l'on a faites du verbe *piller*
et du substantif *pillage* : « Dans l'audience du
« 20 janvier, dit le *Moniteur*, devenu le journal
« des mensonges officiels, dans l'audience du
« 20 janvier du 2ᵉ conseil de guerre, séant à
« Montpellier, où se juge en ce moment l'affaire
« des troubles de Béziers, le procureur de la
« république est entré dans de grands détails
« sur l'organisation des sociétés secrètes... Le
« récipiendaire jurait de poursuivre le but de
« la société *par l'assassinat, sans excepter*
« CELUI DE SON PÈRE. *On promettait le pillage*
« aux affiliés choisis parmi les hommes qui ne

« respectent rien. Le mot d'ordre, assez signifi-
« catif, était, dans les journées du 3 et du 4 :
« *Jacquerie*. Beaucoup de campagnards sont
« venus à Béziers *avec des havre-sacs et des*
« *sacs à blé, dans l'intention de piller*. La
« consigne était donnée *de tirer sur tout ce qui*
« *portait habit ou paletot.*
« Après ces détails exposés par l'accusation,
« l'audition des témoins a continué sans inci-
« dent remarquable. »

De semblables choses ne se démentent-elles
pas par l'excès même de leur stupide mons-
truosité ?

La *République* de Tarbes a dit, à son tour, le
16 décembre : « Les apôtres de la démagogie,
« pour entraîner les habitants des environs,
« *leur promettaient deux heures de pillage* à
« Bagnères. »

Les écrivains de la compagnie d'exploitation
napoléonienne proclament donc qu'à Béziers les
paysans sont venus au combat, non pas avec des
armes, mais avec des sacs destinés à recueillir
les fruits de la rapine ; qu'à Bagnères on les
croyait assez infâmes pour que la promesse de
deux heures de pillage parût un moyen de les
entraîner ! Et il ne s'agit pas d'individus isolés,
il s'agit de populations nombreuses : « *Beaucoup*
« *de campagnards, les habitants des environs.* »

O aveuglement des mauvaises passions ! Ceux

qui déshonorent à ce point les classes ouvrières et agricoles répètent tous les jours que les paysans et les ouvriers sont bonapartistes ! Les bandits, les jacques, étaient si nombreux, assure-t-on, que, sans l'héroïsme de M. Bonaparte, ils allaient dévorer la France. Et c'est du suffrage de ces myriades de scélérats qu'on prétend aujourd'hui tenir le droit de la gouverner !

Malgré leur attentive rouerie, les honnêtes gens se sont chargés eux-mêmes de souffler sur cette fantasmagorie des partageux et de la faire disparaître. Trouvant, un jour, avantageux de donner une amnistie pour les délits forestiers, ils ont motivé cette amnistie en ces termes :

« Considérant que les délits commis dans les
« forêts à toutes les époques de commotions
« politiques *ne se sont pas reproduits* lors des
» derniers événements, etc. » (*Moniteur*, 16 janvier.)

Est-ce clair ? Pour la première fois, la province se soulève d'elle-même. Sur plus de cent points de la France le peuple se rend maître de l'autorité insurgée, les gendarmes sont désarmés, et les préfets en fuite. On dit que c'est la jacquerie, la guerre des paysans contre les seigneurs, qui éclate au fond des départements ; et les forêts, ces joyaux de la grande propriété, sont plus ménagées qu'elles ne le furent jamais à aucune époque de troubles ! Il y a, dans une telle constatation, une inconséquence que les habiles ne pardonneront pas à son auteur, quel qu'il soit.

Un fait dont il n'a pas encore été parlé montrera quelle soif de pillage animait les *jacques*. Villeneuve (Lot-et-Garonne) était en leur pouvoir. Ne pouvant rien faire seuls dans ce petit chef-lieu, ils attendaient le soulèvement des grandes villes du Midi. Ils s'étonnaient particulièrement que Toulouse avec son Université ne s'ébranlât pas, lorsque leurs amis de cette ville leur donnèrent avis que, sur le point de prendre les armes, ils renonçaient à tout mouvement. — Pourquoi? Parce que les nouvelles, reconnues depuis tout à fait fausses, leur apprenaient que des paysans avaient pillé Auch! Nous tenons ce détail de MM. Phillips et Dubruel, aujourd'hui exilés comme deux des chefs de la résistance à Villeneuve.

Le sous-préfet de cette ville avait fui ; toutes les dépêches destinées à la sous-préfecture étaient ouvertes par le conseil municipal et lues, ainsi que les journaux, à la population impatiente d'avoir des nouvelles. « Il fallait voir, nous dit M. Phillips, avec quel frémissement de généreuse indignation tout notre monde accueillait les épithètes de pillards, d'anarchistes, de jacques appliquées à ceux qui s'étaient levés pour la défense de la Constitution! Je dois constater à ce propos, ajoute M. Phillips, que toute notre population démocratique, population ardente, qui rend aux réactionnaires antipathie pour antipathie, n'a pas, depuis le 2 jusqu'au 10 décembre, qu'elle est restée maîtresse absolue de la ville, commis le moindre désordre, fait la moindre manifestation contre ses adversaires, ni même prononcé une injure contre eux. »

En parlant de ce chef-lieu, il est bon de rappeler que le *Journal de Lot-et-Garonne*, du 5 décembre, disait : « A Villeneuve, la plus basse démagogie est maîtresse de la ville. » Or, *tout* le conseil municipal était à la tête du mouvement, et la garde nationale *tout entière* s'était réorganisée spontanément pour le soutenir; enfin, les trois chefs les plus actifs de la résistance étaient MM. Brondeau, Dubruel et Phillips, trois des propriétaires fonciers les plus aisés du département. M. Dubruel était, de plus, agent de change, président du tribunal de commerce, membre du conseil général et ancien constituant; M. Phillips, ancien élève de l'école polytechnique, était un ingénieur des ponts et chaussées, révoqué quelques mois auparavant pour cause d'opinions républicaines socialistes! Tels sont les hommes que M. Paul Preissac, le préfet, dans sa circulaire du 17 décembre, proclame des *scélérats!*

Le journal de M. P. Preissac a vu, dans ce

département de Lot-et-Garonne, des faits de
jacquerie véritablement épouvantables. Ainsi,
le 5, il racontait « qu'une troupe de deux mille
« hommes, *portant des sacs en cas de pillage,*
« marcha sur Agen, *pillant les fermes, ne res-*
« *pectant pas plus la demeure du paysan que*
« *celle du bourgeois, et s'attardant aux caba-*
« *rets*; si bien qu'ils n'étaient plus que douze
« cents lorsqu'ils firent halte à cinq kilomètres
« d'Agen. Une reconnaissance ayant été poussée
« par le commandant de gendarmerie, *accom-*
« *pagné de* TROIS *hommes*, cette vue frappa de
« stupeur les douze cents hommes qui compo-
« saient encore *la bande*; ils se replièrent en
« arrière et ne tardèrent pas à battre en
« retraite dans le plus grand désordre. Ainsi
« s'est terminée cette tentative de jacquerie.
« Les troupes et la gendarmerie *ont été admi-*
« *rables de dévouement et d'énergie!* » Tout
cela est signé Z. de Grenier! Puis M. Z. *de*
Grenier, sans s'apercevoir qu'il s'administre un
démenti à lui-même, avoue qu'à la tête de ces
terribles jacques « marchaient des hommes que
leur position sociale aurait dû éloigner de ces
nouveaux malandrins. » Enfin, pour donner
plus de probabilité à leur fable, les pitoyables
conteurs imaginent d'ajouter plus tard : « A
« *Xaintrailles, il a été reconnu que tous les*
« *habitants de la commune, moins trois* per-

« sonnes impotentes, avaient suivi la colonne
« qui se dirigeait sur Agen. Ils avaient, en
« partant, averti la marquise de Lusignan qu'à
« leur retour ils fusilleraient tous ses gens dans
« la cour du château. » (*Journal de Lot-et-Garonne*, 11 décembre.)

Voilà donc une commune *entière*, moins trois impotents, qui n'est composée que de vils scélérats!. Par malheur, tous les pillés et fusillés des jacques ne se laissent pas faire, et le 15, le journal de la trahison était forcé d'insérer une lettre de madame Lusignan, qui disait :

« .... Je dois à la vérité de déclarer haute-
« ment que mes gens du château, et ceux de
« toute ma propriété, ont été laissés complète-
« ment tranquilles ; que pas un n'a été sollicité
« de se joindre à la colonne, etc.; qu'enfin je n'ai
« eu à me plaindre d'aucun mauvais procédé
« quelconque. »

La lumière se fera sur les ténèbres de décembre, et la France des conservateurs apprendra peu à peu combien elle fut trompée. On sait, par exemple, quel voile lugubre on a jeté sur Clamecy et les œuvres de son comité révolutionnaire social. Eh bien ! voici la principale pièce émanée de ce comité de pillards et de cannibales Elle a été produite devant le conseil de guerre de la Nièvre, qui a prononcé tant de condamnations à mort que son président, le colonel Martinprey, en est devenu général.

« *Ordre du Comité.*

« La probité est une vertu des républicains.
« Tout voleur ou pillard sera fusillé.
« Tout détenteur d'armes qui, dans les douze
« heures, ne les aura pas déposées à la mairie
« ou qui ne les aura pas rendues, sera arrêté et
« détenu jusqu'à nouvel ordre.
« Tout citoyen ivre sera désarmé et empri-
« sonné.
« Vive la république sociale !

« LE COMITÉ RÉVOLUTIONNAIRE SOCIAL.

« Clamecy, 7 décembre 1851. »

En parcourant les débats de l'horrible procès de Bédarieux, nous y avons trouvé deux pièces qui servent aussi à mettre en évidence quels sont les véritables sentiments de ces ouvriers, de ces paysans, « tout prêts à se partager les dépouilles des riches. » Ces pièces émanent d'un artisan nommé Théolier, à cette heure en Afrique. Il parle tout seul au nom du peuple souverain, ni plus ni moins, et son style montre suffisamment qu'il appartient à ce que les faussaires de l'ordre appellent la catégorie la plus redoutable des socialistes, celle dont l'éducation ne peut refréner les appétits brutaux !

« PROCLAMATION.

« Le peuple, victorieux aujourd'hui après la lutte, est obligé de veiller activement à la défense de l'ordre, de la propriété, de la famille.

« A cet effet, beaucoup d'ouvriers ont dû quitter leurs ateliers, leurs épouses et leurs enfants, pour prouver que la révolution ne veut pas le pillage ni la ruine de la mère patrie !

« Aujourd'hui, beaucoup de ces ouvriers souffrent, et le seul remède à leur souffrance, c'est du pain !!!

« Il est donc nécessaire que les boulangers de Bédarieux qui possèdent les farines convenables cuisent immédiatement et *fasse* porter à la mairie tout le pain qu'ils auront cuit.

« LE PEUPLE SOUVERAIN. »

« *Vive la République !* »

« PROCLAMATION.

« Dans les révolutions, les uns viennent pour le bien, d'autres pour le mal ; que tous les honnêtes citoyens qui verront commettre le vol ou l'attentat à la pudeur *sont priés* de punir de mort les coupables.

« LE PEUPLE SOUVERAIN. »

Quand on voit les hommes du peuple les plus incultes faire de pareilles *proclamations* au nom du *peuple souverain*, n'est-on pas bien coupable de se servir de leur nom comme d'un épouvantail ?

Oui ! bien coupables sont les pervers qui usent de la liberté d'écrire, d'écrire seuls, pour mêler, toujours ainsi, à leur polémique contre les masses les mots affreux d'assassinat, de brigandage et de viol : ils n'excitent pas seulement la haine des citoyens les uns contre les autres; ils ne divisent pas seulement les deux grandes classes de la société; ils compromettent encore profondément le caractère national. Si la France se composait aux trois quarts d'espèces d'animaux de proie guettant l'heure du carnage et de la destruction, de satyres en fureur prêts à se ruer sur les femmes, d'affiliés de sociétés secrètes jurant de poursuivre leur but « PAR L'ASSASSINAT *et même le* PARRICIDE ; » si elle ressemblait, en un mot, à la peinture qu'en font les bonapartistes, quel homme honnête, sur la surface du globe, ne prendrait un tel pays en exécration ?

C'est pourtant à l'aide de ces dégoûtantes niaiseries, et à force de les répéter chaque jour, à chaque heure, que l'on est parvenu à fausser l'opinion de quelques riches en France, et même en Europe, sur le caractère des socialistes. Nous avons vu des Belges et des Anglais tout surpris de nous trouver une figure humaine en apprenant que nous étions républicain-socialiste. Les habitants aisés de la Rome païenne étaient persuadés que les chrétiens réunis dans les profondeurs des catacombes buvaient le sang des petits enfants qu'ils sacrifiaient au nouveau dieu appelé Jésus ! Ces préventions absurdes de l'ancienne Rome contre les sectateurs du progrès, contre les socialistes d'alors, peuvent, dans une certaine mesure, se comprendre et s'excuser. La lumière se faisait difficilement dans ces temps. Le plus grave et le plus judicieux des historiens de l'époque, Tacite, croyait aux atroces pratiques des chrétiens. Mais de nos jours et sur des autorités telles que les Véron et les Romieu, croire encore aux élucubrations malhonnêtes du *spectre rouge*, c'est en vérité dépasser les limites de la crédulité. Pauvre humanité !... toujours dupe des hommes sans foi, toujours menée par les Pharisiens, toujours mettant le Christ en croix !

La presse réactionnaire, aujourd'hui à la solde des bonapartistes, ne fait que poursuivre une route tracée en 1848 par la rue de Poitiers, qui la payait alors. Depuis longtemps la majorité avait mis en jeu ces marionnettes dont elle a été la première victime. Les idées de tous ces hommes à visage tourné par derrière sont tellement contraires à l'esprit du siècle et de la nation, qu'ils ne peuvent gouverner sans effrayer la société. Ils ont besoin de la peur ; ils en ont fait un moyen d'administration. Comme les Chinois, ils peignent des monstres fantastiques sur leurs bannières, et malheureusement, il y a en France des Chinois qui s'épouvantent au défilé de ces ridicules images.

Sérieusement, qu'est-ce donc que les républicains ont fait pour que certaines gens aient si peur d'eux? Voyez leur gouvernement, le Gouvernement provisoire ; examinez la conduite de leurs administrateurs ; lisez leurs journaux, leurs livres, leurs discours, et dites-nous, avec des preuves, non pas avec des allégations et des mensonges, dites-nous qu'est-ce que vous avez droit de leur reprocher pour autoriser vos terreurs. Il y a une chose incontestable, que personne ne niera. Lors de la révolution de février, ils ont été les maitres absolus de la situation sur la surface entière du pays : ils auraient pu tout ce qu'ils auraient voulu. Quel mal ont-ils voulu? Quel mal ont-ils fait? Où ont-ils touché à une caisse publique ? Quel château ont-ils mis à sac ? Quel adversaire ont-ils proscrit ? Quel sang ont-ils répandu ?

Malgré cela, la persistance mise à nous calomnier n'a que trop réussi ! Oui, nous le reconnaissons, il est vrai qu'un assez grand nombre d'esprits faibles ont fini par *avoir peur* des républicains et par croire à tous les forfaits des socialistes. Qu'y pouvons-nous ? Ce n'est point notre faute, c'est la leur. Puissent-ils se former, enfin, une opinion par eux-mêmes ! Nous avons dit, dans les chapitres précédents, la vérité sur la résistance de la province et de Paris, qu'ils jugent !

En ce qui nous concerne, quand un échappé de la prison pour dettes comme M. Saint-Arnaud nous accuse, dans ses proclamations, de vouloir « dépouiller les riches, » nous sourions de pitié, cela ne nous empêchera pas de lui faire l'aumône lorsqu'il sera revenu au temps où il mettait, en personne, deux chemises de femme au mont-de-piété[1]. Mais nous sommes révolté d'entendre appeler « hordes sauvages, » ce magnanime peuple de Paris, dont le premier acte de souveraineté, en 1848, a été d'abolir la peine de mort ; ce généreux peuple des départements et des campagnes qui, pouvant tout alors, n'a pas pris une

[1] Voir plus bas, chapitre : *Ce que sont les conjurés du 2 décembre*.

pomme dans un jardin, ni touché à un cheveu de la tête d'un de ses ennemis. Combien il faut que les diffamateurs soient sûrs que la mansuétude éprouvée des républicains ne se démentira jamais, pour ne pas craindre d'être un jour punis de leurs criminelles calomnies !

La France républicaine a été, en décembre 1851, ce qu'elle avait été en février 1848, ce qu'elle fut, ce qu'elle sera toujours, loyale, généreuse, intrépide, et ayant horreur des pillards. La jacquerie, dont parlent les pillards des vingt-cinq millions de la Banque, les voleurs de liste civile de douze millions, les preneurs aux places de quatre-vingt mille francs, les partageux de dotations de vingt et trente mille francs, la jacquerie n'est qu'une immense fantasmagorie imaginée pour flétrir la résistance que le 2 décembre a rencontrée sur toute la surface du pays.

Maintenant, par quels moyens les conspirateurs ont-ils étouffé cette résistance spontanée, noble, courageuse? De quelle manière s'en sont-ils vengés? Ici nous ne marcherons pas comme eux dans le vague et dans les ténèbres du mensonge ; c'est leurs propres aveux et leurs décrets à la main que nous les mettrons au ban du monde civilisé.

CHAPITRE VIII.

CRUAUTÉS COMMISES PAR LES DÉCEMBRISEURS.

M. Mayer a dit, dans son histoire apologétique du 2 décembre :

« Le jour n'est pas loin peut-être où les pas-
« sions démocratiques, définitivement classées
« parmi les maladies mentales, quitteront le do-
« maine de la politique, et ne livreront de ba-
« taille que dans les cabanons de Bicêtre et de
« Charenton, à moins que le crime ne s'en mêle,
« et que l'émeutier ne soit plus qu'un bandit
« ivre de luxure et altéré de pillage ; une bête
« fauve de cette famille dont la Nièvre et le Var
« viennent d'offrir de si complets exemplaires,
« auquel cas *il n'y a plus combat, mais battue ;*
« d'un côté la jacquerie, de l'autre la société :
« *tout est permis alors*, et du moment qu'au lieu
« d'hommes l'on n'a, en face de soi, qu'un trou-

« peau de loups enragés, *la seule crainte à con-*
« *cevoir, c'est d'en laisser échapper quelqu'un.* »
(Page 139.)

Ces rugissements sauvages expriment bien la pensée, peignent bien les actes des conjurés. « La seule crainte à concevoir c'est d'en laisser échapper quelqu'un !!! »

Et en effet, les modernes vandales ont tué partout les défenseurs de la Constitution, « plutôt que d'en laisser échapper quelqu'un. »

Dans la Nièvre, on a fait littéralement la battue des bois à la manière des louvetiers, pour prendre les républicains qui s'y étaient réfugiés ! Une dépêche officielle datée du 12 décembre, et expédiée de Nevers à Paris, porte : « Le général « Pellion a fait faire *une battue* dans les bois de « Clamecy avec quinze cents hommes. Il a fait « cent prisonniers. Un soldat du 10e chasseurs « a été blessé. A Entrains, on a fait quatre-vingts « prisonniers. Un insurgé *qui résistait* A ÉTÉ « TUÉ, un autre s'est noyé en se sauvant à la « nage. » Combien d'autres périrent au milieu de ces horribles opérations ? Nul ne le sait !

Des battues semblables à celles des bois de Clamecy ont été faites notamment dans les forêts de l'Allier et du Lot-et-Garonne : « Il n'y a plus combat, mais battue, » avait dit M. Mayer.

Dans le département du Var, la terreur fut épouvantable. Il faudrait des volumes pour la raconter. Ses excès troublèrent les facultés mentales de plusieurs personnes. M. Denoise ayant été mis au secret quoiqu'il n'eût pas pris les armes, son cousin, membre du conseil général, est saisi d'effroi, et s'enferme dans une cave avec un petit baril de poudre, auquel il met le feu. M. Frison, *avoué*, arrêté pour crime de républicanisme, se pend dans son cachot, afin d'éviter une mort qu'il redoute parce qu'il la croit ignominieuse. Si la terreur a pu avoir de tels effets chez les hommes cultivés, qu'on juge de ce qu'elle a produit sur les ignorants!

« Les nouvelles, disait la correspondance du
« *Messager des Chambres*, de Bruxelles, 6 fé-
« vrier 1852; les nouvelles que la censure laisse
« publier par les journaux viennent confirmer
« ce que je vous ai dit de la terreur qui règne
« partout. Dans le seul ressort de la Cour
« d'appel d'Aix, quatre suicides, causés par les
« arrestations politiques, viennent de jeter un
« voile funèbre sur cet horrible système. Ici, ce
« sont des détenus appartenant aux classes
« éclairées de la société qui se donnent la mort
« dans leurs prisons; là, c'est un magistrat qui
« devient fou en apprenant que sa famille paye
« aussi sa dette au régime des arrestations. Il
« n'est pas un citoyen qui ne tremble pour soi
« et pour les siens. »

Dans le département des Pyrénées-Orientales,

le préfet, M. Dulimbert, a servi avec une véritable passion les conjurés militaires. Il a opéré plus de douze cents arrestations, qu'il appelait, en ricanant, « des arrestations *administratives* destinées à pacifier le pays. » On fut obligé d'envoyer de Montpellier trois juges d'instruction pour aider à ceux de la localité. Si *bons* qu'ils fussent, ces juges déclarèrent qu'ils ne voyaient aucun moyen de bâtir une accusation quelconque. Le préfet déclara, de son côté, qu'il ne mettrait personne en liberté. Les commissions spéciales sont venues alors terminer le conflit, en faisant *bonne justice* des détenus. Il serait difficile de dire les excès d'arbitraire de M. Poujard Dulimbert; nous raconterons cependant le trait suivant, emprunté à un journal de Bruxelles du 31 mars. On y verra ce qu'est la liberté individuelle en France !

« Vers le commencement de mars, on vient à
« la prison annoncer à douze détenus qu'ils sont
« libres. Les onze premiers sortent ; mais le
« douzième, que cette nouvelle prend à l'improviste, demande à rentrer pour prendre ses
« souliers, parce qu'il n'a que des sabots aux
« pieds. En revenant à la grille, il la trouve fermée. Il dit qu'il est libre, qu'il a seulement
« demandé cinq minutes pour aller chercher ses
« souliers et toucher la main à ses camarades.
« On en réfère au préfet, qui s'écrie : Comment,

« les prisonniers *sont ses camarades !* Éh bien,
« alors, qu'il reste avec eux ! »

Pour donner une idée générale des actes qui ont désolé les départements, il faut raconter l'expédition de M. Dulimbert à Estagel. Le 8 décembre, il entre dans cette petite ville, lieu de naissance des frères Arago, à la tête de cavaliers et de fantassins ; il fait arrêter douze habitants de l'endroit qu'il enferme dans une écurie d'auberge. La femme d'un des arrêtés, madame Cohte, nièce des frères Arago, en traversant les rangs de la troupe pour tâcher de se rapprocher de son mari, apprend de source certaine cet ordre donné par le préfet au commandant de la colonne : « *Si la population bouge, rassemblez les prisonniers dans un coin et* FUSILLEZ-LES ! » A cette nouvelle, elle court sur la place, les mains jointes, et supplie la population de rester résignée devant toute espèce de provocation. Le peuple, instruit des suites que pouvait avoir le moindre mouvement, se contint, mais cela ne devait pas empêcher Estagel d'être ensanglanté ! Les soldats étaient ivres ; un cavalier lance son cheval au grand trot le long des maisons où stationnaient quelques curieux ; ceux-ci, pour n'être point écrasés, se dispersent ; leur mouvement produit une certaine confusion ; la troupe, qui n'a plus sa raison, croit à une attaque, elle fait une décharge et tue deux hommes ! Le sang ainsi répandu arracha un cri de fureur aux Estagellois, et il fallut les supplications des femmes des prisonniers pour empêcher le village de prendre les armes !

M. Dulimbert, content d'avoir donné cet exemple de vigueur, présida lui-même au départ des prisonniers; il les entassa sur une charrette pour les envoyer à Perpignan, leur fit mettre des menottes dont il s'était pourvu, et dont *il mit les clefs dans sa poche* pendant une demi-heure avant de les rendre au commandant de l'escorte. Enfin, au moment de se retirer, il fit le tour de la charrette le cigare à la bouche, fixant les yeux sur chaque prisonnier l'un après l'autre, d'un air si provocateur qu'on l'aurait pris bien plutôt pour un homme satisfaisant une vengeance personnelle que pour le premier magistrat d'un département.

Les décembriseurs semblent être une race de méchants à part. Jamais on ne vit tant de gens que parmi eux faire le mal pour le mal.

A Caumont, près Marmande (Lot-et-Garonne), un jeune instituteur, aimé de tout le monde, excepté du maire, avait été désigné pour secrétaire de la commission provisoire; mais il n'avait pas même eu l'occasion d'exercer ces modestes fonctions. L'ordre *rétabli*, le jeune instituteur est enchaîné et exposé, portes ouvertes, dans la maison du maire, M. Bordes fils, qui, de son autorité privée, restaure ainsi la peine de l'exposition, abolie par nos lois.

On ne sait pas bien ce que peut contenir de férocité l'âme d'un modéré tout à fait ami de l'ordre. Ce même M. Bordes fils a commis l'un des actes les plus atroces, sans contredit, de tous ceux qui ont souillé la conquête des bonapartistes. Sous la principale rue de Caumont, il existe un long et vaste aqueduc destiné à faire écouler les eaux des nombreuses sources de la montagne voisine. M. Bordes fils, ayant entendu dire que des patriotes s'étaient réfugiés dans cet aqueduc, le fit remplir d'eau, après avoir bouché son orifice inférieur, et mit pendant vingt-quatre heures des gardes à l'entrée pour mieux s'assurer du résultat... Heureusement, le renseignement fourni à M. le maire était inexact ou les fugitifs avaient été prévenus à temps. Les eaux ne rapportèrent aucun cadavre à ce bonapartiste qui les guettait.

A mesure que l'on pénétrera dans les détails de la guerre que les hordes bonapartistes déclarent à la France, on y découvrera plus de sujets de les maudire. Ces hommes à passions sauvages n'ont reculé devant rien pour assouvir leur soif d'or et de pouvoir. On les a vus à Paris vider la prison cellulaire de Mazas de presque tous ses coupables habitants afin d'y loger les représentants du peuple et les bons citoyens !

Ils ont voulu faire de même en province. Dans la matinée du 4 décembre, M. Preissac, préfet du Lot-et-Garonne, ayant appris que le conseil municipal de Villeneuve s'était emparé de l'administration et déclaré en permanence à l'unanimité, écrivit à M. Vesine-Larue « d'appe-
« ler les troupes qui se trouvaient à la maison
« centrale d'Eysses pour rétablir l'ordre en
« ville ! » Cette dépêche fut lue à la sous-préfecture, par M. Vesine-Larue, au maire et à ses deux adjoints. Nous en donnons pour garant l'affirmation de MM. Dubruel et Phillips, les deux adjoints. M. Preissac savait parfaitement que la garnison de la maison centrale ne se montait pas à plus de deux cents ou deux cent cinquante hommes, et qu'il fallait par conséquent l'enlever tout entière si l'on voulait produire un effet quelconque, puisque la garde nationale de la ville s'était réorganisée et soutenait la municipalité. Le résultat infaillible d'une telle mesure, si le sous-préfet n'avait été empêché de la prendre, était la révolte immédiate des détenus d'Eysses qui se seraient certainement délivrés du moment où il n'y aurait plus eu de fusils pour les garder. M. Preissac déchaînait donc volontairement, sciemment les onze à douze cents condamnés de la maison centrale d'Eysses, condamnés fort dangereux, afin de combattre une résistance légale à

laquelle la garde nationale s'était associée tout entière! Pour tout dire, il convient d'ajouter une chose. Le conseil municipal, que M. Preissac ordonna aussi de *faire fusiller* s'il continuait à s'immiscer dans l'administration de la ville, avait pensé à désarmer la garnison d'Eysses pour armer les citoyens, mais il y renonça en réfléchissant que ce serait ouvrir les portes aux condamnés. Nous recommandons ce détail de la lutte à l'attention particulière des hommes consciencieux. On y voit dans leur vrai jour les rouges et les sauveurs de la société !

Ce M. Preissac doit être un grand modéré, car il n'emploie jamais que les moyens les plus violents. C'est de concert avec lui que, le 8 décembre, M. Bourrely, simple chef de bataillon, lançait à Agen un arrêté conçu en ces termes :

« Art. 1er. Le département de Lot-et-Garonne
« est mis en état de siége.

« Art. 2. Tout individu qui sera pris construi-
« sant ou défendant une barricade, ou les armes
« à la main, SERA FUSILLÉ SUR-LE-CHAMP.

« Art. 3. Tout attroupement sera chargé SANS
« SOMMATION ! »

L'*ordre* était depuis longtemps rétabli que les fureurs élyséennes duraient encore. Le 27 décembre, un de ces misérables qui déguisent leur goût pour le meurtre sous le nom d'amour de la paix, qui décrètent le vol sous le nom de séquestre, tout en fulminant contre les partageux, le général Bourjolly, lançait encore la proclamation suivante contre les départements placés sous son sabre :

« L'état de siége que j'ai provoqué pour les
« départements du Gers, du Lot, et de Lot-et-
« Garonne, a déjà produit de bons effets.
« L'*ordre règne partout* ; quelques autorités, un
« instant méconnues, ont été rétablies. Cepen-
« dant, *malgré la volonté du pays qui vient de
« se produire dans une éclatante manifestation*,
« une poignée de *misérables* rêvent encore, à
« l'aide de prétendus *sentiments fraternels et
« patriotiques*, le renversement de la société
« *qui les réprouve*.
« Ces réformateurs d'une nouvelle espèce,
« traînant à leur suite *le meurtre et le pillage*,
« osent se montrer sur plusieurs points et no-
« tamment dans les forêts et les landes du Lot-
« et-Garonne.
« Je rappelle à tous les chefs de colonne mo-
« bile et aux commandants militaires des dépar-
« tements en état de siége l'ordre déjà donné de
« faire FUSILLER SUR-LE-CHAMP *tout individu
« pris les armes à la main.* »

« Signé : BOURJOLLY. »

Si la chose n'était superflue, nous pourrions transcrire dix arrêtés semblables d'autres proconsuls de la faction des égorgeurs.

FUSILLER, FUSILLER, toujours FUSILLER!... Cet horrible mot résume la victoire du 2 décembre. FUSILLER, FUSILLER, toujours FUSILLER!....

Nous avons ainsi constaté par des pièces *officielles* qu'en province comme à Paris les conquérants avaient déclaré que tout homme armé ne faisant point partie de leurs bataillons avinés serait BONAPARTISÉ! Nous avons également constaté, par pièces *officielles*, que ces protecteurs de la civilisation avaient effectivement FUSILLÉ DES PRISONNIERS. Nous avons cité quelques-uns de leurs nombreux homicides [1]. Il est impossible de les nier, car nous avons eu soin d'en prendre le témoignage dans leurs propres aveux. Il n'est pas moins impossible d'enlever à ces fusillades le nom d'*assassinats*.

Ce ne fut pas tout. Jamais assouvis, ils ont voulu fusiller aussi ceux qui leur avaient échappé et ceux qui donneraient asile aux fugitifs. S'inspirant du souvenir des temps et des législations barbares, ils ont assimilé au crime l'hospitalité donnée au *criminel!* C'est M. Carlier, nous croyons, qui, le premier, a eu cette idée, em-

[1] Voyez pages 288 à 303, pages 331 à 336 et pages 343 à 355.

pruntée au Code noir de Louis XIV, au code de l'esclavage. Dès le 8 décembre, il adressait aux maires des départements du Cher, de l'Allier et de la Nièvre, où il avait le titre de commissaire général, la circulaire suivante :

« Un grand nombre de *factieux et de bandits*
« se sont évadés de Clamecy ; la justice saura
« les atteindre.

« Vous ferez immédiatement connaître que
« toute personne qui leur *donnerait sciemment*
« *asile* serait réputée *complice et traitée comme*
« *telle !!!*

« Signé : CARLIER. »

(*Moniteur*, 14 décembre.)

Mais les chefs militaires, commandants d'état de siége, se sont particulièrement déshonorés par la bassesse de leurs rigueurs ; ils ont laissé loin derrière eux préfets et commissaires pour se rendre agréables au ministère de la guerre.

Le *Courrier du Lot* a inséré la pièce qu'on va lire :

« Considérant que les nommés Marlet, *rédac-*
« *teur du journal* le Réformateur du Lot et du
« Cantal ; Delord, *juge au tribunal de première*
« *instance de Cahors*, etc., etc. (suivent trente
« noms), contre lesquels des mandats d'arrêt ont

« été lancés comme prévenus d'avoir participé
« aux actes insurrectionnels et aux désordres
« qui se sont produits sur plusieurs points du
« département, sont en fuite ;
 « Vu l'état de siège,

 « Arrête :

 « Art. 1ᵉʳ. Tous les individus ci-dessus dési-
« gnés seront recherchés avec soin, arrêtés et
« conduits dans les prisons de Cahors.
 « Art. 2. Toute personne *qui leur donnera*
« *asile ou qui leur portera secours* sera arrêtée
« et poursuivie *comme complice de l'insurrec-*
« *tion.*
 « Le colonel, chef de la 12ᵉ légion de gendarmerie,
 commandant les troupes de l'état de siège dans le
 département du Lot,
                          « PELLAGOT.
 « Cahors, le 29 décembre 1851. »

 Le lieutenant-colonel Charlier, commandant
l'état de siège dans le département du Jura, est
allé plus loin. Il a dit dans un arrêté :
 « Tous ceux qui *fourniront asile* ou *moyens*
« *de subsistance* aux individus placés sous un
« mandat de justice par suite des troubles qui
« ont eu lieu en décembre dernier, *ou qui faci-*
« *literont leur évasion* d'une manière quelconque,
« *seront déclarés leurs complices*, arrêtés et

« *jugés comme tels*, SUIVANT LA RIGUEUR DES
« LOIS qui régissent l'état de siége. »

La rigueur des lois dont parle M. le colonel Charlier, c'est la mort ! la mort pour un morceau de pain donné à un fugitif soupçonné, à un fugitif dont l'innocence serait peut-être démontrée s'il n'avait peur des conseils de guerre !! Et encore, nous résonnons là au point de vue où est M. le lieutenant-colonel Charlier; nous admettons que les fugitifs vaincus en défendant la Constitution sont des criminels, des coupables !

Aucune honte n'aura manqué à l'invasion de 1851. Les ennemis n'ont pas seulement trouvé des officiers de l'armée française pour mettre l'hospitalité au rang des crimes, ils ont encore trouvé des écrivains pour se féliciter de l'application de pareilles mesures.

Le 29 décembre, le chef de bataillon Bourrely bonapartisait aussi le département de Lot-et-Garonne :

« *Quartier général d'Agen.*

« Nous, chef de bataillon commandant l'état de siége, après nous être concerté avec M. le préfet du département,

« Arrêtons :

« 1° *Continueront* à être activement recher-

— 167 —

chés dans toutes les communes du département les individus ayant fait partie, soit des *ba,des insurgées*, soit des rassemblements qui ont attaqué ou menacé l'autorité, soit des *sociétés secrètes*, d'où sont sortis les agitateurs ;

« 2° Quiconque *donnera asile aux coupables poursuivis* [1], ou favorisera leur fuite, sera considéré comme complice, et comme tel traduit devant le conseil de guerre ;

« 3° Le présent arrêté sera immédiatement publié, à son de trompe ou de tambour, par les soins de MM. les maires.

« *Le chef de bataillon commandant,*

« BOURRELY. »

Six jours après la publication de cette pièce, le journal complice de M. Bourrely disait d'un air de triomphe :

« Une première *sanction* vient d'être donnée à
« l'arrêté de M. le commandant Bourrely sur
« les *recéleurs*. Dans la soirée du 12 de ce mois,
« les gendarmes de Lavardac ont arrêté le
« nommé Bertrand Fournier, charpentier et au-
« bergiste, commune de Nérac, qui *récélait* chez

---

[1] M. le chef de bataillon Bourrely, décide d'avance que tous les *poursuivis* sont coupables. Il est bien heureux de n'être pas poursuivi.

« lui *le nommé Jean Dufaure, insurgé.* » Signé :
L. NOUBEL. (*Journal de Lot-et-Garonne*, 5 janvier 1852.)

Recéler un homme ! ! c'est aussi une expression du Code noir de 1685 ; par un rapprochement assez naturel, ils ont retrouvé, sans s'en douter, au bout de deux siècles, jusqu'au propre langage de l'esclavage.

On voit que les fureurs des bonapartistes sont longues à s'apaiser. La victoire ne prend pas sur leur âme corrodée ; il y avait déjà un mois qu'ils étaient les maîtres du pays lorsqu'ils se livraient à ces minutieuses vengeances !

Qu'ont-ils fait du citoyen Fournier? Peut-être celui-là aussi, condamné à la transportation pour un acte méritoire, casse-t-il des pierres sur les routes de l'Algérie ; peut-être même quelque farouche conseil de guerre l'a-t-il envoyé à Cayenne avec les forçats ; peut-être sa famille, privée de son chef, ruinée, déjà décimée, est-elle en proie à la misère... Honorons le dévouement de ces hommes généreux, et que la démocratie n'oublie pas sa dette envers eux, quand la France aura enfin repoussé loin d'elle les scélérats qui mettent en prison l'hospitalité.

Le colonel Firirion (Basses-Alpes) a de même attaché à son nom la honte d'un arrêté (5 janvier) où il déclare :

« Art. 4. Tout individu convaincu d'avoir

« fourni des secours EN VIVRES OU EN ARGENT à
« un insurgé, ou de lui avoir donné asile chez
« lui, sera considéré comme complice de l'in-
« surrection, et, en cette qualité, sera pour-
« suivi, arrêté et puni avec toute la rigueur des
« lois qui régissent l'état de siége. »

MÊME EN VIVRES OU EN ARGENT! L'exil, la transportation, la mort, le châtiment des complices enfin pour un verre d'eau, pour cinq francs donnés à un défenseur des lois fuyant la poursuite de rebelles victorieux! C'est l'excommunication romaine du moyen âge, l'interdiction du pain, du toit et du feu que les papes prononçaient il y a sept ou huit siècles contre ceux qui résistaient à la sainte Église!...

Mais, pensera le lecteur, d'aussi abominables prescriptions n'ont été faites que pour effrayer, on ne les a jamais appliquées; c'est impossible! c'est une injustice de le supposer! Qu'il lise :
« Dans la séance du 30 décembre, le 2ᵉ conseil
« de guerre de Lyon, sous la présidence de M. le
« colonel Ambert, a condamné le nommé Brun,
« *propriétaire à Grasse (Drôme), à dix ans de*
« *détention*, pour avoir, comme complice,
« *recélé des personnes* qu'il savait avoir commis
« des crimes emportant des peines afflictives;
« Astier, garde champêtre, à Loriol (Drôme), *à*
« *vingt ans de travaux forcés*, pour avoir donné
« asile à ceux qui *avaient attaqué les gendar-*

« *mes,* connaissant les crimes commis par eux. »
(*Courrier de Lyon.*)

En mettant de côté le scandale de ces poursuites pour cause de résistance à une violation flagrante de la loi, quoi de plus sauvagement cruel que ces peines prononcées pour *recel des coupables?* Ce qui fut une vertu dans tous les pays et à tous les âges, aux époques les plus incultes comme chez les peuples les plus barbares, la sainte hospitalité envers les malheureux, est aujourd'hui, sous l'empire de l'ancien fugitif de Ham, châtiée comme un crime! On ne poursuit plus seulement en France les faits politiques, les opinions, mais l'amitié, la pitié, l'humanité, la charité! L'hospitalité donnée à des vaincus est punie de VINGT ANS DE TRAVAUX FORCÉS. Cela encore, quand le combat est fini, quand le sang ne bout plus dans les veines; quand on n'a pas même pour excuse l'exaspération de la lutte. Il faut remonter jusqu'à l'inquisition, jusqu'à Héliogabale, jusqu'à Tibère, pour trouver des actes aussi farouches. Il suffit de les citer pour couvrir d'opprobre et les commissaires commandants qui prennent de pareils arrêtés, et les juges qui prononcent de pareilles condamnations, et le gouvernement qui se fait ainsi servir! Ce sont pourtant des soldats, ce sont les vainqueurs qui prononcent de telles sentences!

Dites encore que l'honneur s'est réfugié dans les camps !

Allez, allez aux bagnes, Astier et Brun, hommes généreux, qui peut-être n'aviez jamais vu ceux que vous avez *recélés*, comme il est arrivé, nous le savons par expérience personnelle, pour plusieurs réfugiés. Allez la tête haute, l'estime de tous les hommes de cœur en Europe vous accompagne ; les persécuteurs vous élèvent d'autant plus qu'ils cherchent davantage à vous avilir. Le rôle de victime fut toujours préférable à celui de bourreau ! Votre nom sera glorieux, tandis que celui du colonel Ambert est à jamais flétri. Généreux martyrs, vous honorez la casaque du galérien autant que vos juges déshonorent l'uniforme du soldat.

Grâce au ciel ! au milieu même de sa défaillance momentanée, notre patrie a encore gardé le sentiment de l'honneur. Malgré les infâmes arrêtés et les plus infâmes condamnations de ces féroces colonels, toujours prêts à servir tous les maîtres quoi qu'ils ordonnent, les proscrits n'ont trouvé ni portes fermées, ni dénonciateurs.

Les colonels élyséens ont fait toutes sortes de choses étonnantes pour sauver la société. Ce que nous avons raconté jusqu'ici de leurs œuvres est atroce ou odieux ; mais parfois ils ont donné dans le plaisant, tout en n'oubliant jamais leur mot d'ordre : FUSILLER. Le colonel Sercey, par exemple, est un homme précieux pour rétablir le principe d'autorité ; il a une façon de nommer les maires qui ne peut manquer de guérir les esprits gâtés par la démagogie. Nous empruntons les détails suivants à une feuille qui, en sa qualité d'amie de l'ordre et des lois, les a publiés avec amour. « Voici, dit le *Journal de Lot-et-Garonne* (30 décembre), voici un épisode *assez piquant* de l'expédition de M. le colonel de Sercey, commandant la colonne expéditionnaire dans les Basses-Alpes ; nous racontons *d'après un témoin oculaire.*

« La colonne arrivée dans la commune de Château-Arnoux, le commandant demande le maire. On lui répond qu'il est parti *avec presque tous les hommes valides du village pour aller rejoindre les insurgés.* Il demande les adjoints, les conseillers municipaux, *ils sont tous également partis.* Il fallait pourtant au chef de l'expédition une administration quelconque pour délivrer les billets de logement et faire préparer des vivres à la troupe. M. de Sercey avise un habitant sur la place, d'une tournure assez convenable. — Approchez, lui dit-il ; je vous nomme maire. — M. le colonel, vous me faites beaucoup d'honneur, mais *dans le temps où nous vivons je ne veux pas* d'un emploi aussi périlleux. Un second, puis

« un troisième *indigène* de Château-Arnoux
« refusent pareillement et s'excusent en faisant
« valoir les mêmes motifs. M. de Sercey n'y
« tient plus ; il fait avancer quatre hommes et
« un caporal. Allez à la mairie, *enfoncez-en*
« *les portes, installez monsieur*, dit-il en dési-
« gnant le dernier récalcitrant, *sur le fauteuil du*
« *maire, et s'il fait la moindre résistance,* QU'IL
« SOIT FUSILLÉ A L'INSTANT. Le pauvre maire
« malgré lui dut s'exécuter. Un arrêt de nomi-
« nation fut improvisé sur-le-champ et la com-
« mune de Château-Arnoux dotée d'une nouvelle
« municipalité. »

Que l'on ne croie pas, nous le répétons, que cela soit inventé par un ennemi, le *Journal de Lot-et-Garonne* est tout à fait *honnêtes gens*. La chose lui paraît piquante, il la raconte en gracioso ; il soigne sa forme, il veut avoir de l'esprit, il se fait léger. Ce colonel malmenant « les indigènes de Château-Arnoux » lui semble du dernier bon goût, et il se pâme d'aise à l'ordre d'enfoncer les portes de la mairie, et de fusiller le passant qui ne se laisserait pas improviser maire malgré lui. Vivent les colonels de la grande armée de Satory ! voilà comme il faut mener les hommes. Nous ne cesserons de dire que ces gens-là sont des êtres dégradés, ayant perdu toute notion du bien et du mal. C'est quelque chose d'inouï que leur profusion de menaces d'assassinat. Les décembriseurs ne font rien, n'ordonnent rien que sous peine de mort. Il n'est pas un trait de leur histoire où l'on ne retrouve les mots de fusiller, tuer, passer par les armes. Jamais conquérants ne se sont emparés d'un pays par des moyens plus cruels, jamais ils ne s'y sont maintenus par des mesures plus acerbes. Là est tout le secret de l'affreux triomphe de nos vainqueurs. La France est-elle assez avilie pour que la durée de leur occupation s'explique par cette cause même?

Il faut dire aussi que leurs administrateurs en épaulettes ont poussé la violence jusque-là qu'elle est devenue ridicule. L'*Echo du Midi* du 10 décembre publie une pièce émanée du quartier général de Montpellier, où le général Rostolan déclare :

« 1°......

« 2° Le port de tout signe de ralliement (co-
« cardes rouges, cravates, ceintures, rubans,
« doublures de poches rouges, etc.) est expres-
« sément interdit, sera considéré comme une
« provocation à la révolte, et *puni comme tel* par
« les conseils de guerre. »

La peine dont les conseils de guerre punissent les provocations à la révolte est la mort. Voilà donc tout habitant de l'Hérault qui portera une cravate rouge, une ceinture, voire même une doublure de poche rouge, condamné à mourir sur l'échafaud!... Vive l'Empereur!

Mais, un nommé Eynard, général de division, commandant l'état de siége de l'Allier, a surpassé tous ses émules. Il a offert à la joyeuse approbation de M. Bonaparte un vrai coup de procureur, tout à fait digne des amis de la propriété. Dès le 18 décembre il a eu l'idée de mettre sous le séquestre les biens des prévenus arrêtés ou en fuite!

« Considérant, dit-il dans un décret mémora-
« ble, que *les nommés* Giraud de Nolhac, *doc-*
« *teur*, Terrier, *notaire*, etc., ont pris la part la
« plus active à l'insurrection qui a éclaté dans
« le département de l'Allier les 3 et 4 décembre
« 1851;

« Qu'ils ont dirigé, comme chefs, les *pillards*
« du Donjon et *les assassins* de Lapalisse;

« *Que l'instruction* commencée NE LAISSE AU-
« CUN DOUTE A CET ÉGARD,

« Arrête :

« Art. 1er. LES BIENS *de tous les inculpés* ci-
« dessus nommés *sont mis sous le séquestre*, etc.

« Art. 2. M. le directeur des domaines pour
« le département de l'Allier est chargé de l'exé-
« cution du présent arrêté.

« Général EYNARD.

« Moulins, le 18 décembre 1851. »

Considérant que L'INSTRUCTION COMMENCÉE ne laisse aucun doute, etc... L'instruction n'est que commencée, et voilà un général qui sévit contre les inculpés; qui, de son autorité privée, séquestre leurs biens !! Poussa-t-on jamais plus loin le dévergondage de l'arbitraire et de la violence? Le nommé Eynard ne s'aperçoit pas non plus qu'il tombe dans une étrange contradiction en appliquant le mot de pillards à des hommes dont il prend les biens. Séquestrer la propriété des ennemis de la propriété ! quelle interversion de rôles ! Appeler voleurs des propriétaires que l'on vole, c'est trop fort !

Et cependant, cet arrêté ne fut pas publié seulement à Moulins. Il répondait si bien aux passions élyséennes qu'il obtint l'honneur exceptionnnel d'être placardé sur tous les murs de Paris, à la face du monde civilisé !

Le colonel Fririon, qui semble avoir été jaloux d'exagérer toujours l'exagération des rigueurs, a compliqué le séquestre des biens du système des garnisaires aux frais des fugitifs :

« Le colonel commandant l'état de siége dans
« le département des Basses-Alpes,
« Considérant qu'à la suite de l'*insurrection*
« qui a éclaté dans le département des Basses-
« Alpes, les principaux coupables du pillage des

« caisses publiques [1] et propriétés de l'État,
« ainsi que les chefs de l'insurrection armée,
« se sont dérobés par la fuite à la *juste* ven-
« geance des lois :

« Arrête :

« Art. 1er. Dans le délai de trois jours à
« partir de la publication du présent arrêté, *des*
« *garnisaires seront placés* chez tous les indivi-
« dus qui auront pris la fuite *par suite de l'in-
« surrection* et qui n'ont pas satisfait aux man-
« dats de justice décernés contre eux. Ces gar-
« nisaires *resteront à leur charge* jusqu'à ce
« qu'ils aient obéi à la loi.
« Art. 2. Dans le délai de dix jours, les biens
« de ces inculpés en fuite *seront séquestrés* et
« administrés par le directeur des domaines du
« département des Basses-Alpes, conformément
« aux lois civiles et militaires, etc.

« Signé : FRIRION.

« Digne, 5 janvier 1852. »

Conçoit-on de plus mauvais temps que ceux

[1] Le lecteur a vu plus haut à quels actes le colonel décembriseur donne le nom de pillage des caisses publiques.

où de telles choses se passent devant un peuple, illustre entre tous par ses lumières et sa loyauté, sans le soulever tout entier ? Qu'est-ce que la justice ? qu'est-ce que le droit ? N'y a-t-il donc plus un magistrat en France pour invoquer leur autorité souveraine et sacrée ? Le séquestre, est-ce que ce n'est pas le commencement de la confiscation ? Or, la confiscation, qu'est-ce autre chose que le vol ? Défenseurs de la propriété, voilà de vos coups ! Comme il vous sied bien de terroriser notre pays par les prétendus brigandages des socialistes ! Que de comptes vous aurez à rendre !

On ne peut imaginer quelle démoralisation le régime du 2 décembre a jetée partout. Il semble que la France ait reculé de quatre ou cinq siècles en quelques jours.

Nous avons peine parfois à imaginer que tout cela est de l'histoire contemporaine, et nous nous prenons à supposer que nous écrivons quelque épisode des derniers temps de Byzance, quelque invasion des Visigoths, ou une descente des pirates normands sur les bords de la Seine.

On en est revenu, tout à coup, au milieu de cette nation généreuse, à des procédés d'administration abandonnés depuis le moyen âge. C'est à refuser d'y croire : l'autorité fait maintenant, à l'égard des hommes politiques, ce que

ne veut plus faire la justice criminelle elle-
même à l'égard des coupables les plus dangereux, les plus endurcis : elle met à prix d'argent
la tête de ceux qu'elle recherche !

M. Marey Monge, victime, on paraît l'avouer,
d'une vengeance particulière, est assassiné à
Nuits, au milieu des agitations issues de la
révolte de l'ex-président. L'un des assassins est
arrêté, et le préfet de la Côte-d'Or, qui se croit
en face d'un crime de guerre civile, fait aussitôt
afficher la promesse d'*une récompense de* 500 fr.
à qui remettra le meurtrier sous la main de la
justice. (*Moniteur*, 18 décembre.)

Quelle manière de régénérer la société ! faire
revivre en plein dix-neuvième siècle des usages
odieux, délaissés, réprouvés par la civilisation
depuis quatre ou cinq cents ans !

Si l'impitoyable cruauté des moyens employés
pendant la bataille a laissé dans l'âme des
citoyens honnêtes un sentiment d'indignation
douloureuse, tout, depuis l'heure du triomphe,
est ainsi venu ajouter à la tristesse et à la honte
de chacun.

Ils ont un effroyable mépris, vraiment, de
l'espèce humaine ; ils montrent une foi bien
insolente dans son imbécillité, ceux qui osent
proclamer que c'est pour préserver le monde
d'un cataclysme, pour « remettre la pyramide
sociale sur sa base, » pour terrasser l'anarchie,

pour sauver la civilisation, qu'ils ont forfait à leurs serments, renversé les lois de leur pays, dispersé sa représentation légale, chassé les juges du prétoire à coups de crosse, enfermé la garde nationale dans ses maisons, massacré des centaines de citoyens inoffensifs, fusillé des femmes, et commis en province les atrocités qu'on vient de lire.

Tout cela est justifié aux yeux de quelques-uns, parce qu'il s'agissait de détruire la jacquerie prête à renaître, le socialisme prêt à déborder! Voyons donc quels sont les bandits qui levèrent la tête, quels sont les brigands dont on purge la France!

CHAPITRE IX.

LA RÉSISTANCE A ÉTÉ FAITE PRINCIPALEMENT PAR LA BOURGEOISIE.

§ 1.

Les premiers jacques frappés.

Relisez et comparez. Jamais, lors même que l'histoire de France s'écrivait à Coblentz et à Saint-Acheul, on n'offensa plus scandaleusement la vérité. Jamais on n'accumula plus de mensonges, plus de crimes, pour une fin plus maudite. Depuis le 2 décembre, des coupe-jarrets, qui ont pris à bail l'imposture et la diffamation, trempant leurs plumes dans un mélange de boue, de venin et de sang, nous traînent sur la claie; à les en croire, depuis cinq grands mois on voit défiler dans quarante départements d'affreuses processions de bandits qui s'en vont

le sac du butin au dos, la faux sur l'épaule, la
torche à la main, le blasphème à la bouche,
pillant les châteaux, dévastant les fermes, saccageant les villes, égorgeant les hommes, violant
les femmes, brûlant les enfants, assassinant une
foule de sous-préfets qui se portent fort bien
aujourd'hui pour déposer contre leurs prétendus
meurtriers. Ces abominations, ils les ont répétées partout, répandues à des millions d'exemplaires aux frais du trésor public ; et en même
temps ils ont fermé la bouche à la défense,
bâillonné ou suspendu tous les journaux de
l'honneur et de la vérité. Si bien qu'à la voix de
ces indignes ennemis, les sombres ailes de la
peur ont couvert la France comme d'un nuage
livide ; la province a cru le faubourg de Paris
regorgeant de sectaires de théories monstrueuses, Paris a cru la province fourmillant de
cannibales ; le monde a cru les trois quarts de
la population de nos villes et de nos campagnes
composés de scélérats. Il y a encore en France
et en Europe nombre d'hommes, de bonne foi
d'ailleurs, à qui vous persuaderiez difficilement
que l'armée des faux serments n'a pas préservé
notre patrie « des horreurs de la *jacquerie !* »

Mais les tables de proscription sont là ; qu'on
les ouvre, qu'on les compulse, et l'on verra que
tous ces brigands aujourd'hui emprisonnés, internés, bannis, déportés, errant sur la terre

d'exil, souffrant au fond des colonies pénitentiaires, appartiennent en grande partie aux classes éclairées et conservatrices. Les partageux sont des propriétaires, les jacques des médecins, les bandits des notaires, les pillards des hommes de lettres, et les égorgeurs des magistrats. Nous parlons ainsi pour ceux qui voient une garantie de moralité dans le fait « d'avoir quelque chose sous les pieds » Quant à nous qui connaissons les prolétaires, qui les avons vus de près, nous ne les croyons pas moins *conservateurs* que les riches, et s'il nous fallait absolument chercher dans les différentes couches de la société française la plus honnête et la plus désintéressée, nous désignerions celle qui est appelée plus particulièrement le peuple.

Les listes des victimes du 2 décembre sont immenses; ce sera encore un travail long et aride que d'en détacher quelques pages; mais qu'importe la fatigue, si l'on parvient à la vérité et à la lumière?

Commençons.

Lot. — « *Arrêté du commandant supérieur de l'état de siége dans le département du Lot.*

« Le colonel chef de la 12e légion de gendarmerie commandant les troupes de l'état de siége dans le département,

« Considérant que les nommés Marlet, *rédacteur* du journal le *Réformateur du Lot et du Cantal*, demeurant à Cahors ; Delord, *juge au tribunal de première instance* de Cahors ; Cambarieu, de Cahors, *conducteur des ponts et chaussées* ; Ange Pechméja, *rédacteur* du *Réformateur* ; Teyssédon, *sellier* ; Lausser, *graveur* ; Seguy, *marchand tanneur* ; Nuéjouls, *serrurier* ; Brassac fils, *commis de librairie* ; Pinel, *orfèvre* ; Coste, *sculpteur*, tous de Cahors ; Jourdanet, *propriétaire*, à Labastide-du-Vert ; Desprats, *percepteur*, à Labastide de Saint-Cyprien ; Sabatier, *teinturier* à Puy-l'Évêque ; Sarlat, *propriétaire* à Puy-l'Évêque ; Fromentèze, *instituteur* à Girac ; Gauzens, *commandant de la garde nationale* à Figeac ; Calmels, *limonadier* ; Ligonie père, *secrétaire de la mairie* ; Calmel (Eugène), *tapissier* ; Bailly, *horloger* ; Rames aîné, *tailleur* ; Massin, employé à l'hospice ; Tourdonde ; tous de Figeac ; Vanel, *maire* de Thémines ; Cayrel, *huissier* à Lacapelle-Marival ; Monbertrand, dit Cadet, *adjoint* ; d'Aynac Bouscarel ; Charles de Latronquière ; Vayrac, *limonadier* ; Thomas, *employé en retraite* ; Ribayrol, garçon cloutier ; Mespoulié, *limonadier* ; ces quatre derniers de Saint-Céré ; Bergougnoux et Andral, *maire et secrétaire* de la mairie de Gramat ; Valens, *instituteur* à Cazillac ; Valrivière aîné, *membre du conseil général*, à

Carennac; et Gimel, *instituteur* à Bétaille ; contre lesquels des mandats d'arrêt ont été lancés comme *prévenus d'avoir participé aux actes insurrectionnels et aux désordres* qui se sont produits sur plusieurs points du département, sont en fuite ;

« Vu l'état de siége,
« Arrête, etc.
« Signé : le colonel PELLAGOT.
« A Cahors, le 29 décembre 1851. »

SEINE-ET-OISE. — « D'assez nombreuses arrestations ont été faites dans les arrondissements d'Étampes et de Corbeil, sur mandat de M. Cavaignac, commandant l'état de siége dans le département. Ont été arrêtés et conduits à la maison d'arrêt d'Étampes : les nommés Martin, *médecin* ; Soufflot, charpentier ; Bernard, *propriétaire*, demeurant tous les trois à Étampes ; Diet, *ancien greffier, ex-commandant* du bataillon cantonnal de Saelas ; Cayot, carrier, à Dannemois ; Bernard, *féculier*, à Moigny, et Bouret, *médecin*, à Etrechy. » — (*Journal de Dreux*.)

LOT-ET-GARONNE. — A la suite du combat qu'il n'a pas soutenu aux environs de Marmande, M. Flayelle, lieutenant de gendarmerie, donne le nom et le signalement des *cannibales* et des *partageux* devant lesquels il a pris la fuite, laissant un des siens blessé sur le terrain.

« .... De nombreuses arrestations, écrit-il, ont été faites. Nos prisons sont pleines ; mais les principaux chefs ont échappé. On dit que quelques-uns d'entre eux sont dans la Dordogne ; je vous en donne ci-après les noms ; tâchez, si vous le pouvez, de les faire arrêter. Il y a contre eux des mandats d'arrêt :

« Peyronny, *ancien chef d'escadron, décoré de la croix d'officier* ; Vergnes, *avocat, ancien constituant* ; Lafitteau, *notaire*, soigné dans sa toilette ; Faget-Renolde, *beau-père d'Emmanuel Arago*, très-soigné dans sa toilette ; Gayneau, *avoué* ; Baccarisse, *avoué* ; et beaucoup d'autres qui ont pris la fuite dans toutes les directions.

« Je vous écrirai plus longuement, etc.

« Signé : FLAYELLE. »
(*Union Corrézienne*, 20 décembre.)

ALLIER. — Au Donjon, les coups ont été mesurés à la résolution intrépide de ceux qui avaient pris les armes pour la légalité. Le conseil de guerre des insurgés a frappé avec la fureur d'un ennemi implacable.

Ont été condamnés :

A la RECLUSION : MM. Bourachot, *pharmacien* ; Laborde, *petit propriétaire* ;

A la DÉPORTATION : MM. Raguin, *épicier* ; Gallay, *très-riche propriétaire* ; Vignot ;

AUX GALÈRES : MM. Tyrol et Gail.

A MORT : MM. Nolhac, *médecin*; Terrier aîné, *notaire*; Terrier jeune, *propriétaire*; Fagot, *riche propriétaire*; Ernest Preverand, *petit propriétaire*; Honoré Preverand, *petit propriétaire*.

Les biens de tous ces condamnés avaient été précédemment mis sous le séquestre par le mémorable arrêté du général Eynard avec ceux des citoyens Treille, *cordonnier*; Blettery, boucher au Donjon; Chomet, médecin à Jalligny; Meusnier, *pharmacien* à Chaveroche; Auboyer, *propriétaire* à Breuil.

Voilà quelques-uns des incendiaires et des jacques qui furent frappés dans les premiers jours comme ayant voulu mettre la société à feu et à sang pour opérer le partage des terres ! On voit de quels rangs ils sortent. L'un de ces *partageux*, M. Fagot (du Donjon) a plus de 500,000 francs de biens au soleil; un autre, « Faget, beau-père d'Emmanuel Arago, » comme dit, avec une politesse tout élyséenne, M. le lieutenant de gendarmerie Flayelle, possède notoirement près d'un million de fortune territoriale. Il espérait sans doute s'arrondir en partageant.

§ II.

Les condamnés des commissions mixtes.

Les conseils de guerre, les commissions militaires, simples, ordinaires, extraordinaires, mixtes, départementales, générales, qui ont successivement disposé de la liberté et de la vie des meilleurs citoyens, n'ont pas épargné davantage ceux qui, en raison de leur rôle dans la société, ont toujours été considérés comme les colonnes de l'ordre.

C'est surtout dans le département des Basses-Alpes que la jacquerie s'est montrée le plus hideuse ; c'est là que l'on a vu sortir de leurs antres le plus de bêtes fauves à faces humaines, le plus de brigands prêts à ravager la France. On pourra mieux juger encore de quel danger MM. Bonaparte et Persigny viennent de sauver la chrétienté, quand on connaitra la profession de plusieurs buveurs de sang que, malgré la soif de clémence du *chef de l'État* et la mansuétude de son nouvel ami M. Rauchart, il leur a été impossible d'épargner.

BASSES-ALPES. — Ont été *condamnés* définitivement, à diverses peines, dans ce seul département:

Deux *anciens constituants* : MM. Denoize, *avoué, membre du conseil général*, et Duchaffault père, *riche propriétaire, membre du conseil général*;

Quatre *notaires* : MM. Itard, de Digne, *membre du conseil général*; Denoize, des Mées, cousin du constituant; Chaudeuil, des Mées; Tartanson, de Barème;

Sept *avocats* : MM. Coule, de Digne; Duchaufault fils, de Digne ; Jourdan, de Gréoultz ; Guibert, de Gréoultz, *membre du conseil général* ; Barnau, de Sisteron ; Debout, de Forcalquier ; Girandon, de Manosque ;

Un *huissier* : M. Billaud, de Valensonnes ;

Neuf *médecins* : MM. Itard, des Mées ; Allemand, de Riez; Allemand, de Manosque ; Bellonet, de Tare ; Chaudoni, de Mezel ; Isnard, de Barème; Chassau, de Cerette; Rouy, de Maune ; Ruez, de Thouard.

Nous aurions deux pages à remplir si nous voulions ajouter les maires, les propriétaires, les commerçants du département des Basses-Alpes qui sont exilés, internés ou transportés. Beaucoup n'ont pris aucune part au mouvement, mais ils sont républicains ; c'est être assez coupable.

« Si ce n'est toi, c'est donc quelqu'un des tiens. »

MOSELLE, 14 mars. — On lit dans l'*Espérance* de Nancy: « Le 14, les portes de la prison de Nancy ont été ouvertes pour :

« MM. Lafize, *avocat, ancien représentant à la constituante* ; Louis, *avocat, ancien membre du conseil général* ; Antoine, *avoué à la cour d'appel*; Valerot, *ancien officier, ex-sous-préfet* de Toul ; Lelièvre, *ex-colonel de la garde nationale* de Nancy; Boureiff, *ex-professeur d'équitation*, *entrepreneur des convois funèbres* ; Coquignot, ancien *hôtelier*, et Wehrlin, *fabricant* à Jarville.

« En même temps, ces messieurs ont été avertis qu'il leur serait accordé *huit jours pour régler leurs affaires*, et qu'ensuite il leur serait délivré des passe-ports pour l'Angleterre ou la Belgique. »

Indépendamment des arrestations politiques faites à Nancy, le 17 janvier, on cite encore les suivantes : MM. Viox, *ancien constituant*; Cosson, *ancien notaire* de Lunéville ; Ancelon, *médecin* à Dieuze ; et Leman, *médecin* à Phalsbourg.

INDRE, 13 janvier. — « Hier, les sieurs Sineau-Jaubert, *fabricant de draps* à Chinault, et Peignet, tourneur, Grand'Rue, à Issoudun, qui s'étaient dérobés par la fuite aux mandats décernés contre eux, ont été saisis à leur domicile et conduits à la maison d'arrêt.

« Dans ce département ont été condamnés :

« A l'expulsion : MM. Leberre, *notaire* ; Fleury, *avocat* ; Périgois, *riche propriétaire* à La Châtre ; Martin, *avocat, ancien avoué* ; Dauphin, *instituteur* à Argenton; Confulens, *médecin* à Saint-Benoist ;

« A l'internement : MM. Canuet, *avoué* au Blanc ; Reuilly, *avoué* au Blanc ; Fougeron, *avocat* à Châteauroux ; Cirode, *riche propriétaire*, ancien négociant, à Châteauroux ; Germain, *négociant* à Issoudun ; Beuchère, *propriétaire* à Argenton. »

INDRE-ET-LOIRE, 21 mars.— Le journal d'*Indre-et-Loire* rend compte des décisions prises par la commission extraordinaire de ce département :

« Sont expulsés de France : MM. Naintré, *avocat, directeur* et *rédacteur en chef* du *Progrès* d'Indre-et-Loire et de Loir-et-Cher, interdit par arrêté préfectoral du 6 décembre ; David aîné, *instituteur*, l'un des rédacteurs de ce journal ; Girard, *avoué* à Tours ; Leblanc, *huissier* à Tours ; Pesson, *agréé* à Tours ; Brouillart, *pharmacien* à Tours ; Carré, *cafetier* au Grand-Pressigny.

« Sont éloignés momentanément de France : MM. Chaliés, *officier de santé* à Savonnières ; Alphonse Loreau, *médecin* au Boulay.

« Sont internés avec résidence obligée : à Douai (Nord), M. Théodore Chauvelin, *avocat*, l'un des rédacteurs du *Progrès* ; à la Rochelle, M. Vincent, *architecte* ; à Amiens, M. Dubrac, *médecin* ; à Vannes, M. Déniau, *géomètre* à Amboise ; à Bordeaux, M. Thevenin, *instituteur* à Nouzilly.

« Sont placés sous la surveillance du ministère de la police générale : MM. Berné, *épicier* à Tours ; Herbault, *fermier* à Athée ; Depoix, *officier de santé* à Saint-Branchs ; Sertier, *fabricant* à Langeais. »

LOIR-ET-CHER, 23 mars. — « Dans le Loir-et-

Cher, on a enlevé tous les *principaux médecins* républicains. Cela donne une clientèle forcée aux médecins réactionnaires.

« Les citoyens Houdaille, Pollet, etc., ont été jetés hors de leur département. Ce sont les seuls qui eussent de la valeur et une notoriété médicale. »

HAUTE-LOIRE. — La commission mixte a condamné : au bannissement, M. Mancel, *notaire* à Riom; à l'internement, M. Randon, *notaire, membre du conseil général.* »

JURA, 22 mars. — On lit dans *la Sentinelle du Jura :*

« Nous savons que des expulsions et des internements ont été prescrits à l'égard de personnes qui n'étaient point actuellement détenues. Nous pouvons citer, entre autres, M. Poux, *médecin* à Lons-le-Saulnier, qui est interné à Laon, ainsi que M. Mondragon, de Montaigu, et M. Noir, *médecin* à Voiteur, qui sont expulsés de France, et dirigés sur la Belgique. »

HÉRAULT, 22 mars. — Par décisions de la commission du département de l'Hérault, devenues définitives, ont été *comdamnés* (partout ils appellent cela *condamner !*) :

A l'expulsion : MM. Coulondre, de Montpellier, *négociant* ; Raymond, de Montpellier, *banquier* ; Favre, de Montpellier, *clerc de notaire* ; Anterrieu, de Montpellier, *avocat* ; Bourely, de

Montpellier, *avocat*; Rouch, de Montpellier, *avocat*; Guiter, de Montpellier, *avocat*, ancien *préfet*; Sevandy, de Montpellier, *étudiant*; Lussignol, de Béziers, *rentier*; Korvaleski, de Lodève, *médecin*; Boissieux, de Lodève, *notaire*.

A l'éloignement momentané : MM. Naquet, de Montpellier, *négociant*; Redier, de Montpellier, *négociant*; Bouvialla, de Montpellier, *commis négociant*.

A l'internement : MM. Villaret, de Montpellier, *cordonnier*; Gontier, de Montpellier, *commis négociant*; Mercier, de Cette, *propriétaire et membre du conseil général*; Caise, de Montpellier, *étudiant*; Cauvy, de Montpellier, *étudiant*; Pons, de Montpellier, *teneur de livres*; Lisbonne, de Montpellier, *avocat*; Crouzat, de Montpellier, *huissier*.

CÔTE-D'OR, 23 mars. — Sont expulsés de France, pour l'arrondissement de Dijon seulement : MM. Dallée, *huissier* à Dijon; Dumez, *rédacteur en chef* du *Courrier républicain*; Limaux, *avoué à la cour d'appel*; Guillier, *négociant*; Gaurel, *avocat* à Dijon ; Maire, *propriétaire, ancien constituant*.

Sont internés : MM. Viochot, *rédacteur* du *Démocrate de la Côte-d'Or*; Vitu, *cordonnier*, etc.

Restent en surveillance à Dijon : MM. Delune et Bouillet-Deshalliers, *avocats*.

28 mars. — M. Welter, *ancien maire* de Beaune, et M. Renardet, *notaire* en la même ville, viennent de recevoir des passe-ports avec injonction de quitter le territoire français.

ALLIER. — Ont été exilés : MM. Laussedat, *ancien constituant, médecin* à Moulins; Mège, *médecin* à Moulins; Desfilles, *médecin* à Bellenave ; Breilland, *médecin* à Dampierre; Maugenest, *médecin* à Louvigny ; Lespinois, *médecin* à Huriel ; Chantemille, *avocat* à Montluçon.

GIRONDE, 26 mars. — Parmi les personnes expulsées de France par la commission du département de la Gironde, on compte MM. Achard, *avoué* au tribunal de Lesparre ; Boutin-Laloric et Merlet, *membres du conseil général ;* Royer, *avoué* à Blaye; Sensas, *avocat* à Bordeaux ; L'Hermiste, *rédacteur* de la *Tribune de la Gironde ;* Tandonnet, *rédacteur en chef* du même journal.

AUDE, 27 mars.— Les personnes frappées par la commission mixte appartiennent à toutes les classes de la société, *propriétaires, médecins, avocats, professeurs, commerçants, ouvriers.*

Parmi les expulsés, se trouve M. Raynal, *ancien constituant.*

HAUTE-MARNE, 23 mars. — Nous apprenons que le *docteur* Lacour, de Doulevent (Haute-Marne), dont on connaît *les menées démagogiques,* vient d'être condamné, par la commission mixte de son département, à un exil de sept années. Un délai lui avait été accordé pour mettre ordre à ses affaires, et comme ce délai est expiré, il vient de recevoir un passe-port pour se rendre à Nice, États Sardes. (*Patrie*.)

29 mars. — Parmi les hommes politiques de la Haute-Marne qui sont obligés de quitter la France, on compte M. Maitrat, *avocat* à Chaumont; M. Gillot, *médecin, ancien maire* de Langres; M. Rivet, *négociant* à Baueil.

30 mars. — La commission mixte de la Haute-Marne a expulsé pour plusieurs années deux *négociants*, un *membre du conseil général*, deux *médecins*, dont l'un *conseiller municipal* et ancien *maire* de Langres, un *avocat*, un *professeur de rhétorique*, etc.

HAUTE-SAÔNE, 31 mars. — Le *Journal de la Haute-Saône* annonce qu'une décision de la commission mixte, approuvée par le gouvernement, éloigne du territoire français pendant douze ans, MM. Chaudey, *avocat* à Vesoul; Petit, *ancien greffier, négociant* à Navennes; Huguenin, *ancien représentant*, à Lure.

PYRÉNÉES-ORIENTALES, 31 mars. — On écrit de Perpignan : « Au nombre des exilés à vie se trouvent MM. Douffragues, Battle, Rousseau et Xatard, d'Arles-sur-Tesch, l'un *médecin*, les autres *propriétaires*. On lit aussi sur cette liste les noms de M. Conte, *propriétaire, ex-juge de paix* de son canton, et de M. Navac, *grand entrepreneur* de travaux publics, qui avait quitté le pays depuis deux ans.

« Parmi les exilés temporaires se trouvent *le plus habile chirurgien* de la ville, M. Paul Massot, *médecin des hospices depuis vingt ans*; un des *plus riches banquiers*, M. Joseph Favre, et l'*avocat le plus distingué*, M. Picas, *ex-constituant.* »

TARN-ET-GARONNE, 31 mars. — On écrit de Montauban : Sont expulsés de France, savoir : MM. Bertal, *avocat*; Constans, *avoué*; Bousquet aîné, *limonadier*.

Sont éloignés momentanément du territoire, savoir : MM. Naneu aîné, *avocat*; Ansay, *avocat*; Poumarède jeune, *négociant*; Chabrié, *avocat*; Flamens, *avocat*: Leygue, *propriétaire*; Monié, *négociant*; Serres, *marchand* de parapluies; Courtes, *cordonnier*.

Sont internés dans différentes villes de France, savoir : Bayron, *vétérinaire*; Berger-Roch, *clerc d'avoué*; Delpech, *étudiant*; Manou jeune, *négociant*; Delbert aîné, *négociant*; Delbert, jeune, *négociant*; etc.

Sont placés sous la surveillance de la police générale: Bordes, *propriétaire d'hôtel*; Poujade, *avocat*.

AUBE, 24 mars. — Le *Journal de l'Aube* annonce que M. Berger Berthier, *commis greffier au tribunal de commerce de* Troyes, a été arrêté et déposé à la maison d'arrêt *sous la prévention de correspondance secrète avec les détenus politiques.*

29 mars. — M. Prudhon, *ex-sous-commissaire* du gouvernement provisoire à Bar-sur-Aube, et M. Aristide Cottier, tous deux détenus politiques, ont été mis en liberté ; *ils ont reçu des passe-ports, avec l'ordre de quitter le territoire français dans les neuf jours.*

Seine. — Par ordre de la commission militaire, il a été délivré des passe-ports entre autres aux personnes dont les noms suivent, avec ordre de quitter Paris dans les vingt-quatre heures : MM. Baune (Aimé), *professeur de langues* ; Lefebvre ; L. Watripon, *hommes de lettres* ; Delpech, *sculpteur* ; Jacoubert, *architecte* ; Crespelle, *propriétaire* ; Clément Thomas, *ancien membre de l'Assemblée constituante, ancien général en chef de la garde nationale de Paris* ; Couture, *cordonnier* ; Victor Magen, *homme de lettres, éditeur* ; Duchosel, *marchand de futailles* ; Pellissier, *passementier* ; Maréchal, *teneur de livres*, Clavel, *journaliste* ; etc.

On sait que se trouvent déjà en Belgique, M. le *docteur* Place, l'un des plus savants phrénologues de l'Europe ; M. Duras, *rédacteur en chef du National* ; M. Deschanel, *professeur de rhétorique au Lycée Louis-le-Grand* ; M. Hetzel, *libraire-éditeur* ; M. Fleury, *ancien constituant* ; etc.

Au nombre des exilés de Paris, il faut aussi compter M. Morel, *capitaine de la garde nationale, propriétaire* de trois grands établissements de teinture à Paris et d'une grande maison à Passy.

SARTHE, 6 avril. — Sont *condamnés* par la commission mixte de ce département :

A l'expulsion : MM. Louchet, *juge du tribunal de commerce* ; Fameau, *avoué* ; Milliet, *propriétaire, capitaine de la garde nationale*, un des *rédacteurs du Bonhomme Manceau* ; Lemonnier, *médecin* ; Trouvé-Freslon, *tanneur* ; Trouvé (Ed.), *commis banquier* ; Jusserand, Richard et Renardeau, *propriétaires*.

Doivent être internés : MM. Houteloup, *gérant du Bonhomme Manceau* ; Silly, *rédacteur du même journal* ; Barbier, *médecin*.

D'autres citoyens, *négociants, propriétaires*, sont soumis à la surveillance de la police générale.

DEUX-SÈVRES. — La commission mixte, composée de MM. Sainte-Croix, préfet ; Lion, colonel du 1er hussards ; Savary, procureur de la République, a déporté en Afrique : Gorrin (Eugène), *officier de santé* ; Rousseille, *tanneur*.

Déportés dont la peine a été commuée en celle de l'exil : MM. Amy, *avocat, gérant et rédac-*

deur en chef de *l'OEil du Peuple*; Fayard, *pharmacien*; Becquet, *capitaine d'infanterie*; Savariau, *propriétaire*; Arsène Hayes, *cordonnier*; etc.

Exilés : trois médecins : MM. Rouhier; Ledain; Ginestet, *rédacteur de l'OEil du Peuple.*

Deux *avocats* : MM. Sauzeau (Alix); de Juniat; plus :

Quatre *propriétaires* : MM. Martin (Léon); Allard; Allain; Maichain (Joseph); enfin, MM. F. Taféry, *compositeur d'imprimerie et rédacteur de l'OEil du Peuple;* Charles Boisson, *négociant*; Chaumier, *lieutenant d'artillerie de la garde nationale, ex-juge consulaire;* Fayette, *commandant de la garde nationale de* Mauzé; Saillant, *employé des ponts et chaussées*; Constant, *marchand*; etc. Encore ne parlons-nous là ni des internés, ni de ceux mis en surveillance.

LOT-ET-GARONNE. — Voici les qualités de plusieurs condamnés aux diverses peines dans un seul arrondissement de ce département, celui de Villeneuve :

Douze *propriétaires* : MM. Deytier fils, à Monflanquin ; Galban, à Villeneuve ; Barbès père et fils, à Villeneuve; Pellegry, à Sainte-Livrade; Brondeau, *maire* de Villeneuve; Charles, à Villeneuve; Fillol, à Sainte-Livrade; Rives, à Villeneuve; Lacombe, *conseiller muni* cipal à Villeneuve, *chef de bataillon* en retraite ; Phillips, *ingénieur des ponts et chaussées, possesseur d'une fortune territoriale d'un million cinq cent mille francs* ; Dubruel, *agent de change, président du tribunal de commerce, conseiller général, ancien représentant* ;

Cinq *négociants et marchands* : MM. Laborde, à Villeneuve ; Burlau, à Villeneuve ; Creté, à Sainte-Livrade ; Mouillerat aîné, à Villeréal ; Mouillerat jeune, à Villeréal ;

Deux *hommes de lettres* : MM. Lami Serret, *gérant* du journal *le Républicain* ; Fournier ;

Deux *instituteurs* : MM. Ali, à Noaillan ; Lapergne, chef d'institution à Villeneuve ;

Un *médecin* : M. Domergues, à Monflanquin ;

Un *avocat* : M. Faure, à Villeneuve ;

Un *huissier* : M. Pouzet, à Villeneuve ;

Un *clerc d'avoué* : M. Boé ;

Un *peintre de portraits* : M. Perrin ;

Un *notaire* : M. Singlande, à Sainte-Livrade.

On lit dans la *Cronica de Guipuscoa* (Espagne) :

« La plus grande partie des Français qui se sont réfugiés dans notre province se compose de *commerçants*, *d'industriels*, *d'ingénieurs civils des ponts et chaussées et des mines*. Ces derniers ont déjà trouvé à s'occuper avantageusement. Ne serait-il pas possible d'employer avantageusement un *fabricant de draps* qui se trouve parmi les réfugiés et dont on fait les plus grands éloges ? »

Parmi les bannis réfugiés en Espagne, on compte entre autres MM. Simiol, Raynal, Azerm et Alem Rousseau, *anciens membres de l'Assemblée constituante* [1].

Tels sont les hommes dangereux que les sauveurs sont obligés de soumettre aux douleurs de l'exil et aux tortures de la transportation, sous peine de ne pouvoir réparer en France les maux qu'y avait causés « le parlementarisme ! »

§ III.

Démagogues arrêtés tous les jours.

Depuis le 2 décembre, on n'a cessé d'arrêter, l'on arrête encore tous les jours des démagogues de cette espèce. Ainsi se sont vu jeter en prison, à Reims, M. Bressy, *médecin*; à Epernay,

[1] Nos réfugiés ont été accueillis en Espagne avec une grande sympathie. Le gouvernement n'en repousse aucun. Ceux auxquels il demande caution pour leur permettre de résider dans les grandes villes ne manquent jamais de trouver quelque riche habitant empressé de leur servir de garant. Nous reconnaissons bien à ces traits la générosité naturelle au noble caractère espagnol.

M. Paris, *avoué*, et M. Teulin, *banquier*, riche de 25,000 francs de rente ; à Loursy, M. Rocheton, *notaire et membre du conseil d'arrondissement* ; à la Charité-sur-Loire, M. Bitard, *entrepreneur*, riche de plus de 150,000 francs, et M. Massé, *ancien notaire, grand propriétaire*; à Honfleur, M. Dreuil qui possède *une fortune de 50,000 francs de rente* ; à Saint-Wa (Nord), M. Desmoutiers, *propriétaire et brasseur* ; à Bracy (Nord), M. Bourse, *ancien maire, propriétaire et cultivateur sucrier* ; à Fresnet-sur-l'Escaut, M. Boyer, *médecin* ; à Avesnes, M. Guillemin, *membre du barreau* ; à Avallon, M. Odoul, *ancien prix d'honneur de l'Université et traducteur d'Héloise et Abeilard* ; à Bunus (Pyrénées-Orientales), M. Dindabaru, *propriétaire et ancien membre du conseil général* ; à Puy-Cousin, M. Chapeyron, *propriétaire*; à Briare, M. Dupin, *commandant de la garde nationale.*

On écrit de Bordeaux : « M. Causit, *médecin* à Castillon, et son frère, *médecin* à Saint-Philippe, prévenus d'avoir fait partie d'une société secrète, viennent d'être l'objet d'un mandat d'arrêt. Le citoyen Audouard, *maire de* Requista, révoqué à la suite des événements de décembre, vient aussi d'être arrêté et écroué dans les prisons de Rodez. »

On lit dans l'*Union malouine* :

« MM. Geisbœrfer, *brasseur* et *négociant en vins*, Leroy, *chapelier*, viennent d'être arrêtés et écroués à la maison d'arrêt de Dinan. On les accuse, nous assure-t-on, d'être affiliés aux sociétés secrètes. »

Trois habitants de Saint-Omer viennent d'être arrêtés, *en vertu d'ordres supérieurs*, et conduits à la maison d'arrêt où ils sont au secret. Ce sont MM. Pierret, *négociant, ancien membre de l'Assemblée constituante*; Duméril, *fabricant de pipes, membre de la chambre de commerce*; et Gourdon, *distillateur, juge au même tribunal*.

Nous lisons dans le *Journal de Lot-et-Garonne* du 14 décembre : « Pau, 9 décembre. Le nombre
« des personnes arrêtées est de sept. Ce sont
« MM. Danton, *homme de lettres*; Lamaignère,
« jeune, *avocat*; Mainvielle, *notaire*; Mainvielle,
« jeune ; Daugas, *notaire* ; Claverie, *officier en*
« *non-activité* ; Labarrère, *aubergiste*. »

Le même journal du 13 dit : « Déjà de nom-
« breuses arrestations ont été opérées (à Auch).
« On cite notamment MM. Arexi, *journaliste* ;
« Gastineau, *rédacteur de l'Ami du Peuple*;
« Cauteloup, *avocat*; et Zeppenfelt, *sculpteur*. »

Le *Courrier de la Drôme*, du 17 ou 18 janvier, raconte qu'à la suite d'une expédition de gendarmes et de voltigeurs qui tirèrent quarante-cinq coups de fusil sur six patriotes fugitifs qui s'étaeint refugiés dans une montagne escarpée, près de Crest, on est parvenu à arrêter M. Jean Gouthier, *adjoint au maire* de la commune de Suze, et M. Claude Cabau, *fils du maire* de Suze, le premier chef de l'*insurrection*, le second prévenu d'*insurrection*.

L'Impartial de la Meurthe, du 3 janvier, annonce, entre autres arrestations qui ont eu lieu à Chambrey, celle de M. Constant M..., *conseiller municipal*, pour avoir dit que le président de la république avait violé la Constitution.

M. Aubron, *officier de santé*, à Château-Renard, *ex-maire* de cette ville, a été arrêté le 20 janvier.

On écrit de Romans, le 1er février : « Dans la nuit du 24 au 25 janvier, la gendarmerie de Saint-Donat a arrêté, à Montrigaux, M. B..., *maire de Chavannes.* »

Une nouvelle arrestation politique vient d'avoir lieu le 2 février à Sorges. C'est celle de M. Grandchamp, *propriétaire* aux Réjoux, commune de Mayac.

Dans la matinée du 16 mars, trois nouvelles arrestations ont été opérées à Bagnères: celles de MM. Dubarry, *avocat, ex-constituant*; Bruzaud, *médecin*; et Desplats aîné.

On écrit de Reims: « Hier, 18 mars, ont été arrêtés M. Menneson, *membre du conseil général, maire de Reims* après février 1848 ; M. Maldan, *médecin*, aussi *ancien membre de l'administra-*

tion provisoire ; M. Bienfait, *médecin* ; M. Hanrot fils, *médecin* ; et M. Lejeune fils, *ancien professeur au Lycée de Reims.* » (*Moniteur* du 20 mars 1852).

« Quelques nouvelles arrestations viennent d'avoir lieu à Paris, spécialement dant le faubourg Saint-Antoine, entre autres celle de M. Lebâtarg, *ancien lieutenant-colonel de la 8ᵉ légion.* » (*Indépendance belge*, avril 1852).

Quand sera assouvie cette soif de persécutions aussi stupides qu'odieuses ? Nul ne le sait. Toujours est-il, on le voit, que ces perturbateurs du repos public, ces brigands et ces complices de brigands qu'il faut tous les jours mettre sous les verrous *pour maintenir l'ordre*, avaient passé, jusqu'à cette heure, en raison de leur rôle dans la société, pour les plus intéressés au maintien de l'ordre.

§ IV.

Transportés.

Mais nous n'avons parlé encore que des emprisonnés, des internés, des exilés ; de ceux qui ont souffert seulement dans leur liberté, dans leurs affections patriotiques ou de famille, dans leur fortune ou leurs affaires. Que dire de ceux auxquels on a imposé un tourment plus cruel encore, la transportation, la guillotine sèche, comme l'a si bien nommée notre ami le citoyen Pierre Leroux? On ne saurait croire ce que Lambessa et Cayenne ont déjà enlevé à la France d'hommes éminents dans les sciences, les lettres, les arts, le barreau, l'industrie.

NANCY, 13 mars. — Sont partis pour Paris et pour être dirigés de là sur Lambessa, M. Quesne, *rédacteur du Républicain de la Moselle*, etc.

YONNE, 19 mars. — Le convoi parti cette nuit emporte M. Leclerc Changobert, *avocat* du barreau de Sens.

TOULOUSE, 20 mars. — Un nouveau convoi de soixante-deux prisonniers, dit *l'Indépendant de Toulouse* du 20 mars, est parti ce matin pour l'Algérie. Parmi eux se trouvent MM. Duportal, *rédacteur de l'Émancipation*, et Crubailhes, *rédacteur de la Civilisation*.

NIÈVRE, 23 mars. — Dans un convoi qui vient de la Nièvre, se trouvent M. Lenoir, *adjoint au maire de Clamecy*, et M. Moreau, *avocat* du barreau de cette ville.

CÔTE-D'OR. 23 mars. — Ont été envoyés au fort d'Ivry, pour être expédiés à Cayenne ou à Lambessa, MM. Jules Cario, *négociant à Dijon*, ancien *préfet de la Haute-Saône*; Bernard Échalié, *propriétaire*; Marchand, *géomètre*; Gédéon, Flasselières, *ancien commissaire du gouvernement provisoire à Châtillon*; Bornier, *proprié-*

taire à Quétigny ; Jourdenil, *cafetier* à Châtillon ; Couchot, *propriétaire* à Échalot ; Gédéon d'Ivory, *propriétaire* à Châtillon ; Poupon, *huissier* à Beaune ; Monnoirot, *serrurier* à Beaune ; les deux frères Rousseau, *couvreurs* à Beaune ; Léger, *vigneron* à Beaune ; Roy, *aubergiste* à Beaune ; Lavocat, *confiseur* à Nuits ; Dutron, *propriétaire* à Nuits ; Gustave Gooriel, *propriétaire* ; Bruillard, *perruquier* à Bligny-sur Ouche ; Léger, *propriétaire* à Beaune.

MEUSE, 26 mars. — Il est arrivé hier à Paris un convoi de transportés venant de Commercy. Ils étaient vingt-quatre. Parmi eux se trouvent un *sous-préfet*, trois *avocats*, un *maire*, deux *instituteurs*.

GERS, 29 mars. — Au milieu des déportés d'Agen, nous voyons MM. Arexi, *avocat*; Baylac, *imprimeur* ; Prieur, *médecin*.

MARNE. — Le conseil de guerre siégeant à Paris a sacrifié pour la déportation quatre habitants de Montargis, parmi lesquels figurent un *imprimeur aisé*, M. Zanotte, et un *riche propriétaire foncier*, M. Souesme, *membre du conseil général de son département*.

NORD. — La même peine a été prononcée contre M. Debout, *avocat*; M. Allemand, *médecin* ; et M. Peltot, *avocat* à Rocroy.

ALLIER. — Sont également condamnés à la ransportation : les citoyens Mousset, *médecin* à

Moulins, et Devillars, *riche propriétaire à Buxière*.

INDRE. — Entre autres transportés de ce département, on compte les citoyens Reynier, *ancien huissier* au Blanc ; Fressine, *clerc d'avoué* ; Lambert, *rédacteur du Journal de l'Indre* ; Baronnet, *ancien notaire* ; Moreau, *propriétaire et maitre de poste* à Issoudun.

PYRÉNÉES-ORIENTALES, 31 mars. — On écrit de Perpignan : « Parmi les soixante citoyens destinés à Cayenne, on cite M. Bonnet de Prades, *avoué et propriétaire aisé* ; un *instituteur* d'Estagel, M. Puig, qui laisse une très-nombreuse famille, etc., etc., tous enfin d'une honorabilité inattaquable et qu'on ne fera jamais prendre dans le pays pour des *partageux*.

SARTHE, 6 avril. — Sont livrés à la transportation, par décision de la commission mixte : M. Granger, *pharmacien, membre du conseil général* ; M. Trouvé-Chauvel, *banquier, ancien constituant, ancien ministre des finances* ; M. Viellard-Lebreton, *limonadier* ; M. Cativel, *greffier de la justice de paix*, etc.

Un brave ouvrier cordonnier, le citoyen Delaville, qui été à bord du *Canada*, nous disait naïvement que, sur les quatre cent soixante et quatorze personnes embarquées sur ce vaisseau tortionnaire, il y en avait plus de deux cents « jouissant d'une position sociale, » et notamment : MM. Leroy, *notaire de Paris* ; Garraud, *statuaire* ; Guérin, *chimiste* ; Auguste Guérin, *libraire*; Deville, *professeur d'anatomie*; Deligny, *dentiste* ; Durrieu, Kessler, Cahaigne, Puget, *hommes de lettres*; Martin et Michot, *représentants du peuble* ; Peirera, *ex-préfet* du Loiret ; le *fabuliste* Lachambaudie, etc., etc.

On cite parmi les déportés embarqués le 20 juin sur le *Magellan* : MM. Ragon, *notaire* ; Brunat, *huissier* ; Rochat, *propriétaire* ; Dugaillon, *rédacteur en chef de l'Union* d'Auxerre ; Basset, *avoué* à Carcassonne ; et Collot, *professeur*.

Telle est pourtant la vile et malfaisante populace qu'on aurait vue fondre sur les riches et faire la guerre aux habits, si la compagnie d'exploitation bonapartiste n'en eût purgé la France.

§ V.

Aveux des bonapartistes sur le vrai caractère des jacques.

Tous les jours on met la main sur des scélérats de la classe des notables, qui trament le bouleversement universel. Le *Pays* annonçait encore dernièrement « qu'une société secrète « avait été découverte dans le quartier du Tem- « ple. Elle se cachait, dit-il, sous l'apparence « d'une association charitable, à la tête de la-

« quelle se trouvaient un *médecin* et un *phar-*
« *macien.* Un commissaire de police, qui avait
« été prévenu de ce fait, a envahi, avec un grand
« nombre d'agents, un local de la rue Meslay
« dans lequel étaient réunis en conciliabule les
« membres de la société, parmi lesquels figu-
« raient *six des notables* du quartier. On a saisi
« différents écrits, des brochures, des almanachs
« destinés à être répandus dans les campagnes,
« des recettes pour fabriquer de la poudre, etc.
« Toutes les personnes présentes ont été
« arrêtées. »

Les amis de l'ordre avouent eux-mêmes qu'il
peut paraître extraordinaire de trouver tant de
bourgeois, qui devraient être « d'honnêtes gens, »
au milieu de paysans et d'ouvriers, qui sont
naturellement des bandits. Il est curieux d'entendre leurs gémissements affectés : « Ce qu'il
« y a, disait le *Constitutionnel* du 18 décembre,
« ce qu'il y a de plus déplorable, c'est que *ces ban-*
« *dits* ont trouvé des complices, et quelquefois
« des chefs, *dans les personnes mêmes qui sem-*
« *blaient avoir le plus à intérêt à repousser leur*
« *invasion.* On assure qu'à Digne, un *ancien*
« *membre de l'Assemblée constituante* a offert ses
« services aux émeutiers ; que, exclu par eux du
« commandement, il *s'est satisfait en envoyant*
« *ses fils au sac de la préfecture,* et en diri-
« geant ensuite, de sa personne, quelques-uns

« des bandits qui avaient rempli la ville. Le *fils*
« *du percepteur* de Digne, s'étant mis de la
« partie, a contraint son vieux père à livrer
« quinze cents francs à une bande dont il s'était
« fait le capitaine. On va même jusqu'à dire que,
« dans un des arrondissements, le *président du*
« *tribunal* s'est mis d'accord avec les insurgés,
« qui avaient emprisonné toutes les autres auto-
« rités et *volé les caisses,* et qu'il a soutenu de
« *ses encouragements ce gouvernement de pil-*
« *lards.* »

Nous avons rapporté plus haut, page 182,
comme quoi le *Journal de Lot-et-Garonne,* parlant d'une bande *de jacques* qui pillaient les
fermes en marchant sur Agen, avoue naïvement
« qu'à la tête des pillards étaient des hommes
« que *leur position sociale* aurait dû éloigner de
« ces nouveaux malandrins. » Croyez donc aux
malandrins après cela !

De tous côtés, « les honnêtes gens » le plus
sottement convaincus que les républicains sont
des scélérats, portent naïvement témoignage
que les buveurs de sang, vaincus par l'assassin
de Boulogne, occupent dans la société ce qu'on
est convenu d'appeler un rang honorable. Qu'on
lise, par exemple, cette lettre de M. Léonce Bodin, lieutenant de vaisseau à bord de *l'Asmo-*
dée :

« Le 10 mars, l'amiral nous donnait l'ordre

« de prendre la mer sur-le-champ ; nous allions
« à Port-Vendres prendre les détenus politiques
« condamnés à la transportation.
 « Le lendemain *l'Asmodée* était à son poste.
« Bientôt un fort détachement de troupes, in-
« fanterie et cavalerie, nous amène trois cents
« de ces malheureux *qui ont voulu mettre à sac*
« *la société tout entière*. Il y avait parmi eux des
« figures sinistres, indiquant de ces natures pro-
« fondément perverties et capables de tous
« les crimes. Mais ce qu'il y a de plus triste à
« dire, c'est que dans les rangs de ces nouveaux
« *jacques* se trouvaient aussi des hommes tout
« jeunes encore et qui occupaient naguère dans
« le monde *un rang honorable*... C'étaient, par
« exemple, *un certain* La Fontaine, *capitaine de*
« *cavalerie*, que son âge et son expérience des
« hommes et des choses auraient dû préserver
« de pareilles erreurs ; puis un M. Pontier, beau
« jeune homme à l'air distingué ; puis un *pro-*
« *fesseur* à la figure bonne et intelligente ; puis
« encore *plusieurs propriétaires aisés, riches*
« *même*, et laissant derrière eux, privés de leur
« appui, des femmes et de nombreux enfants...
 « Parmi ceux qui composaient le reste de cette
« *bande de démons*, etc. »
 A la couleur et au bon goût de ce style, on ne
peut douter que M. le lieutenant de vaisseau
Léonce Bodin ne soit un ami achevé de l'ordre ;

il est donc digne de foi, et il faut rester convaincu que, dans les « bandes de démons, » se trouvent « des capitaines de cavalerie, des professeurs, des jeunes gens à l'air distingué, occupant dans le monde un rang honorable, enfin des propriétaires aisés, riches même, et pères *de famille.* »

La bourgeoisie n'a pas seulement pris la plus grande part à la résistance, elle n'a pas seulement fourni de nombreuses victimes aux vengeances napoléoniennes; partout on l'a vue, mieux éclairée sur le compte des démocrates, témoigner courageusement de ses sympathies pour les prétendus brigands qui allaient, dit-on, l'anéantir. Dans le procès de Bédarieux, sur lequel plane tant d'obscurité, M. Charles Bonne, ancien juge de paix, dépose avec indignation « que l'enterrement des gendarmes eut lieu sans « la moindre pompe, tandis que l'inhumation « des sieurs Combes et Cabrol fut escortée *d'une* « *foule immense,* parmi laquelle on vit *beau-* « *coup de personnages marquants* de la ville. » (*La Patrie,* audience du 27 mai.)

Disons ici que la présence de « beaucoup de personnages marquants de la ville » aux funérailles des deux démagogues, et leur absence aux funérailles des gendarmes, jettent de grands doutes sur la véracité des faits de Bédarieux, pour lesquels le conseil de guerre de Montpellier a prononcé dix-sept condamnations à mort!!...

Les décembriseurs les plus forcenés conviennent également que les gants jaunes et les bottes vernies ne manquent pas parmi les partageux. Nous ne sommes pas fâché d'en voir échapper l'aveu de leurs bouches. L'un des amis les plus chers de M. Bonaparte, M. Granier de Cassagnac, dans son *Récit complet des événements de Décembre* (page 99), a reconnu, en ces termes, que la Chaussée-d'Antin s'était montrée au 2 décembre plus anarchiste que les faubourgs :

« Le 2ᵉ arrondissement de Paris est le plus
« riche, le plus élégant, celui qui étale le plus
« de luxe. Il ne s'est pas montré le plus sensé.
« L'histoire enregistrera ce scandale, que le
« boulevard des Italiens et le boulevard Montmartre ont tiré sur l'armée française, et que
« *l'aristocratie des richesses s'est faite l'auxiliaire des pillards*. Quand on a relevé les cadavres *des émeutiers*, qu'a-t-on trouvé en majorité? DES MALFAITEURS ET DES GANTS
« JAUNES! »

On voit ce qu'il faut penser du spectre rouge évoqué par les charlatans et les terroristes de l'ordre, quand ils n'hésitent pas à dire « que l'arrondissement le plus riche et le plus élégant de Paris s'associait avec les pillards » prêts à plonger la civilisation dans l'abîme. Le gouvernement des coquins a cependant choisi pour un de ses candidats à son corps législatif l'homme qui, en regardant froidement les cadavres de la bourgeoisie, n'a trouvé pour elle que l'insulte de « malfaiteurs ! »

Chose propre à ouvrir bien des yeux ! MM. Bonaparte et Persigny n'ont pas d'adversaire plus déclaré que la bourgeoisie de Paris, assurément la plus éclairée de France. Nous allions, nous autres socialistes, la dépouiller, l'égorger, la guillotiner ; ils l'ont tirée de nos mains, et néanmoins, aujourd'hui encore, ils la redoutent autant que le soir du 1er décembre, où M. Bonaparte disait à son ami, M. Vieyra : « Pouvez-vous me répondre qu'aucune convocation de la garde nationale n'aura lieu ? » (P. Mayer, page 47.) Ils ont toujours peur de cette garde nationale comme les rôdeurs de nuit ont peur des gendarmes. En vain l'ont-ils modifiée, épurée ; en vain ont-ils changé son uniforme révolutionnaire ; en vain se sont-ils chargés de nommer depuis le général en chef et tout l'état-major jusqu'aux derniers caporaux, ils n'en sont pas plus rassurés. Ils n'ont pas osé la convoquer pour la fameuse distribution des aigles du 10 mai, et, avec leur rare génie d'invention habituel, ils ont fait déclarer qu'elle ne serait pas de la partie, « parce que les nouveaux uniformes ne seraient pas prêts ! » Les bonapartistes eux-mêmes constatent ces étranges rapports entre les sauveurs de la bourgeoisie, de l'ordre, de la propriété et les hommes d'ordre, les propriétaires, les bourgeois. On en jugera par cet extrait d'une correspondance de *l'Indépendance belge* du 25 avril : « La grosse question du jour, c'est moins peut-être la fête militaire du 10 mai que *l'exclusion de la garde nationale*, qu'on comptait y voir jouer un rôle. Vous n'avez pas, j'en suis sûr, été dupe du prétexte d'*inconfection* des uniformes et du manque de temps. Ce qui a motivé la note où il est stipulé que la garde nationale ne figurera pas à la distribution des aigles, c'est la tendance, remarquée dans plusieurs bataillons, à l'opposition ; le vieil esprit frondeur de nos concitoyens n'a pas tellement abjuré qu'on puisse se dispenser de compter avec lui, *et c'est à la fois de la sagesse et de la finesse que d'en différer autant que possible les contacts officiels.* Je n'apprécie pas, remarquez-le bien, je constate. *Des deux côtés,* il y a eu, je ne dirai pas des torts, le mot serait ridicule, mais *des défiances, des hésitations, des manques d'épanchement réciproques.* Quelques-uns des officiers nommés par le pouvoir n'ont pas eu, et il était impossible qu'il en fût autrement, l'unanimité des sympathies de leurs subordonnés, déjà froissés qu'on ne remit pas à l'élection la nomination des officiers. D'autre part, quelques excès de zèle ont compromis la gravité de deux ou trois chefs, et il est résulté de tout ceci que, pour éviter à la fête du 10 mai *quelques cris dissonants de : Vive la République !* on a pris le parti *très-raisonnable, au moins en fait,* de ne pas convoquer la garde nationale. »

Ne voit-on pas, à travers ces phrases mielleuses, que si les décembriseurs ont eu les habits contre eux pendant la bataille, il les ont encore après ?

L'un des égorgeurs des boulevards, le général Canrobert, choisi plus tard pour jouer un rôle dans l'impitoyable comédie de la clémence, a confessé de même que les jacques sont « d'un rang élevé. » « J'aurais voulu, dit-il, pouvoir
« amnistier également un plus grand nombre de
« personnes *occupant dans la société un rang*
« *relativement élevé*, par leur *instruction, leur*
« *fortune, leur profession*. Mais parmi *ces gens*
« se trouvent les chefs des sociétés secrètes, les
« promoteurs de la rébellion, les fauteurs du
« désordre, considérés par les populations et les
« autorités comme dangereux pour le repos pu-
« blic. »

§ VI.

Magistrats, officiers et prêtres partageux.

Au nombre des hommes que le général des

grâces prétend être considérés par les populations comme dangereux pour le repos public, il faut mettre aussi beaucoup de magistrats. Quoi! des magistrats « promoteurs de rébellion, fauteurs de désordre? » Oui! nous en nommerons quelques-uns :

M. Castelnau, *conseiller à la cour d'appel de Nîmes*, vient d'être invité à donner sa démission ou à sortir de France. Il a préféré se démettre.

On lit dans le *Mémorial* d'Aix du 14 mars : MM. Duchaffault et Latil, *vice-président du tribunal* de Digne, ont été réveillés pendant la nuit, et ont reçu l'ordre de quitter la ville. Ils sont partis *escortés par un détachement de hussards*, qui ne les a quittés qu'au pont du Var.

A Barcelonnette, M. Colomo, *président du tribunal*, a été également conduit, de brigade en brigade, jusqu'à la frontière du Piémont.

A Forcalquier, M. Amédée Martin, *juge*, et M. Corauson, *juge d'instruction*, sont aussi au nombre des proscrits.

Parmi les personnes exilées du département des Deux-Sèvres, se trouve M. Clerc-Lasalle, *vice-président du tribunal civil*.

Enfin, M. Fabre, *président du tribunal civil* de Rodez (Hérault); M. Belot des Minières, *juge* à Bordeaux; M. Delord, *juge au tribunal de première instance de Cahors*, et de plus très-riche propriétaire; M. Némorin Labaudie, *juge*, et

M. Cousset, *ex-procureur de la République* à Confolens (Charente), ont été également expulsés de France.

Tous ces magistrats étaient *inamovibles* ; leur position était inattaquable autrement que par un jugement solennel dans des formes déterminées. M. Bonaparte, cette émanation du grand parti de l'ordre, le profond politique qui s'est attaché à restaurer le respect de l'autorité, les a fait conduire à la frontière, de brigade en brigade, sans aucune forme de procès, de son autorité privée !

Le *Journal de Lot-et-Garonne* (23 janvier), en annonçant l'arrestation de M. Fabre, le président du tribunal civil de Rodez, ne peut s'empêcher de dire assez piteusement : « Cette mesure,
« dont nous sommes loin de contester l'oppor-
« tunité, est affligeante pour la magistrature, si
« digne à tant d'égards de la considération pu-
« blique. Nous voyons avec peine que certains
« membres d'un corps aussi respectable se
« soient placés dans le cas d'appeler sur eux de
« tels exemples. »

Nous disons, nous, à notre tour, quel peut être le pouvoir forcé d'exiler tant de membres d'un corps malheureusement peu célèbre par ses rigueurs envers ceux qui gouvernent? Les Bourbons eux-mêmes, en 1815, ont moins *destitué* de magistrats que le neveu de « l'Ogre de

Corse » ne juge à propos d'en *bannir!* Croirait-on que l'on trouve des organes de la loi jusqu'au nombre des transportés, de ces grands coupables que l'intègre Morny assimile aux forçats en rupture de ban? La chose est cependant incontestable. Le *Languedocien* cite, parmi les condamnés de Bédarieux destinés à Lambessa, M. Molinier, *juge de paix* et *membre du conseil général*. Le *Courrier du Lot* signale, au milieu des détenus politiques de ce département destinés à l'Afrique, M. Béral, ancien *procureur de la République!*

Au surplus l'armée, malgré ses services rendus aux conspirateurs, n'a pas été moins atteinte que la magistrature; elle a aussi l'honneur d'avoir fourni des victimes au César de casernes ; il n'y a pas, grâce au ciel, que des Canrobert sous les drapeaux. « Parmi les personnes « arrêtées à Digne, dit le *Journal de Lot-et-Ga-*
« *ronne*, se trouvent *le sieur* Delaye, *officier de*
« *gendarmerie en retraite*, demeurant au Lau-
« zet, et *le sieur* Dupont, *chef de bataillon*, éga-
« lement en retraite. » M. Courtais, *colonel, ancien général en chef de la garde nationale* de Paris, est exilé ; M. Lacombe, *chef de bataillon* en retraite à Villeneuve, est interné ; M. Mouton, *lieutenant-colonel*, qui tient aussi bien une plume qu'une épée, est déporté, ainsi que M. La Fontaine, *capitaine de cavalerie*

M. Caillaud, *lieutenant-colonel de la garde républicaine*, et M. Lecomte, *capitaine retraité*, ont été bannis en manière d'addition aux tortures des pontons bonapartistes. M. Becquet, *capitaine d'infanterie*, a été exilé après avoir été condamné à la transportation par la commission mixte des Deux-Sèvres.

Ceux-là sont chassés de leur pays et de l'armée parce que les héros du parjure le veulent ainsi ; il n'y a pas d'autre raison. Quant à M. Violet, *lieutenant de gendarmerie*, c'est différent : renvoyé devant un conseil de guerre à Bayonne, comme compromis dans le mouvement *insurrectionnel* du Gers, il a comparu devant un conseil d'enquête qui l'a destitué de son grade pour avoir obéi à l'article 68 de la Constitution ! Il y a une chose plus repoussante encore que le cynisme de l'arbitraire, c'est la parodie des formes de la justice revêtant la violence d'un simulacre de légalité.

Il n'est pas une des classes offrant, selon l'opinion vulgaire, le plus de garanties aux intérêts conservateurs, qui n'ait payé tribut aux barbares ; l'Eglise elle-même compte des lévites au nombre des ennemis de la religion que l'homme providentiel a frappés. Nous lisons dans le *Journal de Lot-et-Garonne* du 12 janvier : « Auch, 10 janvier. L'*abbé* Chassan, des-
« servant la petite commune de Sainte-Croix,

« canton de Riez, a été mis en prison à Digne.
« Ce curé avait béni les armes des insurgés. »
Dans le même journal du 19 janvier, on trouve :
« Bordeaux, 17 janvier. On a arrêté hier, rue de
« la Vieille-Tour, un *ecclésiastique* accusé d'avoir
« fait partie des sociétés secrètes. Pour éviter
« une arrestation, cet homme s'était réfugié à
« Bordeaux. » Le *Courrier du Lot* nous apprend
que M. L'Herminez, *ministre protestant*, est expulsé. Le *Courrier de Nancy*, en date du 20
avril, annonce que M. l'abbé Blanc, ancien *vicaire* de la cathédrale, qui, par décision de la
commission mixte, avait été interné à Amiens,
vient d'être gracié. Parmi les proscrits de Londres, nous connaissons M. l'*abbé* Monlouis.
M. Maumème, *curé*, M. Giraud, *pasteur protestant* dans les Ardennes, et M. l'*abbé* Saigne,
vicaire à Marmande, sont expulsés par décision
de la commission mixte de leurs départements.

Le lecteur peut maintenant juger ce que sont
les jacques de France ? Est-il un homme de
bonne foi capable de croire que tant de citoyens
essentiellement intéressés à l'ordre et à la paix,
représentants du peuple, notaires, avoués, médecins, pharmaciens, professeurs de droit et de
sciences, avocats, poètes, artistes, magistrats,
officiers, banquiers, négociants, industriels,
maires, conseillers de préfecture, prêtres, propriétaires, soient des pillards ? A-t-on jamais

travesti plus odieusement les faits et les caractères que ne le font les parjures en dénonçant au monde, comme dangereux, tant d'hommes « honorables par leur position sociale? »

Nous ne donnons pas, on le pense bien, la liste entière des *bourgeois* sacrifiés au 2 décembre. Il y en a littéralement des milliers d'autres. Nous nous sommes borné à ceux dont nous avions recueilli les noms çà et là en lisant les journaux qui nous tombaient sous la main; mais la nomenclature est assez longue pour remplir complétement notre but, pour rassurer les riches de France et d'Europe si déloyalement trompés sur le compte des Montagnards, des socialistes, des républicains. En voyant plus d'habits encore que de vestes et de blouses parmi les jacques, ils penseront, nous l'espérons, que les jacques ne sont pas fort à craindre. En dénombrant tous les propriétaires qui exposent leur vie et leurs biens pour la cause démocratique, ils ont de quoi se convaincre, il nous semble, que cette cause n'est pas celle du mal, mais, au contraire, celle du bien public, du progrès nécessaire, de l'ordre, de la foi jurée, et, pour tout dire en un seul mot, celle de la JUSTICE.

CHAPITRE X.

PRÉTENDUE CONSPIRATION DE L'ASSEMBLÉE CONTRE LE PRÉSIDENT.

Ainsi les décembriseurs ont violé la Constitution et dissous l'Assemblée législative ; ils ont mis Paris et trente-trois départements en état de siége ; ils ont traité la capitale du monde civilisé comme une place de guerre prise d'assaut ; ils y ont battu les maisons en brèche à coups de canon ; ils ont tiré sans sommation sur des groupes inoffensifs ; ils ont *lardé*, comme ils disent, et fusillé des femmes ; ils ont fouetté de jeunes hommes ! En province, ils ont de même étouffé la résistance dans les flots de sang. Ils ont publié et appliqué des décrets et des arrêtés qui resteront comme des monuments de barbarie. Ils ont emprisonné, exilé, déporté les plus illustres généraux de l'armée avec l'élite de la nation ; ils ont exercé contre une classe de citoyens des persécutions dont il n'est pas d'exemple depuis la révocation de l'édit de Nantes ; ils ont violé enfin toutes les lois divines et humaines !

Quel amas de forfaits !

Et pour les expliquer, que disent-ils ? Il convient de l'examiner.

Il y a dans la nature humaine une telle répugnance pour le mal, que les méchants s'avouent rarement coupables au tribunal de leur propre conscience, à plus forte raison devant les hommes. Au moment même où ils commettent le crime, ils essayent de le couvrir d'un semblant de raison. Dernier hommage du vice à la morale universelle.

Ainsi les conspirateurs du 2 décembre s'efforcent de se justifier en prétendant que l'Assemblée nationale conspirait contre l'Élysée. Que l'Europe le sache bien, c'est là une de ces misérables excuses que cherche la conscience troublée des malfaiteurs les plus endurcis, afin de se faire absoudre.

La majorité était à l'état de conspiration permanente contre la République, mais il n'y eut jamais de complot à l'Assemblée nationale *contre le président*. Le bon sens le dit, les faits le confirment. L'assemblée n'avait aucune espèce de raison pour songer à renverser un homme qui devait forcément quitter le pouvoir cinq ou six mois plus tard, et qui, en vertu même de la

Constitution, ne pouvait y remonter. La majorité a fait, de complicité avec l'ex-président, *toutes les lois qui pouvaient enchaîner la liberté*, ébranler le principe républicain, paralyser l'action démocratique. C'est même en donnant au pouvoir exécutif les moyens de compression dont il s'est servi pour étouffer toute résistance qu'elle a favorisé le guet-apens, qu'elle a fourni des armes aux cinq ou six mille coquins. La majorité est devenue ainsi la dupe de sa haine contre les socialistes ; elle a été le Raton du vulgaire Bertrand de l'Élysée, mais elle n'a pas plus que la minorité conspiré contre lui. Loin de là, elle a toujours refusé de le mettre en accusation, quoique la Montagne ait trois fois proposé cette mesure, et elle aurait tout droit de l'accuser d'ingratitude, si deux larrons se devaient quelque chose l'un à l'autre.

Les souteneurs gagés de l'attentat ont été cependant jusqu'à dire que l'on avait trouvé chez M. Baze, l'un des questeurs, les preuves de la prétendue conjuration des représentants du peuple. Voici ce que racontait *le Constitutionnel* du 16 décembre :

« La questure était, on le sait, le quartier gé-
« néral de la coalition.

« Dès que l'acte du 2 décembre a éclaté, les
« arrestations et les recherches se sont dirigées
« vers la questure. On a arrêté les questeurs,

« on a saisi leurs papiers, notamment chez
« M. Baze.

« La saisie de ces papiers *a rendu évidente*
« *l'existence du complot.*

« En effet, tous les décrets relatifs à la réqui-
« sition directe étaient prêts ; on en a saisi non-
» seulement les minutes, mais tous les dupli-
« cata et les ampliations nécessaires pour en
« donner communication à qui de droit ; tout
« cela fait à l'insu de M. Dupin, mais revêtu
« néanmoins du cachet de la présidence de
« l'Assemblée.

« Le premier décret, celui qui confie à un
« général en chef le commandement des troupes
« chargées de protéger l'Assemblée nationale,
« est ainsi conçu :

« Le président de l'Assemblée nationale,
» Vu l'article 32 de la Constitution, ainsi
« conçu :

« L'Assemblée détermine le lieu de ses
« séances, elle fixe l'importance des forces mili-
« taires établies pour sa sûreté, et elle en dis-
« pose ;

« Vu l'article 112 du décret réglementaire de
« l'Assemblée nationale, ainsi conçu :

« Le président est chargé de veiller à la
« sûreté intérieure et extérieure de l'Assemblée
« nationale. A cet effet, il exerce au nom de
« l'Assemblée le droit confié au pouvoir législatif

« par l'article 32 de la Constitution, de fixer
« l'importance des forces militaires établies
« pour sa sûreté, et d'en disposer ;
« Ordonne à M.... de prendre immédiatement
« le commandement de *toutes les forces, tant
« de l'armée que de la garde nationale, sta-
« tionnées dans la première division militaire,*
« pour garantir la sûreté de l'Assemblée natio-
« nale.
« Fait au palais de l'Assemblée nationale,
« le... »

Second décret.

« Le président de l'Assemblée nationale, etc.
« Vu l'article 32 de la Constitution,
« Vu l'article 112 du décret réglementaire, etc.
« Ordonne à tout général, à tout commandant
« de corps ou détachement, tant de l'armée que
« de la garde nationale, stationné dans la pre-
« mière division militaire, d'obéir aux ordres du
« général.... chargé de garantir la sûreté de
« l'Assemblée nationale.
« Fait au palais de l'Assemblée nationale,
« le... »
« Tels sont les deux décrets trouvés chez un
« questeur. Le premier, qui nomme le général
« en chef, n'existe qu'en deux expéditions ; l'une

« destinée probablement au général en chef qui
« eût été nommé, l'autre au *Moniteur*.
   « Quant au second décret qui devait être
« communiqué aux chefs des divisions et des
« brigades, il en avait été fait déjà cinq amplia-
« tions. Elles sont entre les mains de l'autorité.
   « Est-il clair qu'on se tenait prêt pour l'événe-
« ment ? On n'attendait que le jour du vote.
« Bien que l'Assemblée nationale eût à sa dis-
« position un assez grand nombre d'employés,
« on ne s'en fiait pas à l'activité des nombreux
« expéditionnaires. On avait voulu que tout fût
« réglé, copié et timbré d'avance. Il n'eût resté
« à remplir que les noms et les dates laissés en
« blanc. Les décrets eussent été ainsi notifiés à
« qui de droit en un clin d'œil. N'y a-t-il pas là
« tous les apprêts d'un coup de main ? »
   Qu'on le remarque bien, ce grand fracas de
conspiration, ces pièces probantes saisies à la
questure, tout se réduit à deux ordres de réquisition en blanc ! Et il n'en résulte qu'une chose,
c'est qu'on savait, à la présidence de l'Assemblée, les projets des héros de Boulogne et qu'on
avait pris des dispositions pour y parer. Le
général Bedeau l'a constaté. En apprenant qu'on
faisait de ces pièces une charge contre M. Baze,
il a écrit à M. Morny la lettre suivante, dont
nous devons la communication à notre ami
M. Charras :

« Monsieur,

« J'apprends qu'on a trouvé chez M. Baze des pièces revêtues du cachet de la présidence de l'Assemblée nationale, et ayant pour objet de requérir les troupes, en conformité de l'art. 32 de la Constitution et de l'art. 112 de notre règlement.

« Ces pièces ont été établies par mon ordre, le 14 octobre dernier, époque à laquelle j'étais investi des pouvoirs de président de l'Assemblée, en l'absence de M. Dupin.

« M. Baze, questeur, subordonné au président, n'a été que le dépositaire de ces pièces.

« J'étais alors très-décidé à faire usage de mon droit constitutionnel, et à remplir mes devoirs pour garantir l'indépendance de l'Assemblée, *si, comme j'avais trop justement lieu de le craindre, on essayait contre elle ce qui plus tard a été accompli.*

« J'ai l'honneur, M. le ministre, de vous saluer.

« Signé : BEDEAU.

« Fort de Ham, 19 décembre 1851. »

C'est qu'effectivement le guet-apens exécuté le 2 décembre était conçu depuis longtemps. Le plan tout entier de M. Carlier, qui le proposa même, si nous sommes bien informé, au général Changarnier, comme le meilleur moyen d'en finir avec l'Assemblée et la République, envers lesquelles le général ne passait point pour nourrir des sentiments très-dévoués. Le général était alors commandant en chef de l'armée de Paris et de la garde nationale tout à la fois ; les ennemis de la République comptaient fort sur lui. Quelles que fussent ses raisons, il repoussa le plan de M. Carlier, et celui-ci alla le porter à MM. Persigny et Bonaparte. Mais, si cela est vrai, dira-t-on, pourquoi M. Carlier n'est-il pas resté à la préfecture de police, afin d'appliquer lui-même ses combinaisons ? C'est que M. Carlier a, nous ne dirons pas certains principes, ces gens-là n'ont point de principes, mais certaines idées auxquelles il tient. MM. Persigny et Bonaparte ont cru que le rétablissement du suffrage universel était un appât nécessaire à donner au peuple pour paralyser sa résistance. M. Carlier croyait, au contraire, que cette mesure était dangereuse et empêcherait la majorité de prêter son concours, ou au moins son assentiment, au crime projeté. Les deux partis ne pouvant s'entendre sur ce point, M. Carlier préféra donner sa démission.

Nous ne disons rien là qui ne soit avoué dans le livre de M. Mayer, livre évidemment écrit sous l'inspiration de l'Élysée: « M. Carlier avait
« signalé au président les dangers de 1852, *et le*
« *remède qu'il croyait efficace.* Malheureusement

« la restitution du suffrage universel, cette
« grande et héroïque justice *qui a sauvé la
« situation*, lui parut inopportune et imprati-
« cable. Il se retira. » (*Histoire du 2 décembre*,
page 24.)

Selon une autre version, qui ne manque pas
de vraisemblance, la retraite de M. Carlier
n'aurait été qu'une feinte convenue avec l'Élysée.
A l'instar du Mascarille de *l'Étourdi*, qui, pour
mieux servir son maître, s'introduit chez son
rival après des coups de bâton simulés, M. Carlier n'aurait donné sa démission avec éclat et ne
se serait ensuite rapproché des chefs de la majorité que pour les mieux tromper. Ceux-ci, de leur
côté, n'étaient pas sans méfiance. Il n'aurait
fallu rien moins que l'intervention sous forme
de lettre d'une *auguste* exilée, comme ils disent,
pour vaincre leurs répugnances. M. Carlier fit
grand bruit de sa démission, ne dissimula pas
ses craintes du coup d'état, fournit des renseignements dont on put vérifier l'exactitude, et
finit, grâce à cette manœuvre, par endormir la
vigilance de ses nouveaux alliés en leur représentant la tentative comme définitivement ajournée. La sécurité perfide qu'il entretint ainsi
dans leur esprit a dû contribuer pour beaucoup
à la réussite du coup de Jarnac.

Ce que nous venons de dire paraît plus probable encore, si l'on se rappelle que M. Carlier,

après avoir affiché les allures d'un mécontent, après s'être plaint hautement dans plusieurs journaux, quelques jours encore avant le crime, de l'espionnage de M. Maupas à son égard, fut nommé tout à coup, le 5 ou le 6 décembre, commissaire général de l'insurrection pour les départements de la Nièvre et du Cher.

Dans la langue des honnêtes gens, cela s'appelle de l'habileté. La langue de l'honnêteté n'applique qu'un mot à un tel rôle : Mouchard Quoi qu'il en soit, les projets d'attentat de l'Élisée n'étaient point un secret. Tout le monde y croyait sans les redouter, parce que personne ne pouvait imaginer que d'aussi misérables conspirateurs trouveraient des généraux assez lâches pour se faire leurs complices. Leurs desseins ne s'étaient pas seulement révélés dans des circonstances comme celle de la revue de Satory, mais d'une façon plus précise encore. Qui ne se rappelle, entre autres choses, la démarche faite par M. Persigny auprès du général Changarnier que l'on croyait fatigué d'un repos forcé après sa destitution ? Le général n'a pas laissé ignorer les détails de cette visite ; nous lui en avons nous-mêmes entendu parler, bien que nous ne fussions pas de ses amis particuliers. L'Olivier-le-Daim de l'Élysée avait fait briller à ses yeux et lui avait clairement offert l'épée de connétable, s'il voulait se mettre à la tête du complot. Le général Changarnier, au milieu des longues conversations de Ham, n'a pas non plus caché à ses compagnons de captivité qu'au moment où il commandait en chef, M. Bonaparte lui avait proposé dix fois de l'aider à faire sauter l'Assemblée. Cela ne pouvait convenir à un homme qui n'a de goût, croyons-nous, que pour le rôle de chef d'emploi. En tous cas, dès l'instant que de pareilles ouvertures étaient faites à un personnage de l'importance de M. Changarnier, ne devaient-elles pas devenir de sa part un sujet d'accusation ? Le silence qu'il a gardé *officiellement* à cet égard nous semble tout au moins une faute grave dont il a été cruellement puni [1].

Après de tels précédents, quelle audace de mensonge n'y a-t-il pas à venir proclamer que la questure conspirait contre le président de la République, parce que le président de l'Assemblée se mettait en mesure de la défendre contre un coup de main si souvent annoncé !

Non-seulement l'Élysée n'a été provoqué à l'attentat du 2 décembre par aucun complot de l'Assemblée contre lui, mais c'est chose indéniable qu'il méditait déjà ce crime à une époque où la

[1] Tout ce qu'on vient de lire se trouve confirmé dans la lettre par laquelle le général refuse le serment. (Voir aux ANNEXES, n° 1, *Refus de serment*.)

majorité, loin de lui être hostile, marchait complétement d'accord avec lui. Soit imprudence, soit vantardise, son historiographe particulier, son confident, en a laissé échapper l'aveu en propres termes : « Nous pouvons dire que si les « événements dont nous retraçons l'histoire « viennent, en fait, de se passer nous nos yeux, « en principe, *leur nécessité avait été reconnue* « et LEUR ÉCLOSION RÊVÉE depuis le *premier* « *mois de l'année actuelle.* » (*Histoire du 2 décembre*, page 131.)

Les conspirateurs eurent sérieusement dessein de réaliser leur projet même avec M. Carlier, au mois d'octobre, pendant la prorogation ; tout était prêt. L'éxécution ne fut ajournée qu'en raison de la difficulté d'arrêter alors, tous à la fois, les représentants dont on redoutait le plus l'influence sur l'armée et sur le peuple. Déjà, à cette époque, des tentatives avaient été pratiquées auprès de plusieurs officiers supérieurs, pour les engager à entrer dans cette conjuration militaire. Il est plus que probable que le bureau de l'Assemblée fut instruit de ces démarches d'une manière indirecte. De là les énergiques et sages précautions prises par le général Bedeau qui, nous le répétons, remplaçait M. Dupin pendant la prorogation. Ce n'est point un homme du caractère de M. Bedeau qui aurait écrit légèrement : « J'avais alors *trop justement lieu de*

« *craindre* qu'on essayât pendant la prorogation « ce qui *fut accompli plus tard.* » La phrase est significative, elle renferme une accusation formelle, adressée aux criminels eux-mêmes, et, à défaut d'autre témoignage, leur silence suffirait seul pour les confondre.

Pourquoi la lettre du général n'a-t-elle été insérée ni dans le *Moniteur* ni dans le *Constitutionnel*, qu'on avait chargé de prendre la questure à partie ? Pourquoi n'a-t-on pas mis en jugement M. Baze ou M. Bedeau ? Comment ! vous livrez à vos homicides conseils de guerre des milliers de citoyens pour avoir résisté à votre entreprise, et vous épargnez ceux dont les machinations, prétendez-vous, ont provoqué cette entreprise ; vous épargnez M. Baze que vous accusez, et le général Bedeau qui vous accuse ! N'est-il pas évident que vous avez eu peur ; que le complot parlementaire dont vous essayez de vous couvrir n'a jamais existé ?

Au surplus, si l'Assemblée conspirait contre le président de la République, pourquoi celui-ci ne l'a-t-il pas dénoncée dans un message ? Certes, la morale publique aurait défendu le premier magistrat de la nation attaqué, et une majorité n'aurait pas manqué dans l'Assemblée pour livrer aux tribunaux les membres coupables. Lorsque M. Bonaparte lui-même, dans son appel au peuple, déclare qu'il y avait dans l'enceinte législative au moins « trois cents membres dont le patriotisme était pur, » pouvait-il douter qu'il n'eût raison des conspirateurs? Est-ce en violant la loi qu'on la défend?

Après cela, il paraîtra peut-être inutile d'insister davantage sur l'inanité des projets attribués à la représentation nationale contre le président; toutefois, comme il ne faut rien laisser d'obscur, nous voulons ajouter quelques mots.

Les élyséens s'en prennent plus particulièrement à la majorité, mais ils prétendent qu'il y avait coalition entre elle et la Montagne! Le vote de la Montagne qui repoussa, le 17 novembre, la proposition des questeurs royalistes, montre assez que cette coalition n'exista jamais. Voilà cependant les conjurés qui disent, dans le *Constitutionnel* du 16 décembre: « Le coup avait été
« manqué dans la séance du 17 novembre. Le
« vote de la Montagne avait ce jour-là fait
« défaut à la coalition. Mais on comptait bien le
« reconquérir. Dans ce but, on s'était mis en
« négociation et en marché avec la Montagne. On
« lui promettait, en échange de son vote pour la
« réquisition directe des troupes, *de lui aban-*
« *donner les garanties destinées à protéger les*
« *bons citoyens dans les localités les plus*
« *menacées par les bandes communistes;* on lui
« promettait de faire lever à peu près partout
« l'état de siége. C'est-à-dire que, pour se faire

« livrer le président de la République par la
« Montagne, on livrait les populations honnêtes
« des départements le plus gangrenés par le
« socialisme à l'invasion éventuelle des sociétés
« secrètes. »

Dans tout ceci, pas une syllabe de vraie. A aucune époque la Montagne et la majorité n'eurent de pourparlers sur quoi que ce soit; les deux partis étaient trop profondément divisés, se détestaient avec trop de passion pour s'entendre jamais. Nous savons absolument tout ce qui se passait à la Montagne, nous avions l'honneur d'être un de ses trois présidents; or, nous affirmons que la négociation en question est une audacieuse imposture, que rien de semblable n'a eu lieu. Nous mettons les conjurés au défi d'établir la vérité de leur allégation.

S'il est un homme de bonne foi qui ait le moindre doute à cet égard, il ne le gardera pas assurément en lisant le *Bulletin dit français*, publié par les royalistes. Nous républicains socialistes, nous repoussons autant l'empire que la royauté; mais les royalistes ont encore plus d'antipathie, même à cette heure, contre nous que contre M. Bonaparte, et ils ne cessent pas de nous honorer de leurs injures. Tout en attaquant aujourd'hui l'ex-président, ces loyaux gentilshommes, qui lui ont laissé prendre le pouvoir sans tirer leurs épées, disent qu'il a

posé ce dilemme à la France : « Choisis entre
« *le socialisme et moi* ; entre *les brigands et le*
« *dictateur!* » (*Bulletin français*, p. 36.)

Il y a, entre les démocrates et les monarchistes, blancs ou bleus, des dissidences si profondes, des causes d'éloignement si radicales, que, loin d'avoir pu s'unir au sein de la représentation nationale, il leur est même et leur sera toujours impossible de se coaliser dans la défaite.

Puisque nous condescendons à répondre aux impostures, nous devons en relever une autre de M. Bonaparte. Il a fait dire par M. Granier-Cassagnac, dans le *Récit des Événements de Décembre :* « Peu de jours avant la rentrée de
« l'Assemblée, des représentants appartenant au
« parti rouge et socialiste *firent proposer au*
« *président* de s'appuyer sur eux et de prendre
« un ministère dans leurs rangs. » (Page 6.)

Jamais les rouges de l'Assemblée n'eurent de communication d'aucune espèce avec l'ex-président. Sa conduite avait toujours été trop louche pour qu'ils pussent s'allier à lui. On n'a pas oublié que, jugeant bien l'homme qui devait servir à commettre le crime du 2 décembre, ils signèrent, à trois reprises différentes, contre lui, une proposition de mise en accusation. M. Granier ne peut avoir écrit ce qu'il avance que sur le dire « du chef d'État, » dont chacun le sait confident intime. Nous sommons donc, nous n'hésitons pas à sommer, au nom de la Montagne, M. Bonaparte de dire quels sont les représentants rouges qui se sont offerts à lui et au nom de qui parlaient ces faux socialistes, s'ils existent. Jusqu'à ce qu'il se soit expliqué, nous déclarons, haut et ferme, que cette fois encore il a menti. Il nous est impossible de modérer nos expressions, car c'est une insigne lâcheté, vraiment, de calomnier ainsi tout un parti, alors surtout qu'il n'a aucun moyen de répondre, alors que toute publicité lui est enlevée.

Non, quoi qu'on dise et qu'on fasse, rien ne pourra jamais atténuer la criminalité de l'acte du 2 décembre. Les coups d'état peuvent parfois, dit-on, avoir leur raison d'être dans les circonstances; ce ne sont pas des effets sans cause. Tout dans le 2 décembre, absolument tout, au contraire, est sans cause et sans prétexte. Ce n'est pas même un coup d'état; c'est un coup de Jarnac perpétré par des hommes qui n'ont pas hésité à jeter leur pays dans les aventures pour éviter la prison de Clichy, prête à les recevoir.

> Un tas d'hommes perdus de dettes et de crimes,
> Que pressent de mes lois les ordres légitimes,
> Et qui, désespérant de les plus éviter,
> Si tout n'est renversé, ne sauraient subsister.

Il est utile de bien connaître les conspirateurs du 2 décembre ; même après les avoir vus à l'œuvre, on ne sait pas tout ce qu'ils sont. Disons-le.

CHAPITRE XI.

CE QUE SONT LES CONSPIRATEURS DU 2 DÉCEMBRE.

§ I.

Et d'abord M. Charles-Louis-Napoléon Bonaparte, puisqu'il est le chef apparent de la conjuration.

Nous ne voulons pas discuter ici pourquoi le peuple aime Napoléon, qui fut le plus implacable, le plus hypocrite et le plus égoïste des tyrans; qui tua la première république; l'empereur Napoléon, dont le règne ne fut qu'une monstrueuse oppression, et dont toutes les victoires, en définitive, se terminèrent par une double invasion de la France! Le peuple, cette fois, est loin d'être seul coupable de son erreur. Le traître peureux du 18 brumaire avait justement perdu sa popularité lorsqu'il tomba. Ce sont les libéraux, et Béranger, notre admirable poète national en tête, qui l'ont relevé de l'abîme, en faisant de son nom un instrument de combat contre la Restauration. M. Thiers les a continués depuis, en célébrant, dans le *Consulat et l'Empire*, l'abaissement de l'idée républicaine. A force de prodiguer des éloges menteurs à l'empereur et à l'empire, ils ont tous égaré l'opinion publique, perverti le jugement des masses sur les actes d'un despote méprisable, et n'ont que trop contribué à entourer son souvenir du fatal prestige qu'il exerce malheureusement encore parmi le peuple des villes et surtout des campagnes.

Louis-Philippe savait bien ce qu'il faisait en envoyant chercher les cendres du conspirateur du 18 brumaire pour le mettre dans un mausolée aux Invalides. Il flattait une mauvaise passion du peuple, comme on flatte les mauvais penchants d'un maître. En glorifiant le meurtrier des cent cinquante-deux représentants envoyés à Cayenne, l'assassin de la Révolution et de toutes les libertés, Louis-Philippe savait bien qu'il abaissait les masses éprises d'amour pour leur bourreau.

Ce déplorable prestige d'un nom a fait toute l'incroyable fortune de M. Bonaparte. Eh bien! ce nom ne lui appartient réellement pas. M. Louis-Napoléon Bonaparte n'est pas « le neveu de l'empereur, » comme l'appelle toujours

M. Persigny. Il est bon que les faubourgs et les villages le sachent bien, et il ne faut pas moins que la grave considération politique que nous attachons à les tirer d'erreur pour nous obliger à le dire ; ces choses-là ne sont pas de notre goût. Nous le répétons, M. Louis-Napoléon Bonaparte n'a pas une goutte du sang des Napoléon dans les veines. Il est le fils de l'amiral hollandais Verhuel. Le roi de Hollande Louis-Bonaparte le savait, et ne voulait pas reconnaître l'intrus. Il ne recula que devant le scandale d'une déclaration publique. Cette naissance adultère n'était un secret pour personne en Hollande. Elle fut célébrée par les sarcasmes de la poésie populaire. Un vieillard qui se trouve en ce moment à Bruxelles se rappelle une chanson qui courut alors à Amsterdam. Nous en avons retenu le refrain :

> Le roi de Hollande
> Fait la contrebande,
> Et sa femme
> Fait des faux Louis [1].

Quoi qu'il en soit, le surnom qu'il porte a donné à M. Charles Verhuel une étrange maladie cérébrale : il est possédé de ce qu'on pourrait

[1] Il paraît que le roi Louis avait gagné beaucoup d'argent dans des tripotages de douane.

appeler la manie impériale. Il a rêvé d'être empereur des Français, et il poursuit cette idée depuis quinze ans avec l'assistance de M. Persigny, qui, plus intelligent et plus énergique, compte sur le poste de maire du palais. Le premier accès de son mal eut lieu à Strasbourg en 1836. Il se présenta à la caserne de cette ville. ridiculement accoutré en *petit caporal*, et chercha vainement à soulever la garnison avec l'aide du colonel Vaudrey, qu'il avait fait séduire par madame*** [1]. Le général d'artillerie Radoult-La Fosse a raconté dix fois à M. Dubruel, dont nous avons déjà parlé, que M. Bonaparte s'était conduit dans cette affaire avec une insigne lâcheté. Le coup manqué, quelques officiers compromis s'étaient rassemblés dans la cour de la caserne dont ils avaient fermé les portes. Ils s'attendaient à être bientôt forcés, et se mirent en défense, décidés à vendre chèrement leur vie. M. Bonaparte, au lieu de se joindre à eux, de se placer au premier rang, alla se cacher au fond de la cour, derrière quelques chevaux qui s'y trouvaient. On sait comme il fut pris avec ses compagnons.

Louis-Philippe, quoique membre des Jacobins dans sa jeunesse, était entiché d'idées princières.

---

[1] Cette dame fut longtemps l'un des agents les plus actifs de M. Bonaparte. Devenu président de la république, il l'a laissée mourir *à l'hôpital* il y a deux ans.

Il ne voulut pas mettre un *prince* en jugement. Il l'envoya en Amérique, sur sa parole d'honneur de ne plus recommencer. Puis, chose qui montre jusqu'à quel point le sens de la justice était oblitéré chez le vieux roi des Français, pendant qu'il amnistiait ainsi le principal coupable, il faisait traduire les complices devant le jury ! Le jury, indigné, les acquitta tous.

Pendant le procès on lut une lettre du « neveu de l'empereur, » où il se déclarait *vivement tou-*
« *ché de la générosité* du roi qui avait ordonné,
« *dans sa clémence*, de le conduire en Améri-
« que. » Il exprimait ensuite l'espoir qu'on épargnerait ses camarades en disant humblement :
« Certes, nous sommes tous *coupables* envers le
« gouvernement d'avoir pris les armes contre lui,
« mais *le plus coupable*, c'est moi, etc. »

Malgré cette lettre, malgré sa *parole d'honneur* qui, assure-t-on, était *engagée*, M. Louis-Napoléon revint en Europe, et s'établit en Suisse, d'où il recommença ses intrigues. La Suisse, à laquelle il impose aujourd'hui le renvoi de tous les réfugiés français, faillit, pour le défendre, avoir la guerre avec la France, qui demandait son expulsion. On se rappelle que M. Thiers, alors ministre des affaires étrangères, menaçait de soumettre la Suisse « à un blocus hermétique. » Le conspirateur se retira volontairement en Angleterre, cette grande et généreuse terre d'asile de l'Europe. Là il prépara, toujours à prix d'or, une nouvelle équipée impériale, et, le 6 août 1840, il débarqua à Boulogne, avec des cris de : « Vive Napoléon! vive l'empereur! » Il apportait, trait de génie! un aigle d'or au bout d'un bâton et un aigle vivant dans une cage! plus 500,000 francs à distribuer à qui voudrait répéter son cri de « vive l'empereur! » L'oncle avait un régiment de la vieille garde en revenant de l'île d'Elbe; le neveu imaginaire y faisait moins de façons, il revenait de Londres à la tête d'une trentaine de laquais déguisés en militaires et de quelques jeunes fous. Si l'on ne savait la toute-puissance de l'idée fixe sur les monomanes, on jugerait que c'est bien du mépris pour la France que de prétendre s'en emparer avec trente laquais gorgés de vin [1]. Toujours per-

[1] Extrait de l'interrogatoire de James Crow, capitaine de l'*Edinburgh Castle* (*Moniteur* du dimanche 9 août 1840) :

« D. Avez-vous remarqué que ces messieurs aient bu pendant les dernières heures qu'ils sont restés à votre bord?

« R. Ils ont bu énormément; je n'ai jamais vu plus boire qu'ils l'ont fait (c'est un Anglais qui parle!), et de toutes espèces de vins.

« D. Est-il à votre connaissance que les voyageurs qui se trouvaient à bord fussent porteurs de beaucoup d'argent?

« R. Il m'a paru qu'ils en avaient beaucoup, et j'ai

suadé qu'il n'y avait qu'à se montrer aux soldats
sous le nom et le costume de l'empereur
l'homme de Strasbourg, affublé encore du chapeau historique, courut à la caserne pour entraîner la troupe. Un capitaine, M. Col-Puygellier
veut l'arrêter. M. Louis-Napoléon croit que le
moment est venu de faire un acte d'éclat; il
s'arme traîtreusement d'un pistolet, et le décharge sur l'officier. Le coup était tiré à bout
portant; mais celui qui venait chercher la cou-
ronne de France tremblait 1! La balle dévia

remarqué, au moment de leur embarquement, qu'ils o[nt]
remis 100 francs à chaque soldat. Avant le débarqueme[nt]
ils ont presque tous coupé leurs moustaches.... »

1 Voici comment M. Bonaparte a cherché, lors [du]
procès, à se justifier de cet assassinat ! On va voir qu[e]
avoue lui-même le trouble où il était. Devant le ju[ge]
d'instruction il a dit : « Voyant mon entreprise échou[er,]
« *je fus pris d'une sorte de désespoir*, et, comme je
« cacherai jamais rien, je pris un pistolet, COMME D[ANS]
« L'INTENTION DE ME DÉFAIRE DU CAPITAINE, et avant q[ue]
« je voulusse tirer, le coup partit et atteignit un gre[na-]
« dier, à ce que j'appris plus tard. »

A l'audience l'accusé répéta presque la même cho[se :]
« J'ai dit précédemment qu'il y a des moments *où l'on*
« *peut se rendre compte de ses intentions*. Lorsque [j'ai]
« vu le tumulte commencer à la caserne, j'ai pris m[on]
« pistolet; il est parti sans que j'aie voulu le diri[ger]
« contre qui que ce soit. »

Ces misérables explications suffisent pour const[ater]

et, au lieu d'atteindre le capitaine, alla malheureusement fracasser la mâchoire d'un grenadier. M. Bonaparte, éperdu, prit la fuite, avec une partie de ses gens, vers le bateau à vapeur qui les avait amenés, et l'empereur futur était à la nage, lorsqu'il fut repêché par les canots de la douane (1).

Traduit, cette fois, devant la cour des pairs, ce pitoyable prétendant fut condamné à un emprisonnement perpétuel. Il eût été plus rationnel de le mettre dans une maison d'aliénés comme maniaque dangereux. On l'enferma à Ham, d'où il parvint à s'échapper en 1846. Il retourna de nouveau en Angleterre. En 1847, jouant l'homme d'ordre, il se fit « policeman »

---

que M. Bonaparte avait tiré sur le capitaine. La déposition du sergent Rinck ne laisse aucun doute sur ce point.

Le sergent Rinck : « En ce moment M. Laroche, capi« taine de voltigeurs, et M. Ragon, sous-lieutenant des « grenadiers au 42e, sont venus à la caserne. Le prince « et sa troupe revenant sous la voûte jusqu'à l'entrée de « la cour de la caserne, le capitaine, ayant le sabre à la « main, me cria : « Grenadiers, à moi ! Vive le roi ! » « Aussitôt le prince Louis *a tiré un coup de pistolet sur* « *le capitaine; il l'a manqué*, et la balle a atteint un « grenadier à son rang. Quand le coup a été tiré, j'ai « entendu une voix assez forte qui a dit : « Plus de feu ! » « Nous les avons repoussés, et nous avons fermé les portes « de la caserne. » (*Moniteur* du 30 septembre.)

1 *Moniteur* du 8 août.

(sergent de ville), lorsqu'on appela les conservateurs de bonne volonté contre la grande démonstration des Chartistes.

Si nous avons rappelé ces sottes aventures, c'est pour montrer ce qu'il y a de génie et de courage dans M. Bonaparte, dont quelques flatteurs du succès prétendent aujourd'hui faire un homme très-habile, parce que le coup du 2 décembre a réussi.

La révolution de février éclate ; aussitôt M. Bonaparte accourt à Paris, où il écrit en ces termes aux membres du Gouvernement provisoire :

« Paris, le 28 février 1848.

« Messieurs,

« Le peuple de Paris ayant détruit, par son
« héroïsme, les derniers vestiges de l'invasion
« étrangère, j'arrive de l'exil pour me ranger
« *sous le drapeau de la République*, qu'on vient
« de proclamer.

« *Sans autre ambition que celle de servir*
« *mon pays*, je viens annoncer mon arrivée
« aux membres du Gouvernement provisoire, et
« les assurer *de mon dévouement à la cause*
« *qu'ils représentent*, comme de *ma sympathie*
« *pour leurs personnes*.

« Recevez, messieurs, l'assurance de ces sen-
« timents.

« Louis-Napoléon Bonaparte. »

Le Gouvernement provisoire, toujours généreux, se contenta d'ordonner à l'homme de Strasbourg et de Boulogne de retourner à Londres jusqu'à ce que l'Assemblée constituante eût décidé du sort des familles proscrites.

L'Assemblée constituante, s'étant occupée de cette question dès les premiers jours, reçut de M. Bonaparte la lettre qu'on va lire :

« Londres, le 24 mai 1848.

A l'Assemblée nationale.

« Citoyens représentants,

« J'apprends, par les journaux du 22, qu'on a
« proposé, dans les bureaux de l'Assemblée, de
« maintenir contre moi seul la loi d'exil qui
« frappe ma famille depuis 1816. Je viens
« demander aux représentants du peuple pour-
« quoi je mériterais une semblable peine. Serait-
« ce pour avoir toujours publiquement déclaré
« que, dans mes opinions, la France n'était
« l'apanage ni d'un homme, ni d'une famille, ni
« d'un parti ? Serait-ce parce que, *désirant*
« *faire triompher sans anarchie ni licence le*
« *principe de la souveraineté nationale,* qui
« seule pouvait mettre un terme à nos dissen-
« sions, j'ai deux fois été victime de mon hosti-
« lité contre le gouvernement que vous avez
« renversé ? (On rit.)

« Serait-ce pour avoir consenti, par déférence
« pour le Gouvernement provisoire, à retourner
« à l'étranger après être accouru à Paris au
« premier bruit de la révolution? Serait-ce enfin
« pour avoir refusé, par désintéressement, les
« candidatures à l'Assemblée qui m'étaient pro-
« posées, résolu de ne retourner en France que
« lorsque la nouvelle Constitution serait établie
« *et la République affermie?*

« Les mêmes raisons qui m'ont fait prendre
« les armes contre le gouvernement de Louis-
« Philippe me porteraient, si on réclamait mes
« services, à me dévouer à la *défense de*
« *l'Assemblée, résultat du suffrage universel.*

« En présence d'un roi élu par deux cents
« députés, je pouvais me rappeler *être l'héritier*
« *d'un empire* fondé sur l'assentiment de quatre
« millions de Français ; *en présence de la sou-*
« *veraineté nationale,* JE NE PEUX ET NE VEUX
» *revendiquer que mes droits de citoyen fran-*
« *çais;* mais ceux-là, je les réclamerai sans
« cesse avec l'énergie que donne *à un cœur*
« *honnête* le sentiment de n'avoir jamais démé-
« rité de la patrie.

« Recevez, messieurs, l'assurance de ma haute
« estime.

« *Votre concitoyen,*
« NAPOLÉON-LOUIS BONAPARTE. »

L'Assemblée décida que M. Bonaparte pourrait rentrer en France. Ses assurances positives, formelles, « *de se dévouer à l'Assemblée issue du suffrage universel, de n'avoir d'autre ambition que celle de servir son pays,* » déterminèrent sans doute plusieurs membres à voter la fin de son exil !

Peu de temps après, le prétendu neveu de l'empereur était nommé représentant du peuple, donnait sa démission afin de prévenir une discussion qui menaçait de devenir fâcheuse pour lui, versait son or dans les funestes journées de juin, était élu de nouveau, et enfin, le 10 décembre 1848, devenait président de la République française.

C'était, pour lui, revenir de bien loin. Il intrigua beaucoup afin d'être élu président ; il consacra de grosses sommes d'argent à l'envoi d'agents électoraux dans les départements, et jusque dans les villages les moins importants ; mais tous ces moyens ne nous paraissent pas avoir décidé son élection. Le chef du pouvoir exécutif d'alors ne se remua pas moins et ne réussit pas. C'est au préjugé populaire qui s'attache à son nom, il faut le reconnaître, que M. Louis-Napoléon doit tout les succès de sa candidature. Ce fut le fatal résultat de la croyance où l'on avait entretenu le peuple que le nom de Bonaparte représentait la grandeur de la France et l'esprit de la révolution. C'est ainsi que notre pays est tombé sous le plus humiliant de tous les jougs, le joug du sabre, tenu par une main qui ne porta jamais une épée.

Ce n'est donc pas M. Louis-Napoléon personnellement que les masses ont élu président, c'est *le neveu de l'empereur*. Étranger à la France, élevé loin d'elle, il n'y était connu que par les folies de Strasbourg et de Boulogne; ses publications radicales, socialistes, personne ne les avait lues, et à l'Assemblée il n'avait brillé que par son mutisme et sa laideur.

Le front étroit, le nez dominant dans le visage comme le gros bec d'un cacatoès, l'œil pâle, la paupière flétrie, le regard incertain, la démarche timide, l'attitude embarrassée, l'air grotesque et taciturne tout à la fois, un cigare à la bouche, tel se présente M. Louis-Napoléon ; il est très-désagréable à voir.

Son esprit est comme sa figure, lourd, incolore, presque hébété. A l'entendre comme à le voir, on sent que c'est un homme épuisé par tous les genres de débauches. Il n'y a plus de vivant en lui que la monomanie d'être empereur, et une haine invétérée contre la liberté. Il passe pour très-superstitieux. Il a fait son coup le 2 décembre plutôt que le 1ᵉʳ, le 3, ou tout autre jour, parce que le 2 est l'anniversaire de la bataille d'Austerlitz 1 ! Ceux qui l'ont approché disent que c'est un homme inepte, et ce que nous avons vu de lui à la Constituante nous donne à croire qu'ils ne se trompent pas. M. Bonaparte fait profession de « détester les beaux esprits ; » il a bien ses raisons pour cela. Il ne peut littéralement dire deux mots de suite. En renversant la tribune, il se vengeait plus encore qu'il ne satisfaisait à son aversion pour toute lumière. Il ne sait pas même lire. Deux ou trois fois, il voulut lire à l'Assemblée cinq ou six lignes (ses discours ne furent jamais plus longs), il les balbutia d'une manière si ridicule qu'il fit pitié à tout le monde. M. Véron, qui, malgré les poignées de mains qu'il échange officiellement avec le président Obus, ne paraît pas avoir oublié les deux colériques avertissements envoyés à son journal, disait le 18 septembre, juste au milieu

---

1 Il paraît, à ce propos, que la fameuse fête des oiseaux de proie est devenue pour lui la cause d'un grand souci. Le marin qui plaçait l'aigle à la porte de l'Élysée est tombé et s'est malheureusement fracassé l'épaule ; au bal, l'aigle du drapeau principal est venu choir aux pieds de l'homme du destin ; enfin, le soir, celui du feu d'artifice (on en a mis partout) s'est englouti dans les flammes, la tête la première, sept ou huit minutes avant son tour. Joignez à cela la tempête qui vient de balayer la fête du 15 août, et vous conviendrez qu'il y a de quoi tourmenter fort un homme qui croit aux bohémiennes.

d'éloges hyperboliques pour les futur empereur : « Qu'on lise les œuvres de Louis-Napoléon : *Quoi « qu'on en ait pu dire*, on ne peut l'accuser de manquer [d'idées. » Si vrai qu'il soit, ce *quoi qu'on en ait pu dire*, est bien dur pour un ami.

Une fois président, l'empereur de M. Persigny eut un redoublement de son idée fixe : aussi, comme il est très-hypocrite, se mit-il à prodiguer les assurances de dévouement à la République. Le 21 septembre 1848, il avait dit à la tribune de l'Assemblée constituante comme représentant du peuple : « *Toute ma vie sera con-* « *sacrée* A L'AFFERMISSEMENT DE LA RÉPU- « BLIQUE. » Le 29 novembre, dans sa circulaire de candidat à la présidence, il avait ajouté : « Vous m'avez nommé représentant... Plus la « mémoire de l'empereur me protége et inspire « vos suffrages, plus je me sens obligé de vous « faire connaître mes sentiments et mes prin- « cipes. Il ne faut pas qu'il y ait d'équivoque « entre vous et moi.

« *Je ne suis pas un ambitieux qui rêve tantôt* « *l'Empire et la guerre, tantôt l'application de* « *théories subversives. Élevé dans des pays li-* « *bres, à l'école du malheur, je resterai tou-* « *jours fidèle aux devoirs que m'imposeront* « *vos suffrages et* LES VOLONTÉS DE L'ASSEMBLÉE.

« Si j'étais nommé président... JE METTRAIS « MON HONNEUR *à laisser, au bout de quatre*

« *ans, à mon successeur*, LE POUVOIR AFFERMI,
« LA LIBERTÉ INTACTE, UN PROGRÈS RÉEL
« ACCOMPLI. »

Le 24 décembre 1848, après avoir prêté le serment sacré voulu par la Constitution, il demanda la parole et lut, avec son embarras ordinaire et son accent étranger, les mots suivants, conservés par le *Moniteur :* « Les suf-
« frages de la nation *et le serment que je viens-*
« *de prêter commandent* ma conduite future.
« Mon devoir est tracé, JE LE REMPLIRAI EN
« HOMME D'HONNEUR. *Je verrai des ennemis de*
« *la patrie dans tous ceux qui tenteraient de*
« *changer*, PAR DES VOIES ILLÉGALES, CE
« QUE LA FRANCE ENTIÈRE A ÉTABLI. » L'orsqu'il prononça ces paroles, la voix du nouveau magistrat était lente et sourde, son visage était morne. Nous nous demandions, en écoutant un langage si net, si clair, si précis, comment il se pouvait faire que l'homme dont il émanait n'eût pas, en parlant, la physionomie plus ouverte, le timbre plus accentué, la contenance plus assurée. Nous le savons maintenant, c'est qu'il mentait.

M. Bonaparte avait prêté le serment légal, il n'était tenu à rien de plus ; c'était donc très-volontairement qu'il ajoutait, pour ainsi dire, un serment supplémentaire. Il voulait inspirer confiance ! N'est-ce pas dans le même but que, le 31 décembre 1849, il finissait son premier

message par ces mots : « Je veux être digne de la
« confiance de la nation, EN MAINTENANT LA CON-
« STITUTION QUE J'AI JURÉE ? »

Le message du 12 novembre 1850 exprimait
encore les mêmes sentiments :

« ... J'ai souvent déclaré, lorsque l'occasion
« s'est offerte d'exprimer librement ma pensée,
« *que je considérerais* COMME DE GRANDS COUPA-
« BLES *ceux qui, par ambition personnelle,*
« COMPROMETTRAIENT LE PEU DE STABILITÉ QUE
« NOUS GARANTIT LA CONSTITUTION. »

« ... La règle invariable de ma vie politique
« sera, dans toutes les circonstances, DE FAIRE
« MON DEVOIR, *rien que mon devoir.* »

« Il est aujourd'hui permis à tout le monde,
« *excepté à moi*, de vouloir hâter la révision de
« notre loi fondamentale. Si la Constitution ren-
« ferme des vices et des dangers, vous êtes tous
« libres de les faire ressortir au nom du pays.
« *Moi seul*, LIÉ PAR MON SERMENT, je me ren-
« ferme dans les strictes limites qu'elle a tra-
« cées.

« Quelles que puissent être les solutions de
« l'avenir, entendons-nous, *afin que ce ne soient*
« *jamais la passion, la surprise et la violence*
« *qui décident du sort d'une grand nation*; in-
« spirons au peuple l'amour du repos, en met-
« tant le calme dans nos délibérations ; *inspi-*
« *rons-lui la religion du droit, en ne nous en*
« *écartant jamais nous-mêmes.*

« Ce qui me préoccupe surtout, *soyez-en per-*
« *suadés*, ce n'est pas de savoir qui gouvernera
« la France en 1852, c'est d'employer le temps
« dont je dispose de manière à ce que la transi-
« tion, quelle qu'elle soit, se fasse sans agitation
« et sans trouble.

« *Le but le plus noble et le plus digne d'une*
« *âme élevée n'est point de rechercher, quand*
« *on est au pouvoir, par quels expédients on s'y*
« *perpétuera*, mais de veiller sans cesse aux
« moyens de consolider, à l'avantage de tous,
« les principes d'autorité et de morale, qui
« défient les passions des hommes et l'instabi-
« lité des lois.

« Je vous ai loyalement ouvert mon cœur ;
« vous répondrez *à ma franchise* par votre con-
« fiance, *à mes bonnes intentions* par votre con-
« cours, et Dieu fera le reste.

  « Louis-Napoléon Bonaparte.

« Elysée national, le 12 novembre 1850. »

Quelques mois auparavant, à Tours, 30 juillet
1849, dans un de ces discours dont ses amis
faisaient des événements, l'ex-président disait
encore :

« Je ne suis pas venu au milieu de vous avec
« une arrière-pensée, mais pour me montrer tel

« que je suis et non *tel que la calomnie veut me
« faire.*

« On a prétendu, on prétend encore aujour-
« d'hui que le gouvernement médite quelque
« entreprise semblable au 18 brumaire. Mais
« sommes-nous donc dans les mêmes circons-
« tances?...

« *Confiez-vous donc à l'avenir, sans songer
« aux coups d'état ni aux insurrections. Les
« coups d'état n'ont aucun prétexte.*

« *Ayez confiance dans l'Assemblée nationale*
« et dans vos premiers magistrats qui sont les
« élus de la nation. »

Ainsi, à mesure que l'opinion publique s'inquiétait de plus en plus des projets anarchiques que décelaient ses actes, l'élu du peuple s'attachait à la rassurer par des protestations mensongères. Un coup d'état, il prononçait même le mot, c'était *le calomnier* que de lui en prêter l'idée! C'est encore pour tranquilliser les esprits inquiets de ses desseins soupçonnés, qu'il s'écriait à Caen, le 4 septembre 1850, alors qu'il était en pleine conspiration : « Quand partout la
« prospérité semble renaître, *il serait bien
« coupable* celui qui tenterait d'en arrêter
« l'essor *par le changement de ce qui existe au-
« jourd'hui.* »

Il avait déjà exprimé la même pensée, le 22 juillet 1849, en jouant une comédie d'ami de

l'ordre, lors de sa visite à Ham : « Quand on a
« vu combien les révolutions les *plus justes*
« entraînent de maux après elles, *on comprend*
« *à peine* l'audace d'avoir voulu assumer sur
« soi *la terrible responsabilité d'un change-*
« *ment*. Je ne me plains donc pas d'avoir expié
« par un emprisonnement de six années, ma
« témérité contre les lois de ma patrie, et c'est
« avec bonheur que dans ces lieux mêmes où
« j'ai souffert, je vous propose un toast en l'hon-
« neur des hommes qui sont déterminés, *mal-*
« *gré leurs convictions, à respecter les institu-*
« *tions de leur pays*, etc., etc. » Et celui qui
parlait ainsi faisait, un an après, « la plus *in-*
juste des révolutions ! » Par pure ambition,
« il assumait sur lui la responsabilité d'un changement, » et il versait, pour le consommer, des
torrents de sang !! Enfin, le 9 novembre 1851,
la veille du crime, il disait encore aux officiers
de l'armée de Paris : « Je ne vous demanderai
« rien qui ne soit d'accord avec mon droit
« *reconnu par la Constitution* [1]. »

[1] M. Mayer, l'écrivain intime de l'Élysée, a écrit :
« Le président ne prononça pas ces quatre derniers mots,
« que le ministère fit ajouter par un scrupule que tout
« le monde comprit. Il y avait encore une Constitu-
« tion ! » (*Histoire du 2 décembre*, page 22.) Quand
nous disons que ces gens-là n'ont pas la notion du bien
et du mal ! M. Mayer ne s'aperçoit pas qu'il fait une

En vérité, cet homme est la trahison ambulante, le mensonge incarné, un phénomène de duplicité. Qui jamais se livra à de plus ignobles tricheries? Qui fut jamais plus explicite sur ses devoirs au moment même où il s'apprêtait à les mettre sous ses pieds? Qui jamais eut mieux la conscience du mal qu'il faisait?

Il faut dire que ses amis l'ont merveilleusement secondé dans son œuvre de trahison. Soit à la tribune, soit en particulier, c'était à qui d'entre eux protesterait le plus énergiquement contre toute allusion à l'existence d'un complot bonapartiste; quand on manifestait le moindre soupçon sur les desseins de l'ex-président, tous se récriaient, tous affirmaient qu'*on le calomniait*. Le *Moniteur* est là pour attester que ce mot est sorti mille fois de leurs bouches; ne firent-ils pas rappeler à l'ordre le colonel Charras qui avait taxé d'hypocrisie le message du 12 novembre?

Au nombre des amis de l'Élysée, un surtout s'est indignement joué de nous, c'est M. Vieillard, l'ancien *précepteur du prince*: « Quoi! vous aussi, » disait aux plus modérés cet homme à cheveux blancs, « vous aussi vous croyez le

mortelle insulte à son ami en certifiant que celui-ci tenait aux officiers un langage qu'il laissait lâchement démentir devant le public.

président capable de faire un coup d'état ! » Et il y avait dans ce reproche un air de candeur et de tristesse à convaincre les plus incrédules. De deux choses l'une : ou M. Vieillard et les autres nous trompaient volontairement, ou M. Bonaparte les trompait eux-mêmes avec tout le monde. Mais, dans ce dernier cas, comment se fait-il que, le lendemain du crime, tous soient allés saluer le criminel? Comment se fait-il qu'ils aient d'abord paru dans la fameuse commission consultative, puis accepté un emploi dans les semblants de conseil d'état et de sénat? Comment se fait-il que M. Vieillard n'ait pas dit au traître : « Vous m'avez déshonoré, car partout je me suis porté garant de votre sincérité. Rester auprès de vous, ce serait avoir été votre complice ou le devenir ; je m'éloigne en vous maudissant. » Voilà le langage et la conduite d'un honnête homme. Ce ne furent ni le langage ni la conduite de M. Vieillard à côté duquel on a quelquefois prononcé le nom de Burrhus. Burrhus est devenu un des sénateurs cotés à vingt mille francs. Si l'histoire, condamnée à enregistrer le lugubre épisode de Décembre, descend jusqu'aux détails, elle dira que M. Vieillard, en accomplissant cette grande tâche de l'éducation d'un homme, éleva son disciple pour la félonie, et elle ne tirera son nom de l'obscurité que pour le flétrir.

Quel élève il a fait ! M. Bonaparte n'a véritablement aucune espèce de sens moral ; chez lui la loyauté de l'homme public fait aussi complétement défaut que la probité de l'homme privé. C'est un malhonnête homme.

Le cynisme du mensonge est le principal trait de son caractère. Il joue toujours double, presqu'à ciel ouvert, comme si c'était la chose la plus naturelle du monde.—Cette expédition de Rome dont la France ne demandera jamais assez pardon à l'Italie, il la fait avec la majorité et il en blâme l'esprit dans une lettre officielle à M. Edgar Ney.— Il provoque la loi du 31 mai ; pour la faire, il s'associe aux légitimistes et aux orléanistes, qu'il déteste au fond, autant qu'il en est méprisé lui-même ; il la promulgue ; il l'approuve ; il laisse pendant deux ans ses divers ministères affirmer qu'elle est leur drapeau et le sien ; puis, quand il le croit utile à ses fins, il vient déclarer imperturbablement que « cette loi n'a été toujours qu'un instrument de guerre civile, » et il en propose l'abrogation ! — « Il
« faut, dit-il (profession de foi comme candidat
« présidentiel du 27 octobre 1848), il faut res-
« treindre dans de justes limites le nombre des
« emplois qui dépendent du pouvoir et font sou-
« vent d'un peuple libre un peuple de sollici-
« teurs. » A peine investi de la dictature par les prétoriens, il décide que *le chef de l'état*

élira le président et les vice-présidents *du corps législatif*, les maires qu'il peut prendre en dehors des conseils municipaux, les officiers de la garde nationale, etc.; il place dans sa dépendance absolue mille emplois qui n'y étaient pas; au lieu de délivrer les imprimeurs et les libraires de la servitude du brevet, il y soumet les lithographes et les imprimeurs en taille-douce; enfin il décrète que les cantonniers eux-mêmes, jusqu'à présent choisis par les ingénieurs, seront désormais nommés par le préfet!

Ce hideux vice du mensonge est l'élément naturel de M. Bonaparte; il y nage, il y vit, il s'y complaît. Il ment partout, il ment sur tout, il ment par goût, il ment toujours. Il ment même sans que le mensonge lui soit utile, pour le plaisir de mentir. Pourquoi, par exemple, lorsque son ami Véron annonce la conversion des rentes, fait-il dire, lui, par un *communiqué* officiel, qu'il n'y a jamais songé, tandis que quinze jours après il lance la mesure? Pourquoi? Jouissance de mentir! pas autre chose! Il y a quelques jours, il mentait encore à propos des articles Granier-Cassagnac sur la Belgique, articles qu'il désavouait après les avoir commandés. Ce fut, pendant une semaine, quelque chose d'assez mélancolique pour les grands politiques du 2 décembre que de voir les trois amis Granier-Cassagnac, Bonaparte et Véron, masque abattu par la vanité, s'envoyer réciproquement, du *Constitutionnel* au *Moniteur*, des démentis fort rudes et fort offensants. M. Véron était très-irrité et son héros ne put le faire taire qu'en lui envoyant deux avertissements qui auraient amené la mort du journal en cas de troisième récidive. On sait que la loi sur la presse est une vraie bonapartisade. L'opinion publique reconnaissait cependant que cette fois, par hasard, la vérité était du côté du docteur. Tu l'as voulu, Georges Dandin ! — Du reste, ils se sont depuis donné publiquement des poignées de main ! Ces gens-là appartiennent à une espèce particulière ; ils ne ressemblent pas au commun des hommes. Ils n'ont pas plus de rancune que de reconnaissance ; ils ne sont pas plus amis qu'ennemis : il ne sentent pas plus les injures que les bienfaits. Complices, ils restent, chacun à son propre compte, sur la scène qu'ils exploitent. Tantpis pour le battu s'ils se prennent de querelle. N'ayant d'autre mobile dans la vie que l'intérêt égoïste, ils se remettent ensemble le lendemain, sans plus penser aux coups de la veille, pour reprendre la piperie interrompue.

C'est ainsi que les *communiqués* du *Moniteur* n'inspirent pas plus de confiance maintenant que les dénégations d'un accusé de police correctionnelle pris en flagrant délit.

Ces révoltantes habitudes ont déjà fait à

l'empereur Verhuel une réputation en Europe. Il suffit qu'il affirme une chose pour qu'on croie précisément le contraire. Lisez cet extrait de *la Nation* (Bruxelles, 20 février), vous y verrez ce que les étrangers pensent de lui.

« Le gouvernement élyséen proteste, dans le
« *Moniteur français*, contre tout projet d'inva-
« sion : *raison de plus* pour nous de veiller sur
« nos frontières.

« Souvenons-nous des protestations du même
« gouvernement contre les projets du coup d'état.

« Souvenons-nous des journalistes poursuivis
« pour avoir fait allusion aux intentions de
« M. Bonaparte.

« Souvenons-nous du *Charivari*. Le *Cha-*
« *rivari!* — poursuivi et condamné pour une
« caricature représentant M. Bonaparte faisant
« tirer ses ministres sur la Constitution... Nous
« le répétons : plus l'Élysée nous crie d'être
« tranquilles, plus il nous faut prendre garde à
« nous. Il le faut d'autant plus que le gouverne-
« ment décembriste nous assure davantage de sa
« bonne foi, nous atteste plus solennellement
« son honneur et sa conscience. »

A vrai dire, le coup d'état aussi n'a été fait qu'à force de mensonges. M. Bonaparte s'écrie dans son adresse à la nation : « Le patriotisme
« *de trois cents de ses membres* n'a pu arrêter
« les fatales tendances de l'Assemblée... Aujour-

« d'hui les hommes qui ont déjà perdu deux
« monarchies veulent me lier les mains AFIN DE
« RENVERSER LA RÉPUBLIQUE. Mon devoir est de
« déjouer leurs perfides projets, de MAINTENIR
« LA RÉPUBLIQUE et de sauver le pays en invo-
« quant le jugement solennel *du seul souverain*
« *que je reconnaisse en France*, LE PEUPLE ! »
Jamais langage ne fut plus faux ; mais il n'y en
eut jamais qui prêtât moins à l'équivoque. Les
trois cents membres de l'Assemblée dont le
patriotisme n'a pu arrêter ses fatales tendances,
ce sont les trois cents voix qui ont voté contre la
proposition des questeurs, et dans ces trois cents
voix on compte tous les républicains à vingt exceptions près. « Les hommes qui ont déjà perdu deux
monarchies, » ce sont les légitimistes et les orléanistes. Ceux qui voulaient « lier les mains du
président AFIN DE RENVERSER LA RÉPUBLIQUE, »
ce sont les monarchistes, et c'est pour « MAINTE-
NIR LA RÉPUBLIQUE *contre leurs perfides projets* »
qu'il a fait le coup d'état ! Il résulte de là, par
parenthèses, que le nouvel Octave aura conquis
deux gloires qu'au premier aspect, du moins,
il est difficile de ne pas trouver un peu contradic-
toires. D'un côté, il aura sauvé la République des
perfides projets des royalistes, et de l'autre, il
aura sauvé la société des sanguinaires projets
des républicains ! Il n'y a que les honnêtes gens
pour faire de ces bienheureux coups doubles.

M. Maupas tenait le même langage que son complice, dans sa proclamation *aux habitants de Paris* : « C'est au nom du peuple, dans son « intérêt, et POUR LE MAINTIEN DE LA RÉPUBLIQUE « que l'événement s'est accompli. »

M. Morny lui-même, l'ancien philippiste « satisfait, » dans la dépêche télégraphique où il annonçait l'attentat aux administrateurs des provinces, avait soin également de dire : « Le Président dissout l'Assemblée, IL MAINTIENT LA RÉPUBLIQUE. »

Donc M. Bonaparte, qui savait le profond attachement du peuple pour la République et le suffrage universel, trompe les faubourgs et paralyse leur résistance, en glorifiant « le patriotisme des républicains, » puis il les fait arrêter ! Il se plaint de la droite, mais c'est afin de frapper à gauche; il emprisonne M. Thiers, afin de faire pardonner l'arrestation de M. Nadaud. C'est « pour rétablir le suffrage universel » en dépit de la majorité, qu'il se résigne à déchirer la Constitution. Et à peine a-t-il gagné la dictature par cette promesse, qu'il borne dérisoirement les fonctions du suffrage universel à nommer tous les trois ans un corps législatif muet et sans pouvoir ! C'est, ajoute-t-il, « pour sauver la République » qu'il dissout l'Assemblée nationale ; et, le crime consommé, il détruit tout de la République, sauf le nom ! encore ne le conserve-t-il que provisoirement! Que penser de la probité d'un homme qui, après d'aussi catégoriques déclarations, abat ce qui restait d'arbres de la liberté ; remplace le coq national par l'aigle impérial ; efface des murailles la devise sainte et sacrée de la démocratie universelle : *Liberté, Égalité, Fraternité* ; abolit l'anniversaire de la Révolution de Février ; renverse la tribune, étouffe la presse, et verse à pleines mains les rubans rouges, les volailles rôties et les hautes payes, sur l'armée qui crie follement : Vive l'empereur!

Il n'est pas jusqu'à ce chaperon de la commission consultative jamais consultée qui ne soit aussi un misérable mensonge. Il publie le premier jour une longue liste ; tout le monde croit que les personnes inscrites adhèrent au guet-apens. Point ; plus de la moitié protestèrent contre le frauduleux emploi de leurs noms. Mais le tour était joué ! — M. Bonaparte a signé des livres socialistes, il se dit, il se proclame socialiste ; le peuple crédule se laisse prendre. Puis, le coup réussi, le président socialiste dissout les associations ouvrières, essence du socialisme ; galvanise la noblesse, la plus grande injure qui ait jamais été faite à l'humanité ; et ravaude la monarchie, le plus grand fléau qui ait jamais dévasté le monde.

A tous ses vices, M. Bonaparte joint ainsi

une noire ingratitude. C'est aux démocrates qu'il doit d'être rentré en France, et il emprisonne, il proscrit, il déporte tous les démocrates ; c'est au peuple qu'il doit son incroyable fortune, et il ravit au peuple ses biens les plus chers ; c'est à la République qu'il doit une patrie, et il **assassine la République** !

Le pitoyable héros des coquins s'est du reste montré aussi cruel après que pendant l'action. La victoire même ne l'a pas amélioré. Loin de là, elle a révélé dans son caractère un côté encore inconnu : c'est une insatiable haine contre ses ennemis, un besoin de vengeance implacable qui se rappelle les hostilités les plus lointaines ; une férocité que les mœurs du temps peuvent à peine contenir. « Mais la transportation à Cayenne, lui faisait-on remarquer, c'est la mort. » « Je l'entends bien ainsi, » répondit-il, toujours avec son sang-froid d'énervé.

M. Bonaparte est vraiment une digne tête du 2 décembre. Il n'est pas seulement hypocrite, ingrat et cruel, sans courage. Le maître que s'est donné l'armée française est un lâche ! Pour vrai dire, il n'a d'autre titre à l'estime des soldats que les distributions d'eau-de-vie, les faveurs, les croix, et les petites médailles pensionnées qu'il leur prodigue, à moins cependant que ce ne soit son goût pour le costume militaire. M. Bonaparte, en effet, est toujours déguisé en général ; après l'élection du 10 décembre, ce fut en général de la garde nationale, la bourgeoisie était alors quelque chose ; depuis qu'il est devenu le coryphée d'une conjuration militaire, c'est en général de division. Si nos magistrats remplissaient leurs devoirs, le ministère public le traduirait en police correctionnelle, et les juges le condamneraient comme coupable de porter les insignes d'un grade qui ne lui appartient d'aucune espèce de manière.

Mais nos magistrats français sont trop amis de l'ordre pour requérir contre « le chef de l'État ; » cela fournirait aliment aux mauvaises passions des démagogues.

On dit que M. Saint-Arnaud, pour continuer la plaisanterie, a fait dresser à son maître, par le ministère de la guerre, des états de services dont voici copie :

« États de services de M. le général de
« division C. L. N. Verhuel, dit Bonaparte.

« A la bataille de Strasbourg, il se cache
« derrière des chevaux.

« A la bataille de Boulogne, il distribue lui-
« même des pièces de cent sous et s'enfuit.

« A la bataille de Satory, il verse du vin de
« Champagne.

« A la bataille de décembre, il apparaît enve-
« loppé d'un nombreux état-major, et méprise
trop le péril pour daigner s'en approcher. »

Quel César les prétoriens nous ont donné là !
A force d'en porter l'habit, le pauvre diable
paraît s'être persuadé qu'il est dévenu général.
Un de ses journaux publiait cette ridicule réclame,
quelques jours après la distribution des aigles :
« Le banquet offert aux sous-officiers *est dû à*
« *une heureuse inspiration du prince-prési-*
« *dent*. Mercredi, après le spectacle des Tuile-
« ries, le *prince*, avisant le *brave* général Ma-
« gnan, lui dit : « Général, il me vient une
« idée... *Nous autres, grosses épaulettes*, nous
« avons fait aujourd'hui un dîner exquis... Pour-
« quoi les galons ne feraient-ils pas comme les
« graines d'épinards ?... Pouvez-vous me prêter
« pour demain votre belle salle de bal de l'École
« militaire ? » — Demain, après-demain, et
« toujours, *monseigneur*. » — « Merci ! je n'en
« demande pas tant. » Dix minutes après, Che-
« vet recevait la commande d'un dîner de trois
« mille couverts, et douze heurs plus tard, tous
« les délégués de l'armée buvaient à la santé de
« leur *noble* amphitryon. »

Voilà les trois mille sous-officiers bien instruits
que s'ils ont eu occasion de faire un bon dîner, ils
le doivent *à une heureuse inspiration du prince-
président*, tout surpris d'avoir eu « *une* »
Nous doutons qu'ils soient très-sensibles à ces
grossiers moyens de séduction ; mais ils ont dû
certainement s'égayer fort d'entendre leur *noble*

amphitryon dire : *Nous autres grosses épaulettes!* Où donc M. Charles Verhuel a-t-il gagné ses grosses épaulettes? Il ferait, du reste, un triste général ; il a toujours peur, même en commettant ses extravagances. A Strasbourg, il était tremblant ; à Boulogne, il tremblait ; au 2 décembre, il a tremblé et n'a point paru où il y avait péril. Le 9 novembre, il disait, d'un air « énergique et fier, » selon son camarade Mayer, aux officiers récemment arrivés à Paris : « Si ja-« mais le jour du danger arrivait, je ne ferais « pas *comme les gouvernements* qui m'ont pré-« cédé, je ne vous dirais pas : Marchez, je vous « suis ; mais je vous dirais : Je marche, suivez-« moi! » Le jour du danger venu, il n'a rien *dit*... que par placards ! Il n'a pas *marché*, et si les soldats l'avaient suivi, ce n'est point au combat qu'ils auraient été. Il n'est pas entré lui-même à l'Assemblée, en homme courageux, hardi, comme Cromwell au parlement ; il a payé un soudard pour s'en emparer par trahison. On a vu les représentants du peuple à la défense des barricades constitutionnelles ; on ne l'a vu, lui, nulle part à l'attaque. Quoi ! les prétoriens feraient un empereur de cet homme-là ! Alors, proclamez-le, du moins, avec son vrai nom : Claude II.

Maintenant nous devons l'avouer, l'être dont nous venons de parler reste un mystère pour nous, comme toutes les choses monstrueuses. Nous comprenons Nicolas, le tzar sauvage, qui, en brandissant son hideux knout, se croit réellement le saint Michel de l'absolutisme; nous ne comprenons pas cet homme, jeune encore, qui fait le mal pour le mal, sans passion, d'un air hébété. N'est-ce pas une chose affreusement triste et curieuse que de voir ce prétendu prince, dont la vie a été partagée entre la prison et l'exil, consacrant, sous la direction de M. Persigny, de laborieux efforts à faire rétrograder la France de trois siècles, appliquant son étroite intelligence à fouiller les plus mauvais souvenirs de l'Empire pour reconstituer l'absolutisme le plus absurde? On s'explique qu'il ne soit pas de son pays; il y est étranger; à peine s'il en parle la langue; mais n'être pas de son siècle lorsqu'on « a été élevé dans des pays libres, à 'école du malheur. » comme il dit, c'est ce qu'il est presque impossible de concevoir! *L'auteur des Idées napoléoniennes et de l'Extinction du paupérisme* détruisant en 1852 la liberté d'écrire en France, n'est-ce pas tout à la fois le comble de l'apostasie et de l'imbécillité? Et cet implacable emportement de tyrannie plagiaire, cet abus forcené de la dictature, et tant de perfidie, de bassesse, d'hypocrisie, tant de meurtres et de crimes, pourquoi? Pour le plaisir de se faire appeler prince, monseigneur, altesse, empereur,

au lieu de citoyen! Quelle noble jouissance!
Ne voilà-t-il pas bien de quoi occuper un esprit
du dix-neuvième siècle? En vérité, quand on
regarde ces choses de sang-froid, quand on y
porte l'analyse, on est pris de pitié autant que
de dégoût. Quelle dépravation ne faut-il pas pour
se complaire à des monstruosités aussi peu
attrayantes! Et il parle, il ose parler de sa mission! La mission d'un fou qui s'acharne à faire
remonter un fleuve vers sa source, d'un maniaque qui n'a d'autre dieu que lui-même, d'autre
culte que celui d'encenser un autel où il a placé
sa propre statue en costume impérial. Empourprer son manteau dans le sang français, réaliser la dernière partie de la prédiction du prisonnier maudit de Sainte-Hélène : « La France
républicaine ou cosaque, » il appelle cela une
mission !

Les incartades de Strasbourg et de Boulogne
ne laissaient entrevoir dans leur auteur qu'un
malheureux sans cervelle; la manière dont le
guet-apens du 2 décembre a été accompli prouve
que M. Bonaparte a, du moins, la ruse instinctive de la bête fauve poursuivant une proie, ou,
pour ne pas insulter toujours les bêtes fauves,
la ruse d'un ambiteux monomane.

En considérant la façon rampante, barbare,
dont le gouvernement de la France vient d'être
escroqué, nous ne pouvons éprouver d'autre sen-

timent que le mépris, et les louanges qu'en font les courtisans de tous les régimes soulèvent en nous la réprobation la plus invincible. M. Bonaparte s'est emparé du pouvoir en joignant la terreur à la fraude. Prétendant ridicule, instrument d'un aigrefin, il a conquis la puissance par des fusillades atroces, et l'ancien *policeman* de Londres, hissé aux Tuileries, n'échappe au grotesque que par l'horrible. L'histoire, indignée d'avoir à inscrire son nom, placera Napoléon II à côté de Soulouque Ier.

§ II.

Les trois principaux agents de MM. Persigny et Bonaparte, ceux avec lesquels ils ont combiné l'application du plan de M. Carlier, sont MM. Maupas, Morny et Saint-Arnaud : le premier, préfet de la rue de Jérusalem depuis cinq ou six mois pour l'action de la police; le second, improvisé ministre de l'intérieur pour la partie politique; le troisième, ministre de la guerre pour les opérations militaires. Cette conspiration, en effet, a cela de plus déshonorant qu'elle a été tramée par le gouvernement lui-même. Ces faiseurs n'ont pas pris vaillamment la forteresse d'assaut. Ils ont agi comme des traîtres qui entrent dans une place avec l'uniforme et le drapeau de la garnison, pour la surprendre et l'égorger la nuit au milieu du sommeil. Ils ont acclamé la République, ils lui ont juré fidélité, ils en ont occupé les principales fonctions, et puis, un jour, ils ont volé le pouvoir qui leur était confié. « C'est bien joué, » ont dit quelques hommes du peuple ; nous répondons : C'est infâme.

Le *Bulletin français* s'est chargé de nous renseigner sur M. Maupas, qui avait devancé le rétablissement de la noblesse en s'anoblissant tout seul au moyen de la particule *de*.

« M. Maupas, dit-il, débuta comme sous-préfet
« dans l'arrondissement d'Uzès, sous les ordres
« d'un des magistrats les plus distingués de
« l'ancienne administration. Nous parlons en
« très-grande connaissance de cause, et nous
« savons un peu les dossiers de bien des gens.
« M. Darcy se plaignit plus d'une fois de la nul-
« lité compromettante qui le gênait au lieu de
« l'aider dans un coin de son département.

« Après tout, d'avoir l'esprit à la fois présomp-
« tueux et court, d'être à la fois épais et intri-
« gant, c'est un malheur, ce n'est pas un crime.
« Ce qui est plus fâcheux pour l'honneur d'un
« homme, c'est d'envelopper sous cette incapacité
« magnifique une perversité abominable, c'est de
« manquer de sens moral quand on a les autres
« déjà si émoussés, et de s'accorder, par exem-
« ple, les licences que nous allons raconter. »

Le *Bulletin* explique alors que le sieur Maupas devenu, grâce à une souplesse rare, préfet à Toulouse, et voulant acquérir un nouveau lustre, fit arrêter trois conseillers de préfecture des mieux famés, sous prétexte de conspiration. L'avocat général, après avoir examiné l'affaire, reconnut qu'il n'y avait pas l'ombre d'une charge et en fit part au préfet; mais celui-ci répondit naïvement : « Oh ! soyez tranquille, j'attends de Paris un agent très-habile qui a coopéré aux bulletins de résistance ; il nous fera trouver chez les accusés des armes et des grenades ! » Le magistrat n'était pas des bons, il refusa « d'être tranquille, » et s'en alla rendre compte au premier président, M. Piou, de ce qu'on venait de lui proposer. Le premier président porta la chose à la connaissance du ministre de la justice. M. Maupas écrivit de son côté, pour se plaindre de l'incapacité de l'avocat général qui ne comprenait rien. Les deux fonctionnaires, appelés à Paris, s'expliquèrent, et le déloyal préfet, convaincu, reçut l'annonce de sa destitution. La morale publique outragée exigeait ce sacrifice. M. Maupas court alors à l'Elysée où il ouvre son cœur. M. Bonaparte reconnaît aussitôt un homme digne de le servir et le rassure. A quelques jours de là, l'avocat général allait prendre congé du président qui lui avait fait compliment de sa belle conduite. Quel ne fut pas son étonnement, en entrant (c'était un lundi de réception), de trouver M. Bonaparte et M. Maupas se donnant la main ! Peu de temps après, M. Maupas était préfet de police.

Le général Bedeau faisait certainement allusion à cette déshonorante histoire, lorsqu'au moment de son arrestation, voyant le mandat signé *Maupas* qui le disait accusé de complot, il voulut que le commissaire de police mît les scellés sur ses papiers. Il craignait que l'ancien préfet de Toulouse « n'y trouvât des grenades. »

On raconte les anecdotes les plus comiques de la peur qu'a eue M. Maupas pendant la bataille et les massacres du 4 décembre. Cela nous est égal. Il nous semble que tout scélérat doit être lâche. M. Maupas est d'ailleurs le plus venimeux des êtres malfaisants qui conspiraient à l'Élysée.

Que l'on juge de ce qui a pu se passer dans les conciliabules de pareils personnages ! M. Morny était digne d'y figurer ; député obscur sous Louis-Philippe, il s'était déjà fait une certaine renommée de corruption en proposant le fameux ordre du jour des *satisfaits*.

M. Morny n'a pas de famille reconnue ; il est le frère utérin de M. Bonaparte et le fils de M. Flahault. Si le proverbe est juste, la France a lieu de se réjouir, car on pourrait appeler son gouvernement actuel le gouvernement des bâtards.

A ce propos, on a fait remarquer combien d'hommes de la nouvelle dictature portent un nom illégitime. Sans parler de M. Morny et de M. Bonaparte, on sait que le nom réel du général de Saint-Arnaud est Leroy, que M. *de* Persigny s'appelle tout simplement Fialin, qu'enfin le père de M. *de* Maupas était M. Maupas !

Ce n'est pas la faute de ces messieurs si l'examen de leurs actes de naissance a de quoi leur déplaire. Nous ne leur reprochons pas leur origine, ils n'en sont pas coupables ; mais ils nous ont si méchamment et si souvent désignés comme des ennemis de la famille, que nous avons acquis le droit d'user de représailles ; de dire, par exemple, que M. Morny, cet austère ami de la famille, s'est publiquement signalé depuis quinze ans par une liaison irrégulière. Nous n'en parlerions pas, d'ailleurs, s'il n'y avait toujours donné lui-même un éclat scandaleux, et si l'on n'y trouvait la honteuse complication de « la niche à Fidèle. » Nous laissons aux licences de la satire le soin de rappeler à ceux qui les ignoreraient les détails de cette niche édifiante. On y verra que Morny mérite bien aussi de passer pour un véritable ami de la propriété. Et un homme de cette espèce ose reprendre le mot de « coquins » et l'appliquer à ceux qui n'ont pas les mêmes goûts politiques que lui !

M. Morny ne paraît pas avoir plus que son

frère un amour très-passionné pour la vérité ; le 2 décembre il signait la dépêche télégraphique suivante :

« Paris, le 2 décembre, 8 heures du matin.

« *Le ministre de l'intérieur à MM. les préfets.*

» Le *repos* de la France étant *menacé par*
« *l'Assemblée*, elle a été dissoute. Le président
« de la République fait un appel à la nation.
« IL MAINTIENT LA RÉPUBLIQUE et remet *loyale-*
« *ment* au pays le soin de décider de son sort.
« La population de Paris a accueilli *avec*
« *enthousiasme* cet événement devenu indispen-
« sable.
« Le gouvernement vous donne tous les pou-
« voirs nécessaires pour assurer la tranquil-
« lité 1. »

Voyons, nous le demandons au moins, menteur de tous les décembristes, qu'il réponde
sincèrement : Est-il vrai, en âme et conscience,
que l'esprit du coup de Jarnac présidentiel fût
le *maintien de la République?* N'était-ce pas
outrageusement fausser la vérité, impudemment

1 *Journal de Lot-et-Garonne* du 3 décembre.

tromper les préfets, que de leur écrire : « La population de Paris a accueilli l'événement *avec enthousiasme?* » Demandez au capitaine Mauduit.

Afin de mieux faire connaître M. Morny, nous citerons maintenant un extrait de la correspondance parisienne de *la Nation*. — Il s'agit d'une conversation de femmes chez madame d'Ossonville : « Toutes soutiennent que pas une personne honorable ne figure parmi les visiteurs de l'Élysée ; M. d'Argout, présent, se récrie, et en appelle à la maîtresse de la maison. Mesdames, reprend alors celle-ci, vous êtes bien sévères ! certainement il va d'honnêtes gens chez le président. — Nommez, nommez, dit-on de toutes parts. Madame d'Ossonville eut l'air de réfléchir, et, ne trouvant pas, elle reprit : Mais c'est fort difficile, en effet, d'en rencontrer plusieurs. — Mais, dit encore M. d'Argout en se mettant bien en face de son interlocutrice, il y en a bien un, un seul? Des rires étouffés partaient alors de tous les endroits du cercle féminin, lorsque madame d'Ossonville, après un long silence, répliqua : Eh bien ! puisqu'il en faut absolument un qui soit honnête, je ne trouve que M. de Morny, parce qu'au moins celui-là, l'acte du 2 décembre lui a fait donner satisfaction à ses créanciers. »

Le seul homme d'état des conseils de M. Bonaparte, comme disent ceux qui tiennent à ce qu'il y ait un homme d'état auprès du *prince*, M. le comte de Morny, comme ils disent encore, n'est effectivement qu'un spéculateur de chemins de fer, d'usines en actions, etc.; de toutes ces opérations financières où l'on pêche dans l'eau trouble. Assez malheureux, malgré son habitude des tripotages, il était, au 2 décembre, fort embarrassé! Madame d'Ossonville paraît bien instruite, et son trait sanglant va droit au cœur du monde bonapartiste. Jugez en effet des mœurs de ce monde-là : M. Morny y passe pour un modèle de vertu parce que, ses créanciers une fois contents, il a donné sa démission plutôt que de signer le décret qui dépouille MM. d'Orléans ; lui qui, cependant, avait sanctionné vingt décrets spoliateurs émanés des proconsuls militaires; lui qui, le lendemain de cette sublime retraite, allait prendre la présidence de leur parlement muet si M. Persigny n'eût refusé de l'accepter pour ce poste!

M. Morny n'est pas le seul des conjurés que le 2 décembre ait sauvé des mains des gardes du commerce. A vrai dire, le coup d'état était avant tout un coup de fortune pour tous ces messieurs, et ce n'est pas sans raison qu'on l'appelle à la Bourse « le coup de main des insolvables. » Ainsi M. Bonaparte avait, le 1er décembre, pour plus de deux millions de dettes ;

M. Saint-Arnaud devait énormément ; M. Magnan était poursuivi par d'innombrables créanciers... Aujourd'hui, ils se sont tous liquidés ! Y a-t-il donc beaucoup d'exagération dans cette apostrophe des orléanistes du *Bulletin français?*

« Humilions-nous, en pensant que nous sommes
« tombés sous le joug d'une bande d'affamés qui
« n'avaient jamais rien fait avant de nous gou-
« verner que de battre le pavé pour vivre d'a-
« ventures, les pieds sans bas dans des bottes
« vernies. »

Le général Magnan était un des plus obérés de la bande. Depuis nombre d'années, il compromettait son grade en vivant à la manière des chevaliers d'industrie. Le cinquième de ses appointements, la part saisissable du traitement des militaires, était saisi de temps immémorial ; son nom, connu de tous les huissiers de Liége, de Lille et de Paris, retentissait chaque jour à la justice de paix du 2e arrondissement, où les fournisseurs venaient lui réclamer le payement des plus minces factures.

Il y a de tristes choses dans la vie de M. Magnan. Le rôle qu'il a joué lors du 2 décembre, nous force à en publier une dont nous devons la connaissance à un de ceux qu'il a contribué à *proscrire*, au citoyen Bianchi, rédacteur du *Journal de Lille*. Il importe de prouver que tous les machinateurs du guet-apens ne sont pas seulement des criminels politiques, mais aussi des hommes tarés, perdus, qui, réduits aux dernières extrémités, n'avaient rien à perdre et tout à gagner. Nous copions la note du citoyen Bianchi :

« Il y a quelques années, des billets souscrits
« par le général Magnan, alors président du
« conseil de révision dans le département du
« Nord, furent saisis chez un marchand d'hom-
« mes mis en faillite [1]. Les billets allèrent au
« greffe du tribunal de commerce. Le président
« du tribunal, M. Delassalle-Dermet, ami de
« M. Magnan, le prévint que s'il ne désintéres-
« sait pas les créanciers de la faillite dans les
« quarante-huit heures, tout le monde allait
« savoir ses rapports d'argent avec les entrepre-
« neurs de remplacement ; qu'il était publique-
« ment déshonoré, etc. Sans crédit et sans res-
« source, Magnan frappa à toutes les portes, et
« finit par obtenir de la bonté bien connue du
« citoyen Tancé, marchand de tableaux, la somme

[1] Le peuple appelle *marchand d'hommes* les agents de remplacement pour le service militaire. Ces courtiers sont fort intéressés à ce que le président du conseil de révision se montre peu difficile sur les sujets qu'ils présentent. Un homme d'une moralité connue et d'une bonne constitution leur coûte beaucoup plus cher qu'un mauvais sujet d'une santé douteuse, et ne leur est pas payé davantage par le remplacé.

« nécessaire. Il donna en garantie les meubles
« de sa maison.

« Peu après, le général quitta Lille ; mais
« lorsque le citoyen Tancé réclama les meubles,
« il lui fut démontré qu'ils étaient la propriété
« d'un tapissier ! Quelques-uns cependant appar-
« tenaient au général, qui supplia son créan-
« cier de les lui laisser emporter à Paris, où,
« disait-il, il ne pouvait se rendre comme un
« vagabond ; et à peine arrivé, il les vendit !....
« Ce ne fut que longtemps après, et sur la me-
« nace de M. Tancé fils qui se fâcha, que M.
« Tancé père fut remboursé.

« Ces faits m'ont été racontés cinquante fois
« par l'honorable citoyen Tancé, qui, du reste,
« ne s'en cachait à personne, tant le général Ma-
« gnan était bien connu. »

Le général Magnan fut de ceux auxquels l'É-
lysée s'adressa sans hésiter, parce qu'on y connaissait sa position désespérée ; ce n'était pas la
première fois d'ailleurs que M. Bonaparte eût
exercé la fascination de l'or sur cet homme aux
abois. Il l'avait déjà pratiquée sous ce rapport
lors de l'affaire de Boulogne. On le savait quand
vint le procès de 1840, et le général
Magnan, cité comme témoin, fut obligé de
tout avouer. Sa déposition est remarquable à
plus d'un titre. Après avoir raconté différentes tentatives du commandant Mésonan pour

le corrompre, il s'exprime ainsi (*Moniteur* du
1er octobre 1840) :

« Le lendemain 17 juin, le commandant Mé-
« sonan, que je croyais parti, entre dans mon
« cabinet, annoncé comme toujours par mon
« aide de camp. Je lui dis : « Commandant, je vous
« croyais parti. » — « Non, mon général, je ne
« suis pas parti. J'ai une lettre à vous remettre. »
« — « Une lettre pour moi, et de qui ? » — « Li-
« sez, mon général. » Je le fais asseoir, je prends
« la lettre; mais au moment de l'ouvrir, je m'a-
« perçus que la suscription portait : A *M. le*
« *commandant Mésonan.* Je lui dis : Mais, mon
« cher commandant, c'est pour vous, ce n'est
« pas pour moi. »—Lisez, mon général ! » J'ouvre
« la lettre et je lis :

« Mon cher commandant, il est de la plus
« grande nécessité que vous voyiez *de suite* le
« général en question; vous savez que c'est un
« homme d'exécution et sur qui on peut comp-
« ter; vous savez aussi que c'est un homme *que*
« *j'ai noté pour être un jour maréchal de France.*
« *Vous lui offrirez 100,000 fr. de ma part, et*
« *vous lui demanderez chez quel banquier ou*
« *chez quel notaire il veut que je lui fasse*
« *compter 300,000 fr. dans le cas où il perdrait*
« *son commandement.* »

« Je restai stupéfait, je fus comme anéanti,
« je ne trouvais en ce moment aucune parole

« *à dire!* L'homme que j'avais reçu chez moi,
« que j'estimais et dont je croyais être estimé,
« me remettait cette lettre à brûle-pourpoint
« sans m'avoir jamais parlé du prince Napoléon,
« sans que, dans ma conduite ou dans mes dis-
« cours, rien ait pu donner ouverture à une pa-
« reille communication !
 « Cependant l'indignation que je ressentais
« se calma ; je pris la lettre en tremblant, et je
« dis : « Commandant! à moi, à moi une pa-
« reille lettre ! Je croyais vous avoir inspiré plus
« d'estime. Jamais je n'ai trahi mes serments,
« JAMAIS JE NE LES TRAHIRAI. Mais vous êtes
« fou, commandant ; mon attachement, mon
« respect pour la mémoire de l'empereur ne me
« feront jamais trahir mes serments au roi. »
« Je remis la lettre au commandant en lui di-
« sant que c'était un parti *ridicule* et perdu. Le
« commandant était interdit, pâle, inquiet. Mal-
« gré mon irritation, *j'en eus pitié. Je l'avoue,
« mon devoir je ne l'ai pas fait*, c'était d'en-
« voyer au ministère de la guerre cette lettre
« dont on abuse aujourd'hui pour me faire as-
« ser pour un dénonciateur. »
 Comment ne pas juger indigne de porter des
épaulettes un homme qui, après avoir reçu une
telle insulte, après avoir été l'objet d'une tentative aussi outrageante pour son honneur, prête
son épée à celui-là même qui a voulu le cor-

rompre avec de l'argent? Mais il raconte, à la fin de la déposition, que le commandant Mésonan lui dit en face, lorsqu'il se retira : « Général, vous manquez une belle occasion, une occasion de fortune! »

M. Magnan, en supposant qu'il l'ait refusée alors, n'a pas manqué cette fois une aussi honorable « occasion de fortune. » Pour être le commandant en chef de l'armée de l'insurrection, il a reçu, affirme-t-on, 500,000 francs, destinés à stimuler encore davantage son zèle au moment où la résistance prenait un caractère sérieux.

Voyez si ces gens-là ne sont pas tous d'un cynisme révoltant. En pleine cour d'assises de pairs, le général dit au prétendant sur la sellette : « Vous avez voulu me corrompre, votre parti « est *ridicule* et perdu. » Et voilà ces deux chenapans qui, après s'être ainsi apostrophés à la face de l'Europe en 1840, font un coup ensemble en 1851! Ils ne s'inquiètent pas que la galerie les ait vus et leur vienne dire : Mais il n'y a pas plus de onze ans, devant les juges, publiquement, vous, Bonaparte, vous avez entendu ce général vous traiter en face de *ridicule*; vous, Magnan, vous avez accusé ce prétendant *ridicule* de tentative de corruption, à pris d'argent, sur votre honneur!

M. Bonaparte, qui n'a aucun sentiment noble,

n'a jamais su offrir que le grossier appât de l'argent pour gagner des partisans. C'est ce qu'on voit bien encore dans la déposition du capitaine Col-Puygellier, au procès de Boulogne. « ... Je « vis venir à moi un homme de petite taille, « portant de grosses épaulettes et un crachat. Il « me dit : Me voici, capitaine ; je suis *le prince* « *Louis;* soyez des nôtres, *et vous aurez tout* « *ce que vous voudrez.* » On sait la réponse du capitaine Puygellier. Mais le moyen pour des hommes comme M. Magnan de résister au *prince Louis* qui vous dit : « Vous aurez tout ce que vous voudrez ! »

M. Franck-Carré, qui vient de prêter serment au Bonaparte, lui disait à la cour des pairs comme procureur général : « Vous avez fait « pratiquer l'embauchage et distribuer de l'ar- « gent pour acheter la trahison. »

Notre honorable collègue le citoyen Victor Hugo a recueilli à ce sujet des faits juridiquement prouvés, où l'on peut voir à nu toute la bassesse d'âme de l'ex-président de la République.

« A Strasbourg, le 30 octobre 1836, le colonel « Vaudrey, complice de M. Bonaparte, charge « les maréchaux des logis du 4ᵉ régiment « d'artillerie de partager, entre les canonniers « de chaque batterie, *deux pièces d'or.* »

A Boulogne, « on débarque, on rencontre le

« poste de douaniers de Vimereux. M. Louis
« Bonaparte débute par offrir au lieutenant
« de douaniers une pension de douze cents
« francs. Le juge d'instruction : — N'avez-vous
« pas offert au commandant du poste une somme
« d'argent, s'il voulait marcher avec vous?...
« *Le prince* : — Je la lui ai fait offrir, mais il
« l'a refusée [1]. On arrive à Boulogne. Ses aides
« de camp — il en avait dès lors — portaient,
« suspendus à leur cou, des rouleaux de fer-
« blanc pleins de pièces d'or. D'autres suivaient
« avec des sacs de monnaie à la main [2]. On
« jette de l'argent aux pêcheurs et aux paysans,
« en les invitant à crier vive l'empereur ! Il suffit
« de trois cents gueulards, avait dit un des
« conjurés [3]. Louis Bonaparte aborde le 42ᵉ,
« caserné à Boulogne. Il dit au voltigeur George
« Kœhly : *Je suis Napoléon* vous aurez des
« grades et des décorations. Il dit au voltigeur
« Antoine Gendre : *Je suis le fils de Napoléon*;
« nous allons à l'hôtel du Nord commander un
« dîner pour moi et pour vous. Il dit au volti-
« geur Jean Meyer : *Vous serez bien payé*. Il

[1] Cour des pairs. *Interrogatoire des inculpés*, page 13.
[2] Cour des pairs. *Déposition des témoins*, pages 103, 185, etc.
[3] Le président : — « Prévenu de Querelles, ces enfants qui criaient ne sont-ils pas les 300 *gueulards* que vous demandiez dans une lettre ? » (*Procès de Strasbourg*)

« dit au voltigeur Joseph Mény : *Vous viendrez
« à Paris, vous serez bien payé*[1]. Un officier,
« à côté de lui, tenait son chapeau plein de
« pièces de cinq francs qu'ils distribuaient tous
« les deux aux curieux, en disant : Criez vive
« l'empereur[2] ! Le grenadier Geoffroy, dans sa
« déposition, caractérise en ces termes la ten-
« tative faite sur sa chambrée par un officier et
« par un sergent du complot : — Le sergent
« portait une bouteille, l'officier avait le sabre à
« la main. — Ces deux lignes, c'est tout le
« Deux-Décembre. »

Quand la peinture retracera les principaux
traits de la vie de S. M. Verhuel, voilà un beau
sujet à mettre au concours : César distribuant
au coin d'une rue des pièces de cent sous aux
passants pour leur faire crier : Vive l'empereur !

C'est encore en partie avec de l'argent que
l'assassin de Boulogne a payé la trahison de
l'armée de Paris. On se rappelle l'institution de
la médaille dotée de 250 francs de rente et
donnée à ceux qui s'étaient le plus distingués.
On pourrait l'appeler, à bon droit, la médaille
des massacres pensionnés. Outre cela, chaque

[1] Cour des pairs. *Dépositions des témoins*, p. 145,
155, 156 et 158.

[2] Cour des pairs. *Déposition du témoin Febvre,
voltigeur*, page 142.

colonel a reçu une lettre lui annonçant que les officiers et sous-officiers pouvaient se présenter à la caisse du payeur, où les sous-lieutenants recevraient 150 francs, les lieutenants 130 francs, les capitaines 400 francs, les sous-officiers...? Tous ont accepté!... A ceux qui pourraient douter de cette honnête distribution, nous répondrons qu'un de nos amis A VU une des lettres d'avis adressées aux colonels. Nous ne savons pas ce qu'ont reçu les officiers supérieurs.

Malheureux est le temps où les militaires touchent le prix du sang de la guerre civile! Quant aux soldats, qu'il fallait étourdir dès le premier moment, ils ont été payés d'avance. Le 2 décembre, chaque homme de garde à l'Élysée et aux alentours a reçu dix francs. On les vit jeter de l'or sur l'étain des comptoirs de cabaret. Les ordres de l'état-major ont mis successivement de service à l'Élysée les différents bataillons pour qu'ils eussent part à cet extra de solde de l'honneur militaire. L'un des maux les plus terribles sortis du 2 décembre, ce sera la désorganisation morale produite au sein de l'armée par l'éveil des passions cupides auxquelles les conspirateurs ont fait appel. La distribution des dix francs dura jusqu'au 7, et donna lieu, le jour où elle fut supprimée, à un épisode où le côté burlesque s'efface devant le dégoût. C'était, ce jour-là, un bataillon du 58e qui montait la garde à l'Élysée. Grand fut le désappointement des hommes quand il leur fallut reprendre le chemin de la caserne sans le butin sur lequel ils comptaient. Ils avaient si bien crié : Vive l'empereur ! Le *prince* aimait tant le soldat ! Ils ne voulurent pas croire qu'ils dussent s'en prendre à lui de leur infortune, et ils accusèrent le commandant d'avoir « mangé la grenouille. » Une réclamation contre ce commandant, appelé M. Jossé, nous croyons, fut rédigée séance tenante, et adressée à qui de droit par la voie hiérarchique ! Il y fut répondu par une punition générale qui termina tout militairement, mais qui ne lava sans doute pas, à ces yeux prévenus, la réputation de l'honnête chef de bataillon.

Parmi tous ces faiseurs de dupes, Leroy, dit de Saint-Arnaud, est assurément celui qui doit être le plus étonné de se voir quelque chose. Vrai Gil Blas, ses commencements devaient le conduire tout droit au 2 décembre.

Le 7 janvier 1824, notre ministre de la guerre « mettait en gage au mont-de-piété : *Un châle de* « *laine et deux chemises de femme, l'une en* « *toile, l'autre en calicot, pour la somme de dix-* « *huit francs!* » On nous a montré la reconnaissance du mont-de-piété, au dos de laquelle il est écrit de la plus belle écriture du futur

maréchal de France : « *Bon pour retirer. Saint-
« Arnaud.* » Nous laissons à juger quelle pouvait être la nature de l'existence d'un jeune
homme qui mettait au mont-de-piété « *deux
« chemises de femme, l'une en toile, l'autre en
« calicot.* » La reconnaissance ne dit pas si les
deux chemises de femme portaient la même
marque.

En tous cas, les chemises de femme et les
châles de laine ne préservèrent point de la prison
pour dettes le complice de M. Bonaparte.
Vers 1830, il était depuis seize ou dix-huit mois
à Sainte-Pélagie lorsqu'il écrivit une lettre que
nous avons tenue et dans laquelle nous avons lu :

« Vous savez ce que c'est qu'un pauvre pri-
« sonnier qui soupire après sa liberté et qui
« maudit ses barreaux. Un jour, une heure sont
« beaucoup pour lui. Veuillez donc faire tous
« vos efforts pour que demain lundi je respire
« l'air de la liberté ; l'heure n'y fait rien, fût-il
« dix heures du soir. Au moins le lendemain je
« ne serai point attristé à mon réveil par le bruit
« affreux des verrous !... » Que d'innocents,
cependant, l'auteur de cette lettre a mis sous
les verrous depuis que les traîtres de l'armée
ont fait de lui un sauveur de la patrie ! M. Saint-
Arnaud est un mauvais cœur, il a oublié en
1851 tout ce qu'il souffrait en prison.

M. Saint-Arnaud, sorti on ne sait d'où, chassé

des gardes du corps pour cause d'indélicatesse après y avoir été admis on ne sait comment, rentra au service on ne sait par quelle porte. Qu'il ne se fût pas alors corrigé de ses habitudes peu honnêtes, c'est ce que nous apprend l'extrait suivant d'une lettre du général Rulhière publiée par *la Nation* le 10 décembre :

« Il y a plusieurs années, alors que M. Saint-
« Arnaud était simple capitaine dans le régi-
« ment du colonel Rulhière, ce dernier, touché
« par les prières de la famille du général Saint-
« Arnaud, *empêcha qu'il ne passât devant un*
« *conseil de guerre* POUR DÉTOURNEMENT DE
« FONDS APPARTENANT AU RÉGIMENT. Aujour-
« d'hui, M. le général Rulhière, en voyant
« briser sa carrière par M. Saint-Arnaud[1], a,
« du moins, la consolation de n'avoir jamais
« *forfait à l'honneur*, et il est bien aise d'en
« informer M. le ministre de la guerre actuel. »

Quel gouvernement que celui du 2 décembre ! M. Saint-Arnaud irait au bagne s'il n'était ministre de la guerre !

Quand on a de pareils antécédents et qu'il vous reste quelque pudeur, on ne se met pas en évidence dans la crainte de les ramener à la lumière ; on laisse écouler sa vie dans l'obscurité,

[1] Les factieux venaient de mettre le général **Rulhière** à la réforme.

on ne la souille pas par de nouvelles taches qui font reparaître les anciennes. Mais qu'importe à M. Leroy ? L'hôte de Sainte-Pélagie, l'homme aux chemises de femme, a toute honte bue. Il ne s'inquiète pas plus de son passé que de son présent.

Lorsque le général Bugeaud, le héros du règne de Louis-Philippe, se fit le geôlier de la mère de M. Chambord, il eut besoin d'un espion en épaulettes pour surveiller cette pauvre femme, il prit Saint-Arnaud et en obtint tout ce qu'il voulut. Les légitimistes racontent que cet homme alla jusqu'à imaginer de percer des trous dans le plafond du cabinet de toilette de la prisonnière, pour qu'aucune de ses actions ne pût lui échapper ! Comment se peut-il, disons-le en passant, que les orléanistes donnent le titre « d'auguste vieillard » à ce roi qui lisait les rapports où il voyait traiter ainsi une femme ; à ce bon père de famille qui tenait si fort à rendre public le déshonneur de sa nièce ; à ce juste rémunérateur des loyaux services qui nomma le colonel Bugeaud général et maréchal de France !

M. Bugeaud, qui avait trouvé son homme dans M. Saint-Arnaud, l'emmena en Algérie, où l'ancien garde du corps fit tout à la fois son chemin et de très-bonnes affaires. Sans fortune, avec des appointements de huit mille francs d'abord, et de dix-huit mille francs ensuite comme général de brigade, il trouvait moyen de dépenser trente mille et quarante mille francs chaque année en fêtes et en plaisirs. C'est là un fait notoire dans toute l'armée d'Afrique. Si bien même, assure-t-on, qu'une enquête fut commencée à Orléans-ville sur son administration. Cette enquête était pendante au 2 décembre ; le succès des conjurés a dû la faire mettre à néant. On voit que le sieur Leroy, dit de Saint-Arnaud, avait de bonnes raisons pour ne pas refuser d'entrer dans la conjuration élyséenne. Ce ne fut pas toutefois sans essayer de se réserver encore une échappatoire, à ce que nous apprend le *Bulletin français*, fort bien renseigné sur tout ce qui concerne les habitants de Claremont :

« M. de Saint-Arnaud était si bien un homme
« précieux, bon à toutes les besognes et prêt à
« toutes les chances, que, sur le bateau même qui
« le ramenait à Toulon, chargée des lauriers de la
« petite Kabylie et les yeux fixés sur ce qu'on lui
« réservait encore dans une guerre moins hono-
« rable, il écrivait, *on le sait maintenant*, à l'un
« des princes exilés avec lequel il avait fait cam-
« pagne en Afrique ; il lui renouvelait dans cette
« lettre les assurances de son attachement et le
« suppliait *de compter toujours sur des services*
« *que personne ne songeait à lui demander.*

« Voilà, n'est-ce pas, comment on a garde à

« tout ! Et remarquez jusqu'à quelle perfection
« l'on peut pousser, même de notre temps, ce
« rôle de *condottiere*. Les *condottieri* d'autre-
« fois, dans les marchés qu'ils souscrivaient, se
« réservaient toujours de ne s'exposer que le
« moins possible pour le compte de qui les payait.
« Le prince Louis-Napoléon n'en obtient pas da-
« vantage des siens. Lisez le *Moniteur* ! M. de
« Saint-Arnaud a exigé qu'il y fût constaté que,
« pour ne point s'associer à la spoliation de la
« maison d'Orléans, il avait voulu donner sa dé-
« mission. Il est vrai qu'il l'a retirée tout de
« suite ; il aura probablement pensé que la
« bonne intention toute seule lui serait encore
« comptée pour quelque chose. En attendant,
« c'est un étrange spectacle donné par ce pou-
« voir si souverainement vertueux et réparateur,
« que de le voir étaler sans plus de honte, à la
« face du pays, les tristes conditions de sa pré-
« caire existence. Le prince garde des ministres
« qui l'obligent à laisser mettre leur démission
« au *Moniteur* pour témoigner du déplaisir que
« leur causent ses volontés, et au moment même
« où ils offrent de quitter leur place, ces minis-
« tres se ravisent et se résignent à la conserver
« pour y faire justement le métier qui parais-
« sait tant leur déplaire ! »

Il ne semble pas que ce soit la seule occasion
où M. Saint-Arnaud ait tenu tête au pauvre dic-

tateur ! Il n'était pas homme à se livrer sans prendre des garanties contre l'ingratitude. Aussi, les personnages étant donnés, croyons-nous tout à fait vraie la scène qu'on va lire, et que nous empruntons à une correspondance du *Messager des Chambres* de Bruxelles :

« M. Louis-Bonaparte aurait demandé à M. de Saint-Arnaud de signer la mise en retrait d'emploi, les uns disent de cent trente, les autres de cent cinquante officiers de l'armée, dont beaucoup d'un grade élevé.

« Le prétexte donné par lui à cette mesure était les opinions orléanistes bien connues de la plupart de ceux qu'il voulait frapper.

« M. de Saint-Arnaud aurait d'abord fait observer au président de la République que cette mesure ne pouvait que lui faire un grand tort dans l'armée même ; au nom du tort que cela pouvait lui faire, il lui demandait d'y renoncer. A ces observations de son ministre, M. Louis-Napoléon aurait répondu par une fin de non-recevoir, et en dernière analyse, par un ordre absolu de signer ou de quitter le ministère.

« A cette déclaration, M. le général de Saint-Arnaud aurait annoncé nettement qu'il ne quitterait pas le ministère. Une discussion vive se serait engagée alors. M. de Saint-Arnaud l'aurait soutenue, et il aurait dit à la fin au président ceci : « Je n'ai point fait la faute de mes autres collègues, j'ai gardé les ordres écrits que vous m'avez donnés le 1er décembre, au soir. Ces ordres, je m'en servirai, et avec eux, je crois que vous êtes plus entre mes mains que je ne suis dans les vôtres. »

« Il est bien entendu que je ne rapporte que le sens des paroles attribuées à M. de Saint-Arnaud ; ce ne sont pas les paroles textuelles ; je ne garantis rien.

« Parmi les ordres de M. Louis-Napoléon que M. de Saint-Arnaud aurait en son pouvoir, on parle surtout de deux, l'un ordonnant de tuer ceux, quels qu'ils fussent, qui résisteraient violemment à une arrestation ; et l'autre, ordonnant, dans le cas où la lutte, tournant mal, forcerait à évacuer Paris, en tout ou en partie, de se retirer dans les forts *et de bombarder la ville.*

« Vous voyez que, s'il y a quelque chose de vrai dans ce qui précède, M. Louis-Napoléon garderait M. de Saint-Arnaud malgré lui. »

Rien de plus vraisemblable qu'une pareille altercation ; elle est toute simple, toute naturelle entre gens de cette espèce ; les fripons n'ont jamais d'amis, ils n'ont que des complices. Le fils de l'admiral Verhuel n'étant qu'un ambitieux vulgaire, engourdi, épuisé, sans supériorité aucune, mené et surmené, n'offrait pas la moindre garantie, et il a dû forcément donner des gages aux casse-cou qui se décidaient à travailler avec lui. Du reste, MM. Saint-Arnaud et Bonaparte ne se feront jamais grand mal, ils s'arrangeront, car, si le premier a des pièces, le second, de son côté, n'en manque pas pour avoir une vengeance toujours prête et assurée.

M. Saint-Arnaud a laissé au *Moniteur*, peu de jours avant le coup de main des insolvables, une nouvelle preuve de sa loyauté. Lors de la discussion sur la proposition des questeurs qui tendait à attribuer au *président* de l'Assemblée le droit de requérir des troupes, il est venu lire avec emphase un discours où l'on trouve cette conclusion : « Ainsi, inopportune, *inconstitution-*
« *nelle*, destructive de l'esprit militaire, la
« proposition accuse, malgré la modération du
« langage, *une méfiance injuste envers le pou-*
« *voir exécutif.* Elle répand l'anxiété dans le
« pays, l'étonnement dans les rangs de l'armée.
« Au nom *du salut du pays*, nous vous deman-
« dons de ne point prendre ce projet en consi-
« dération. (Approbation sur divers bancs de la
« droite. —Mouvement prolongé.) »

Au moment même où il tramait le complot, le ministre de la guerre parlait *de méfiance injuste envers le pouvoir.*

A quels hommes s'est donnée la France !!!

Quant au tout-puissant M. Persigny, c'est un petit aigrefin dont nous ne pouvons rien dire on ne lui connait aucun passé. Il a le grand tor de ne pas porter le nom de son père, appelé Fialin. Sorti sous-officier de l'armée, il s'est attaché à la fortune de M. Bonaparte pour en tirer profit, et n'a pas peu contribué à augmenter sa maladie de *neveu de l'empereur*. Il était l'âme des exploits de Strasbourg et de Boulogne ! C'est lui qui dirige le fils de l'amiral Verhuel. Il est l'intelligence de l'entreprise bonapartiste, l'autre en est le nom. M. Fialin ne se donne pas la peine de dissimuler l'empire qu'il exerce. Il veut que l'on sache qu'il conduit tout. Il faisait dire encore, le 30 juillet dernier, par un correspondant de *l'Indépendance belge* qui est à sa dévotion : « M. Persigny voit tout, il étudie tout, « il touche à tout, et mène les grandes « affaires administratives *comme il mena le* « *le coup d'état du 2 décembre*, avec calme, « bienveillance, gaieté même, mais surtout avec « un dédain profond pour les opinions de ses « adversaires. » M. Fialin pousse ce dédain si loin, que cinq mois après l'attentat il achetait déjà des terres de 500.000 fr. (*Indépendance belge*). Il a donc mis de côté juste 100,000 fr. par mois sur ses gages de ministre du crime ! C'est beaucoup.

Si M. Fialin n'était pas doué de ce merveilleux dédain pour l'opinion de tous les gens honnêtes, il n'aurait pu « mener avec tant de gaieté « le coup d'état du 2 décembre; » car le 18

mai 1848, il disait dans une circulaire aux électeurs de la Loire : « Quant à *mes opinions*, je vais
« vous les exposer avec franchise. *Hier je croyais*
« SINCÈREMENT qu'entre des *habitudes monar-*
« *chiques* de huit siècles et la *forme républi-*
« *caine*, BUT NATUREL DE TOUS LES PERFECTION-
« NEMENTS POLITIQUES, il fallait suivre une phase
« intermédiaire ; et je pensais que le sang de
« Napoléon inoculé aux veines de la France
« *pouvait mieux que tout autre* la préparer au
« régime des LIBERTÉS PUBLIQUES ; mais après
« les grands événements qui viennent de s'ac-
« complir, la république régulièrement consti-
« tuée pourra compter *sur mon dévouement le*
« PLUS ABSOLU.

« Je serai donc LOYALEMENT et *franchement*
« *républicain*... »

Cela est signé, il est vrai, FIALIN-PERSIGNY.
Tandis que notre homme actuel s'appelle le COMTE
DE PERSIGNY. C'est bien différent.

Les complices subalternes ont été choisis aux
mêmes signes que les autres ; ainsi, par exemple, M. Vieyra, nommé chef d'état-major de la
garde nationale pour la circonstance, M. Vieyra
conduisait la bande d'amis de l'ordre qui dévastèrent de fond en comble trois imprimeries le
13 juin 1849 !... Ce n'est pas là une invention
comme celle de la dévastation du château de
M. Lamartine, c'est un fait si incontestable que

— 307 —

nous l'avons un jour porté à la tribune sans que la majorité osât nous répondre.

M. Vieyra, au moment où son ami M. Bonaparte l'employait, avait été condamné, en première instance, comme *stellionataire*. Il en a appelé, et la cour d'appel de Paris vient de prononcer.*à son profit*, le 10 juin 1852, un arrêt conçu en ces termes :

« ... La cour, *adoptant les motifs des premiers
« juges*, mais considérant toutefois que quelque
« MENSONGÈRE ET FRAUDULEUSE que soit la dé-
« claration des époux Vieyra dans le transport
« dont il s'agit, elle échappe à l'application de
« l'article 2059 du Code civil, qu'ainsi c'est à
« tort que les premiers juges les ont déclarés stel-
« lionataires.

« Dit qu'il n'y a lieu de déclarer les époux
« Vieyra stellionataires, et les décharge par con-
« séquent de la contrainte par corps contre eux
« prononcée. »

Nous n'avons trouvé cet arrêt que dans *l'Indépendance belge* du 20 juin. M. Vieyra est si bien en cour, que les journaux français ont craint de se faire suspendre s'ils disaient un seul mot de l'affaire. Et ils ne se trompaient pas. M. Thayer, directeur des postes et ami de M. Vieyra, n'a pas laissé distribuer le numéro de *l'Indépendance*, qui ne contenait cependant que le texte pur et simple de l'arrêt, sans aucun commentaire. Le gouvernement français emploie son pouvoir souverain à cacher un jugement de cour d'appel! La France en est arrivée là, que les repris de justice sont assez puissants pour empêcher de publier les arrêts des tribunaux qui les condamnent. Jugez, par ce nouveau trait, de la moralité du régime napoléonien! Est-ce assez d'ignominie?

Malgré tout, l'arrêt du 10 juin « ne servira pas de petit ornement » aux états de service du chef d'état-major de la garde nationale de Paris. M. Vieyra était d'ailleurs si mal famé, que le général Perrot donna sa démission de commandant supérieur de la garde nationale, à l'instant même où il se le vit accoler [1]. Le général *marquis de* Lawœstine est trop ami de l'ordre pour avoir de ces délicatesses. Il faut rendre cette justice à M. Bonaparte qu'il apprécie son complice à sa juste valeur. Comme un des familiers de l'Élysée mettait timidement en doute l'opportunité d'un choix pareil à celui de M. Vieyra : « Ce n'est pas, » répondit lourdement le taciturne parjure (et l'on croit qu'il avait retenu ce trait de profond politique d'une conversation

[1] Le général Perrot a dit, dans son ordre du jour d'adieu : « Des considérations que la garde nationale « *appréciera* m'ont forcé de donner ma démission de « commandant supérieur, etc. »

de la veille avec M. Persigny), « ce n'est pas « avec des gens honnêtes qu'on fait des coups « d'état. »

Attendez ! nous n'avons encore dit que les moindres méfaits de M. Vieyra, qui s'appelait, il y a vingt-cinq ans, Vieyra Molina. Notre répugnance est extrême à remuer le passé de tous ces gens-là ; c'est assurément ce qu'il y a de plus pénible dans notre tâche d'historien du 2 décembre ; mais, l'ayant entreprise, nous devons en accepter les devoirs les plus rigoureux jusqu'au bout. Nous n'avons pas le droit de soustraire au jugement du monde les renseignements qu'on nous apporte pour faire rougir l'armée de l'appui qu'elle accorde aux étranges oppresseurs de la France. Eh bien donc, M. Vieyra Molina plaidait, en 1827, contre un de ses coreligionnaires, M. Tafa, et celui-ci publiait un mémoire autographié où nous copions ce qui suit :

« ... Quant à la maison garnie où l'on don-
« nait à loger *à des filles publiques*, c'est une
« spéculation dont *tout l'honneur et le produit*
« *appartiennent à Vieyra Molina*. La note rela-
« tive à cette honorable entreprise, *qui est en-
« tièrement écrite par lui*, dans laquelle il se
« nomme, et que j'ai produite entre les mains
« de M. Gorsin et de MM. les conseillers de la
« chambre d'accusation, prouve la vérité de ce
« que je dis. »

Ah! quel monde que ce monde du 2 décembre! C'est à peine si l'on peut trouver, dans la chaste langue française, des synonymes pour parler de leurs faits et gestes sans offenser la pudeur. M. Bonaparte fait séduire le colonel Vaudrey par une femme; M. Morny vit aux dépens d'une femme; M. Saint-Arnaud met au mont-de-piété, pour dix-huit francs, des chemises de femme; M. Vieyra donne en gage d'un emprunt le rapport d'une maison de femmes! A quelque parti que vous soyez attachés, hommes d'honneur qui nous lisez, dites s'il n'y a pas, pour un Français, de qui se tordre de désespoir en voyant la France gouvernée, tyrannisée, insultée par un ramas d'hommes plus vils que des forçats, par des proxénètes!

Chose consolante (quelle consolation et à quoi sommes-nous réduits!), au 2 décembre comme à Boulogne, comme à Strasbourg, MM. Verhuel et Fialin n'ont trouvé que des personnages de cette trempe pour les aider. Un Véron, docteur en industries équivoques, Falstaff moderne aussi gâté de corps que de cœur, autrefois ami de M. Thiers, aujourd'hui commensal de M. Bonaparte; un Granier Cassagnac, bravo littéraire, dont la plume appartient à qui met un peu d'or dans son encrier; un Barthélemy qui *fut poëte et perdit son génie avec sa probité;* un Romieu qui, après avoir passé sa jeunesse au milieu des bons vivants et des gais festins, consacre sa vieillesse à chanter les Cosaques!

Disons encore quelques mots de celui-là. C'est une des médailles les mieux frappées au coin de l'Élysée. On nous a conté un trait de l'époque la plus innocente de sa vie qui mérite place dans l'histoire des héros décembristes. M. Becquet (rédacteur du *Journal des Débats!*), M. Romieu et plusieurs amis de mêmes mœurs, un soir de carnaval, revenaient en fiacre de la Courtille ; ils étaient juchés sur l'impériale de la voiture, selon l'usage du temps et du lieu. M. Becquet, plus ivre encore que les autres, roule du haut en bas du phaéton et reste étendu sur le pavé. M. Romieu entre chez un épicier, achète un lampion, l'allume, le met sur le ventre de son ami pour prévenir les accidents, remonte sur l'impériale, et la voiture continue son chemin en criant : Ohé, les autres! ohé! vive la joie!

M. Romieu était ce qu'on appelait alors un mystificateur, race aujourd'hui à peu près perdue. Il s'était rendu particulièrement célèbre par la guerre qu'il avait déclarée aux portiers. C'est lui qui entrait chez un portier pour l'arracher une heure durant à ses occupations en lui contant mille folies. A la fin, l'homme impatienté éclatait : « Mais en définitive, monsieur, que me voulez-vous? » — « Rien, répondait le mystificateur toujours imperturbable ; j'ai lu à l'entrée de votre loge : Parlez au portier, s'il vous plaît, et je suis venu vous parler. » L'autre devenait furieux, et lui sortait enchanté.

Pourquoi faut-il que nous soyons condamné à descendre à de tels détails. Le lecteur, comprenant notre rôle, en accusera seul le régime qui a fait un personnage d'un homme dont la jeunesse et l'âge mûr furent ainsi occupés.

Devenu publiciste depuis la République, M. Romieu, que Louis-Philippe avait nommé préfet, est l'auteur de ce fameux *Spectre rouge* dont les doctrines sinistres et les excitations sauvages produisirent une certaine rumeur il y a un an ou dix-huit mois. On y lit des choses comme celles-ci : « Charlemagne, placé entre l'anti-
« quité mourante et le monde nouveau qui
« naissait, avait fondé le seul système solide,
« celui *de la force* s'appuyant sur *la foi*. De son
« œuvre, et sans dessein préconçu, sortit le
« *régime féodal*; de tous ceux que l'Europe a
« essayés, *c'est encore le meilleur*. » (Page 32.)
« Ce n'était pas assez que les classes moyennes
« fussent *gangrenées* de ce mal nouveau, l'*in-*
« *struction sans éducation*, il fallait qu'il ga-
« gnât jusqu'aux villages, et ce fut un sage du
« temps, M. Guizot, que la Providence [marqua
« de son doigt pour accomplir l'*extrême désor-*
« dre » (Page 60.) « *Super flumina Babylonis...* Ils

« sont là *les prolétaires* qui chantent ce can-
« tique de haine aux bords du fleuve parisien,
« aux bords de tous les ruisseaux de France ;
« ils aspirent au jour où ils tiendront vos
« petits enfants *et les écraseront sur la pierre.* »
(Page 9.) « Je ne regretterai pas d'avoir vécu
« dans ce triste temps, si je puis voir une bonne-
« fois *chasser et fustiger la foule, cette bête cruelle*
« *et stupide* dont j'ai toujours eu horreur. »
(Page 91.) » La société, telle que l'a faite la
« bourgeoisie, *doit mourir.* « (Page 65.) » Vous
« avez lu le dernier manifeste de M. Blanqui ?
« *Qui a du fer a du pain.* Il a raison, et ce cri
« qu'on a dit sauvage, est *le premier éclat de*
« *bon sens* qui soit sorti d'une bouche fran-
« çaise depuis soixante ans. De nos jours *la*
« *logique est dans la mitraille.* « (Page 70.)
« O bourgeois ! ce n'est pas vous qui repré-
« sentez l'ordre, *c'est la force seule* qui en est
« le symbole. » (Page 68.) « *Le sabre* est devenu
« *l'élément civilisateur.* » (Page 70.)

Les amis les plus exagérés de l'ordre disaient que ces cris de chacal, ces invocations impies à la force, au massacre, au sabre étaient les hallucinations d'un maniaque. Nous en citâmes quelques lignes un jour à la tribune ; on nous répondit, des bancs de la droite, « que M. Romieu était tout seul, que c'était un fou ! » Les journaux les mieux pensants crurent devoir le renier. Le *Constitutionnel* lui-même, nous nous en souvenons très-bien, lui reprocha d'avoir été un peu loin. Qu'a fait cependant M. Bonaparte, dès qu'il a été le maître ? Il a donné à l'auteur de ce livre immonde, écrit avec la plume d'Hébert et de Chenu, à l'ancien persécuteur des portiers, une des places les plus considérables de son gouvernement, il l'a créé *directeur des Beaux-Arts*, et M. Romieu est aujourd'hui le conseiller intime de M. Fialin, faisant fonctions de ministre de l'intérieur ! C'est lui qui a manipulé les élections *de la foule, de la bête cruelle et stupide*, pour ce qu'ils appellent le corps législatif, et il est si bien en cour, qu'on parle d'en faire le ministre de l'intérieur des insurgés. Pourquoi pas ? M. Fialin l'est bien aujourd'hui, M. Morny l'était bien hier !

Est-il assez clair que l'auteur du *Spectre rouge* avait parfaitement exprimé la pensée des deux compagnons de Strasbourg et de Boulogne ? Hélas ! ceux-ci ne l'ont déjà que trop prouvé, en réalisant tout ce qu'il avait voulu et annoncé. « Quel qu'il soit, avait-il écrit, le rôle du chef « est simple. Prendre d'une main ferme la dic-« tature la plus absolue, et se substituer à tous « les *textes* qui nous ont gouvernés depuis « soixante ans. » (Page 93.) « Le jeu puéril de « la garde nationale, auquel la bourgeoisie « s'amuse et dont elle s'est servie comme menace « depuis le règne de Louis XVI vis-à-vis de

» tous les gouvernements, n'est bon qu'aux jours
« paisibles qu'il s'agit de troubler. » (Page 72.)
« Je vous dis, ô bourgeois, que votre rôle est fini.
« De 1789 à 1848 il n'a que trop duré. » (Page 63.)
« L'ordre social a pour unique et réel soutien,
« non votre ridicule amas de codes, mais le fort
« rempart hérissé de baïonnettes et d'artillerie
« qu'on appelle l'armée. » (Page 69.) « Nous
« verrons, je l'espère, finir les saturnales au
« milieu desquelles nous sommes nés. Ce sera
« dans des flots de sang que se fera cette réno-
« vation de la marche humaine. » (Page 94).
« Cette société de procureurs et de boutiquiers
« est à l'agonie, et si elle peut se relever heu-
« reuse, c'est qu'un *soldat* se sera chargé de *son*
« *salut. Le canon seul* peut régler *les questions*
« de notre siècle, et il les règlera, *dût-il arriver*
« *de Russie.* » (Page 20.)

Ces appels au canon russe, ces honteuses menaces de l'étranger sont familières à tous les
intimes du nouveau gouvernement napoléonien.
M. Véron, qui avait l'oreille du *neveu de l'empereur*, mettait aussi le célèbre plébiscite sous
la protection de l'étranger. Il menaçait la France
du canon russe, si elle ne votait pas pour le
président-Obus. « Votons, disait-il, pour Bona-
» parte, si nous tenons à sauver la France de la
« barbarie et de *l'invasion des rois de l'Europe*
« *coalisée.* » (*Constitutionnel*, 16 décembre.)

§ III.

Voilà les hommes du *coup-d'état*, voilà les hommes qui insultent tous les jours les républicains, voilà les hommes à qui la France permet de serrer chaque jour un peu plus la camisole de force dans laquelle elle a volontairement mis les bras le 21 décembre ! On cherche parmi eux un caractère honorable, et on ne le trouve pas. L'indignation qu'excite leur élévation présente s'augmente à considérer leur avilissement passé. Il n'est que trop vrai, tous ces faiseurs d'objurgations contre le socialisme ont une réputation d'immoralité notoire ; tous ces grands amis de la famille sont fameux par leurs exploits de lupanar ; tous ces vertueux prôneurs de religion ont révolté les gens de bien par la publicité de leurs déportements ; tous ces preux défenseurs des droits éternels de la propriété sont des chevaliers d'industrie criblés de dettes ou mal enrichis ; tous ces nobles soutiens de la civilisation sont des intrigants de bas étage. Gens de mauvaise vie, issus de mauvais endroits, tarés, corrompus jusqu'aux os, leur vie privée n'est qu'un long tissu de sales actions, et leur vie publique refléta toujours leur vie privée. Ceux d'entre eux qui écrivent, laquais de tous les régimes, ont servi tous les heureux. Depuis vingt ans, il n'est pas de ministre qu'ils n'aient adulé ou conspué tour-à-tour, selon sa bonne ou mauvaise fortune. Les royalistes les avaient eus jusqu'ici dans leur bagage, et c'est pour avoir appris le tarif de leurs consciences que le *Bulletin français* dit à leur maître : « Vous nous ferez jeter « au hasard, par vos insulteurs, l'injure et la « calomnie; nous avons fait vœu, nous, d'ignorer « les subalternes et de ne compter qu'avec le « maître. Nous savons bien la minute où nous « lui prendrions ces gens-là comme il nous les a « pris, si, Dieu merci, nous n'en avions assez. »

Les modèles d'élégance, de bon goût, de probité et de pureté, qui étaient en si grand nombre dans le parti de l'ordre, ont parlé quelquefois avec beaucoup d'agrément du *gouvernement de la canaille*. Le 2 décembre l'a intronisé.

Que le lecteur de sang-froid ne soit donc pas choqué de quelques-unes de nos expressions, s'il nous en est échappé de trop vives : elles nous sont, pour ainsi dire, imposées par la nature de ceux que nous avons à juger.

Quels hommes, en effet! Avec quelle avidité, portant au pouvoir leurs habitudes de rapine, ils ont plongé leurs bras jusqu'aux coudes dans les coffres du trésor public! Ils commencèrent par s'emparer des vingt-cinq millions que la banque de France restait devoir à l'État sur le dernier emprunt. Ils le nient; ils se sont fait donner un certificat par M. d'Argout, directeur

— 318 —

de la banque. Mais personne ne les croit ni les uns ni les autres. Tout le monde sait que M. d'Argout s'est contenté d'un manteau de sénateur pour prix de sa complicité. Il a des régals peu chers, dirait Alceste. — L'histoire saura un jour s'il est vrai, comme le bruit en court dans quelques cercles politiques, que l'Autriche et la Russie, complices du crime, aient garanti par l'intermédiaire de M. Rothschild les vingt-cinq millions à la Banque de France, si le guet-apens ne réussissait pas.

C'est une chose authentique, indéniable que chaque soldat de la brigade du quartier de l'Élysée a reçu dix francs le 2 décembre et les jours suivants, jusqu'au 7! Comment, s'ils n'avaient pas dévalisé la banque, MM. Persigny et Bonaparte, ruinés, à bout de ressources, auraient-ils pu, les deux ou trois premiers jours, fournir cette déshonorante haute paye? Avec quel argent auraient-ils pu offrir aux prétoriens des charretées de volailles rôties et des pipes d'eau-de-vie? Où se seraient-ils procuré de quoi gagner les généraux qui leur ont livré les troupes, et les commissaires de police qui ont fait les arrestations nocturnes du premier jour? Où auraient-ils puisé les fonds nécessaires à l'entretien de leur nouveau journal *le Puplic*, qu'ils faisaient vendre dans les rues de Paris à cinq cemtimes et qu'ils envoyaient gratis à tous les fonctionnai-

— 319 —

res indistinctement, depuis le maire de chaque village, les chefs de gendarmerie et les juges de paix, jusqu'aux préfets et commandants d'état de siége? Qui ne reconnaît dans toutes ces prodigalités le caractère propre aux gaspillages des voleurs qui viennent de faire un coup? A peine installés au pouvoir, la première chose dont ils s'occupèrent fut de se donner des gages fabuleux : celui-ci quatre-vingt mille francs, celui-là cent mille francs, cet autre cent vingt mille francs ; le chef de la bande, douze millions, etc. Il faut voir comme ils emploient cet argent ! Les bons dîners, les soupers fins, les fêtes, les banquets, les bals de jour et de nuit se succèdent comme dans les cavernes après une heureuse expédition. Le bonapartiste est en général très-gourmand. Ces messieurs se traitent aux dépens de la France épuisée, décimée, transportée, à laquelle ils disent jovialement, entre deux vins : C'est pour faire aller le commerce. Un auteur que nous ne connaissons pas a peint ce désolant tableau en traits si remplis de vérité et d'éloquence, que nous ne résistons pas à le citer :

« Tandis que tout est galas chez M. Berger, chez
« M. Billault, chez M. Magnan, chez M. Saint-
« Arnaud, chez M. de Maupas, à l'Élysée, au
« Tuileries, à l'hôtel de ville, au Luxembourg ;
« tandis que toute cette cohue brodée ne fait que
« boire, manger, danser et se vautrer en toutes

« sortes de sensuelles voluptés ; tandis qu'on
« occupe les imaginations oisives, par le récit
« de ces monstrueux repas, qu'on enregistre au
« *Moniteur* comme un bulletin de victoire le
« nombre des bouteilles vidées ou brisées dans
« une seule nuit, combien de pâtés, de jambons,
« de chapons truffés ont été engloutis à la table
« de monseigneur, tournez les yeux vers les
« familles que monseigneur a décapitées, dé-
« membrées, ruinées et affamées; écoutez les
« sanglots qui partent de ces chaumières ! Tout
« le nouveau régime vit dans ce contraste. Ici
« des affranchis et des prétoriens dans l'ivresse ;
« là des opprimés dans les larmes. Et puis? Et
« puis plus rien ! pas un mouvement, pas un bruit,
« pas un soufle [1]. »

Les meneurs vont continuer la parodie; on
attend l'empire à peu près à la manière d'un
bouquet de feu d'artifice, et la France regarde
tranquillement comme si ce n'était pas d'elle-
même qu'on disposât. Elle laisse jouer en ce moment une comédie d'une impudence rare où on
lui donne un rôle vraiment singulier. Le som-
nolent empereur de M. Persigny est envoyé dans
l'Est, le peuple crie: *Vive le Président! Vive
Napoléon !* les transparents et les arcs de triomphe ne portent pas d'autres marques de son

[1] *La voix mystérieuse*. Londres, 1852.

enthousiasme, les préfets et les maires ne disent que *monseigneur* ou *prince*, les dépêches télégraphiques ne parlent que du *prince* et de *monseigneur*. Monseigneur le prince repart pour le Midi. A Bourges, à Nevers, c'est encore le cri de *Vive Napoléon* qui se fait entendre ; mais ici le peuple change tout à coup d'avis, il crie *Vive l'Empereur!* Préfets et maires changent aussi tout à coup de langage ; ils ne disent plus *prince* et *monseigneur*, ils disent *Son Altesse*. Les dépêches officielles se modifient de même et ne parlent plus que de Son Altesse. On va ainsi jusqu'à Lyon, jusqu'à Saint-Étienne. Là *le peuple*, qui, la veille, nommait M. Sain et M. Favre membres du corps municipal et encore plus dynastique, commence à crier : *Vive Napoléon II!* et l'allégresse des transparents devient du *Napoléon II*. Le correspondant de *l'Indépendance belge*, qui aime M. Persigny et qui le lui montre parfois à coups de pavé, écrit finement : On sent que M. Persigny a passé par là. A Grenoble, *le peuple*, devenu tout à fait dynastique, crie : *Vive Napoléon III*[1] ; les harangueurs et les dépêches officielles ajoutent *Impériale* à

---

[1] « Les cris de *vive Napoléon!* remplissent les airs, « etc. » *Le Pays*, 16 septembre, Bourges.

« Partout ce n'était que bannières portant quelques-« unes les mots : *Vive Napoléon!* mais dont la plupart « allaient plus franchement au but par cette devise:

son *Altesse*², et depuis il n'est plus question, soit sur le chemin du triomphateur, soit dans les dépêches télégrahiques ou les journaux bien pensants, que de *Napoléon III* et de *Son Altesse Impériale !* La France entière veut Napoléon III. C'est incontestable.

N'est-ce pas chose admirable de voir comme le peuple varie d'opinions et *le Moniteur* de for-

« *Vive l'Empereur !* » *Le Constitutionel*, 18 septembre, Nevers.

« De Grenoble à Valence tous les arcs de triomphe « avaient cette inscription : *Vive Napoléon III !* C° « cri se mêlait, à Valence, à ceux de *Vive l'Empereur!*» (Dépêche télégraphique, Valence, 24 septembre.)

« S. A. part pour Montpellier ; elle a été saluée sur « son passage, de la préfecture à la gare du chemin « de fer, par les plus vives acclamations et aux cris de : « *Vive l'Empereur ! Vive Napoléon III !* » (Dépêche télégraphique, Nîmes, 1er octobre.)

2 « Hier à la cathédrale, en réponse à Monseigneur « l'évêque de Nevers, *le prince président* a dit... » (Dépêche télégraphique, Nevers, 16 septembre.)

« Les rues que doit traverser le prince sont décorées « et pavoisées. Tout présage une journée magnifique. « *Son Altesse* jouit d'une santé parfaite. » (Dépêche télégraphique, Lyon, 23 septembre.)

« La réception qui a été faite au prince, à Avignon, ne « laisse rien à désirer ; elle a été admirable en tout « point. Je viens de quitter *Son Altesse Impériale* en « très-bonne santé à la limite de mon département. » (Dépêche télégraphique, Avignon, 25 septembre.)

mules, à mesure que *le chef de l'État* avance dans son voyage ? Pour dire vrai, il nous paraît un peu étrange, quelle que soit la soudaineté des impressions de la nation française, quelle ait des revirements si subits. Il nous semble impossible que *le peuple*, après n'avoir crié *que* Vive Napoléon ! Vive le Président ! sans un seul cri de Vive l'Empereur pendant tout le voyage de l'Est, se mette à ne plus crier, deux mois après, *que* Vive l'empereur ! sans un seul cri de Vive le Président. Ce mouvement est trop abrupt et l'on n'y trouve pas ces nuances graduées que les décorateurs habiles et de bon goût savent apporter aux mises en scène. *Le Moniteur*, dans un article de fond, dit bien : « Nous voudrions que toute l'Europe fût témoin de cette extraordinaire transformation « du sentiment public !. » Mais cette seule ligne ne sauve pas suffisamment la brusquerie de la transition. Il y a des gens qui se sont avisés de dire que le cri de Vive Napoléon III était un cri séditieux sous la République. En prison, ces gens-là ! ce sont des anarchistes. On nous permettra donc, quand l'Empire sera fait, de continuer à crier : Vive la République ? Non pas, car alors *la voix du peuple* ne serait plus *la voix de Dieu*. A la bonne heure. Quand on se mêle de restaurer le suffrage universel, voilà comme il faut s'y prendre.

En même temps abondent les pétitions pour l'Empire, on en fabrique de tous côtés. Il nous est arrivé un renseignement curieux sur un des procédés employés à cet effet par les agents de l'association *le Neveu de l'Empereur et C*ie.
M. Dulimbert, l'ancien préfet des Basses-Pyrénées, nommé préfet du Gard en récompense de sa campagne d'Estagel, a envoyé à tous les maires de son département *un modèle de pétition* à adresser à Son Altesse, pour la supplier d'achever de sauver la France en se couronnant. M. Dulimbert, dans la lettre qui contient sa pétition, enjoint au maire de la faire signer par tout le conseil municipal et des'arranger ensuite de façon à avoir l'adhésion de tous ses administrés. Il daigne ordonner ensuite de renvoyer la *lettre d'instruction* avec la pétition signée; moyen ingénu de faire disparaitre la preuve de cet honnête tour de gobelets élyséen. Nous mettons M. Dulimbert au défi de nier la vérité de ce que nous venons de dire.

C'est ainsi que beaucoup de monde, dans les campagnes, demande l'Empire. Jamais aucun gouvernement ne fut aussi rempli d'impuretés que celui-là ; tout y est factice, tout y est compression, et l'on ne peut s'étonner que d'une chose, c'est qu'il se soit trouvé en France assez d'hommes corrompus et vils pour jouer un rôle dans cette sanglante comédie ; c'est que la peur des baïonnettes inintelligentes donne à un tel échafaudage de fraude et de mensonge une apparence de vie régulière.

Au retour des excursions impérialistes du Midi, les sénateurs statueront sur la demande *du peuple tout entier*, et la farce sera jouée.

Il sera constaté que le noble fils de l'amiral hollandais a menti une fois de plus en disant, le 29 mai, dans la séance d'ouverture du parlement des muets : « CONSERVONS LA RÉPUBLIQUE. » Mais qu'importe ? Les soldats acclament, les officiers montent à cheval derrière les voitures du Président-Obus et les prélats vénérables entonnent l'hymne d'allégresse, mêlant le nom de Dieu à celui de son lieutenant dissolu, parjure, menteur et meurtrier. Gloire à Lacenaire, empereur des Français ! Ils se sont partagé les rôles. L'un est César ; les autres acceptent le second rang. Ils lui ont donné une maison militaire, une maison civile. Certains officiers, des généraux, des colonels, des capitaines, âmes de valets, ont déjà pris leur place à l'antichambre, sous le nom d'aides de camp. Les flatteurs de l'Opéra et de Notre-Dame couronnent son chiffre, et la cohue des brodés, comme on vient de le voir, lui dit : Altesse Impériale.

Que de variantes il a subies avant de gagner ce précieux et beau titre d'Altesse ! Lorsqu'il rentre en France, il est tout simplement M. Bonaparte; président, il se fait appeler Prince par ses domestiques; dictateur, il se fait donner du Monseigneur par ses ministres; voyageur, ses préfets hasardent d'abord, près de Nevers, Son Altesse, et à Grenoble il est Altesse Impériale! Tout cela est petit, piteux, misérable, sans hardiesse. Le géant abattu a beau se laisser faire; les mirmidons tremblent encore en le chargeant des chaînes aristocratiques.

Les titres reviennent à la suite avec la même timidité; les fils des croisés qui en avaient les reprennent peu à peu; ceux qui n'en ont pas s'en donnent; la chose s'opère assez honteusement; on n'ose pas encore mettre au *Moniteur* les lettres de noblesse délivrées par le fuyard de Boulogne et de Strasbourg; mais de temps en temps, on voit tout à coup dans les journaux amis de l'ordre apparaître quelque nom de ces messieurs tout étonné de son héraldique illustration. Il paraît que M. Fialin a eu la modestie de ne se faire que comte; va pour M. le comte de Persigny! On a beaucoup ri en France des ducs de Marmelade et des barons de Limonade fabriqués par M. Soulouque. Les Haïtiens vont avoir, à leur tour, la comédie du marquis Le Bœuf, du prince Véron, du duc Cassagnac, de Sa Majesté Verhuel! Au fond, tout cela n'est pas plaisant. M. Charles Verhuel fait payer cher à la France les moqueries qu'elle prodigua à S. M. Faustin Ier, empereur d'Haïti. Soulouque, devinant le 2 décembre, avait d'avance bonapartisé la République noire ; le neveu du 18 brumaire, par courtoisie de monstre à monstre, se charge de soulouquer la République blanche.

Quand il sera empereur, il lui faudra des armoiries toutes fraîches. L'opinion publique de la France et de l'Europe se chargera de les lui dessiner. Elle y mettra sur un champ de gueules couleur de sang, une pince-monseigneur (puisque monseigneur il y a), un verre à vin de champagne, une baïonnette posée sur une guillotine, un masque, la bourse de Judas et un œil de mouchard [1]. Voilà les armes parlantes de M. Bonaparte second. Le gouvernement de cet homme est ignominieux, il n'en est pas que les lois de l'honneur et de la morale réprouvent plus énergiquement. C'est plus que l'Empire, plus que la Restauration ; c'est l'Empire et la

---

[1] A l'imitation de l'assassin du duc d'Enghien, l'assassin du capitaine Puygellier a créé un ministère de la police. C'est assez dire quel rôle ont repris les mouchards dans l'administration ; ils sont tout joyeux et glorieux, les voilà du gouvernement ! Aussi le marbre ne suffit pas à la rue de Jérusalem pour exprimer son admiration ; elle a voté un buste en bronze sur lequel on écrira : *A Louis-Napoléon Bonaparte, les espions reconnaissants.*

Restauration tout ensemble ; un sabre surmonté d'un éteignoir ! L'armée voit ce qu'elle a fait en portant sur le pavois ces territoristes bigots qui vont à la messe et fusillent, qui observent le repos du dimanche et pratiquent la confiscation !

La France se sera donc laissé donner à MM. Persigny, Bonaparte, Morny, Maupas, Saint-Arnaud, Magnan, Vieyra, Romieu ! etc., etc. Dire que de pareils hommes gouvernent ! Vivrions-nous cent ans, ce serait pour nous, jusqu'au dernier jour, un sujet de stupéfaction que de voir la France inclinée devant eux. Notre sang afflue dans nos veines ; il monte en bouillonnant jusqu'à notre front qu'il rougit de honte, lorsque nous pensons que de pareils gredins, comme dirait Molière, tiennent leur pied plat sur notre patrie. Nous voudrions avoir le génie de la malédiction, pour venger la République traînée dans la boue et dans le sang par cette association de mécréants, de viveurs, de condottieri, d'escrocs et de repris de justice, réunis sous la raison sociale *le Neveu de l'Empereur et compagnie*. Quelque peu que dure encore leur règne, ce sera toujours une tache pour notre histoire qu'il ait duré six mois. Nous sommes pris d'une amertume profonde, en voyant la municipalité de Strasbourg offrir les clefs de la ville à celui d'entre ces rufians qui porte un nom, homme sans valeur ni prestige que ce nom, sans passé que deux énormes sottises, sans présent que des trahisons et des tueries, et ne promettant pour l'avenir que le despotisme grossier d'un vicieux parvenu. Nous sommes saisi de désolation, quand nous apprenons que, malgré l'abstention de la grande majorité des électeurs de conseils généraux, il s'en est encore trouvé assez pour donner même la simple majorité à des Magnan, des Saint-Arnaud, des Maupas, des Morny, des hommes qui ont mis leurs noms au bas de l'égorgement des citoyens inoffensifs et du massacre des prisonniers. Y aura-t-il donc toujours des faibles pour saluer le succès, fût-il obtenu par le meurtre, le parjure, la bassesse et le crime? Quand nous entendons une fraction de la France proclamer sauveurs les conjurés de décembre, il nous semble entendre une victime féliciter d'autant plus son assassin, qu'il a été plus lâche et plus impitoyable en la frappant. Nous concevrions notre pays vaincu, conquis, écrasé par l'armée de quatre cent mille baïonnettes qui a terrassé partout ceux qui se sont levés pour l'honneur et la liberté, mais nous ne le concevons pas acclamant le joug de M. Persigny!

Il n'est pas jusqu'aux conquérants qui ne parlent de la dignité du pays compromise. *Le Constitutionnel* du 25 septembre disait : « Des « orgueils souffrants, des importances oubliées « accusent avec amertume notre société d'*abais-*

« *sement, d'oubli de ses droits* et presque de
« *servilité.* » A cela *le Constitutionnel* se borne
à répondre : « Mais vous qui le prenez si haut
« avec une nation, les avez-vous toujours proté-
« gés, toujours respectés ces droits? » Belle défaite. Mais on le voit, les barbares constatent
eux-mêmes que sous leur domination on accuse
la malheureuse France d'ABAISSEMENT et de
SERVILITÉ.

A voir la vieille Gaule subir tant d'humilia-
tion, nous sentons parfois d'ardentes colères.
Nous éprouvons quelque chose comme si notre
honneur personnel était atteint sans qu'il nous
fût permis de le laver, comme si une femme que
nous aurions au bras était outragée sans que
nous puissions châtier l'offenseur. Ah! certes,
l'exil a des souffrances dont le proscrit seul peut
avoir l'idée : chaque jour on appelle avec amertume mille choses aimées qu'on ne croyait pas
aussi précieuses qu'elles le sont ; mais en voyant
le pays aux mains de ces malfaiteurs, les regrets
de l'absence semblent s'amortir. Penser que
dans cette noble contrée chacun se tait sous l'impression de la terreur, penser que l'on y fait une
vertu de la peur, en disant que l'on ne veut pas
compromettre ses amis, cela ne navre pas seulement le cœur, cela confond la raison. On ne
s'explique pas comment un peuple si généreux
est devenu tout à coup si facile à l'asservisse-

ment. Quand nous considérons avec quelle aisance plusieurs parmi les ouvriers et les cultivateurs se façonnent à ce nouveau régime impérial, plus abject encore que le premier, nous voudrions ne plus rien lire, afin d'ignorer tant de honte et d'avilissement. Mais où trouver le courage de l'abstention et de l'oubli? Si abaissée que soit la patrie, on y revient toujours, comme le naufragé vers les plus funestes rivages, avec l'espoir éternel de la délivrance!

Cependant que l'on ne se trompe pas sur l'expression de nos regrets; la débilité de quelques hommes peut nous arracher par moments un cri de douleur, mais notre âme n'est point découragée. La France, nous le savons, ne saurait se manquer à elle-même, et nous attendons avec pleine confiance l'explosion de la vertu nationale qui se contient.

Peuple, rappelle-toi le mot célèbre de notre grande révolution : « Quand le droit est violé, l'insurrection est le plus saint des devoirs. » Rappelle-toi ce que Lafayette disait du héros de juillet dans la séance du 27 octobre 1831 : « Ils sont disciples de la doctrine proclamée en « France en 89 sur le droit et le devoir sacré de « résistance à l'oppression. » Peuple français, songe à ton devoir!

Nous serons reconnaissant à tous ceux de nos amis politiques qui découvriraient des erreurs dans notre livre de vouloir bien nous les signaler. Nous recevrons de même avec un vif plaisir toute communication sur les faits de résistance des patriotes et sur les crimes des décembriseurs que nous n'aurions pas connus. Il y a, sous ce dernier rapport, un travail que nous nous permettons de conseiller à nos amis comme très-utile et très-important. Ce serait, dans chaque département, de lire la collection du *Journal élyséen* pendant les mois de décembre, janvier et février : on trouvera là une mine de documents pour compléter devant l'histoire l'acte d'accusation du 2 décembre ; ce sont les propres aveux des insurgés eux-mêmes sur les violences, les iniquités et les barbaries sauvages qu'ils ont commises.

Nous venons d'exposer par quels crimes les insurgés du 2 décembre ont conquis la puissance. Pour achever notre pénible tâche, il nous reste à dire quel horrible usage ils ont fait du pouvoir. Ce sera l'objet d'un second ouvrage intitulé :

LE

GOUVERNEMENT DU 2 DÉCEMBRE.

Le manuscrit de ce nouveau livre est prêt; rien au monde ne pourra en empêcher la publication; nous prenons l'engagement de le mettre au jour avant six semaines ou deux mois.

En voici le contenu :

CHAP. Ier. ARRESTATIONS EN MASSE.
    II. TRANSPORTATIONS, PONTONS.
    III. RÉTABLISSEMENT DE LA PEINE DE MORT PAR LES MODÉRÉS.
    IV. L'ASSASSINAT ORGANISÉ PAR LES SAUVEURS DE LA CIVILISATION.
    V. L'ARMÉE.
    VI. L'AUTORITÉ SOUS LES RESTAURATEURS DE L'EMPIRE DES LOIS.
    VII. LA RELIGION SOUS LES AMIS DE L'ORDRE.
    VIII. LA FAMILLE SOUS LES ENNEMIS DU SOCIALISME.
    XI. LA PROPRIÉTÉ SOUS LES DÉFENSEURS DE LA PROPRIÉTÉ.
    X. LE VOTE DU 20 DÉCEMBRE ET LE SUFFRAGE UNIVERSEL.
    XI. LA CONSTITUTION DE 1852.
    XII. LE RÉGIME DU 2 DÉCEMBRE NE PEUT DURER.

ANNEXES.

N° 1. — *Refus de serment.*

REFUS DE SERMENT DU COLONEL
CHARRAS.

AU PRÉFET DU DÉPARTEMENT DU PUY-DE-DÔME.

(*Cette lettre a été adressée au ministre de l'intérieur, M. Fialin dit de Persigny, pour être transmise au préfet du Puy-de-Dôme.*)

Le proscrit auquel la République a rendu une patrie et qui a détruit la République;
Le président qui a juré fidélité à la Constitution issue du suffrage libre et universel de la France, et qui a menti à son serment;
Le conspirateur qui a usurpé le pouvoir absolu par la fraude, la corruption et la violence;

Le despote qui a ruiné, banni, emprisonné, déporté, massacré des milliers de citoyens français, a fait une constitution et l'a imposée à la France.

Où prétend-il en avoir puisé le droit ? — Dans le scrutin du 20 décembre, comme il prétend y avoir trouvé l'absolution de son parjure et de ses crimes.

Ce vote n'a pu tromper personne : émis en l'absence de toute liberté, sous l'empire de la terreur, contrôlé uniquement par des complices, il est frappé de nullité par la conscience publique. L'histoire lui réserve la première place parmi les plus audacieuses fourberies que jamais gouvernement ait osées, en aucun temps, en aucun pays.

Membre du conseil général du département du Puy-de-Dôme, on me demande aujourd'hui de prêter serment de fidélité à Louis Bonaparte et à sa constitution.

L'homme du 2 décembre, celui qui a donné l'exemple le plus cynique de la violation de la foi jurée, exiger des serments ! En vérité, un trait pareil manquait aux annales de ce temps.

Je n'ai pas à rappeler ici les violences commises contre le représentant du peuple, la spoliation exercée contre l'officier de l'armée ; qu'est-ce que cela en face des malheurs de la patrie, de ses douleurs, des ruines accumulées par la terreur bonapartiste ? L'amour du pays et de la liberté, le sentiment de l'honneur national parlent seuls à mon cœur et dictent ma réponse. A un gouvernement sans nom, sans foi, sans honneur, sans probité, les hommes de cœur ne doivent que du mépris et de la haine.

Je refuse le serment.

Pour les Républicains, il n'est qu'un engagement à prendre, et celui-là je l'ai déjà pris, c'est de hâter de tous leurs efforts le moment où la France brisera le joug qui lui a été imposé, en un jour de surprise et de défaillance, par une poignée de bandits qui pillent le trésor public et déshonorent jusqu'au drapeau, jusqu'au nom de la patrie.

Lieutenant-colonel CHARRAS,
Représentant du peuple.

Bruxelles, le 28 mai 1852.

REFUS DE SERMENT DU GÉNÉRAL CHANGARNIER.

Malines, le 10 mai 1852, 10 h. du matin.

Monsieur le ministre,

Pendant trente-six ans, j'ai servi la France avec un dévouement qu'on peut égaler, mais qu'on ne surpassera pas.

Sous la restauration, j'ai eu dans l'armée un grade proportionné à l'obscurité de mes services d'alors; sous le gouvernement de Juillet, les chances de la guerre m'élevèrent rapidement au grade de lieutenant-général; douze jours après la proclamation de la République, l'orsque Mgr. le duc d'Aumale, que je venais de reconduire à bord du *Solon* en le faisant saluer par l'artillerie de la place et de la marine, comme si le roi Louis-Philippe eût encore habité les Tuileries, m'eut laissé le gouvernement par intérim de l'Algérie, j'écrivis au ministre de la guerre que je n'avais pas souhaité l'avénement de la République, mais qu'il ne me semblait pas changer mes devoirs envers mon pays; le gouvernement provisoire ne brisa pas mon épée, et le 16 avril il ne regretta pas d'en pouvoir disposer; peu de temps après cette journée, je fus nommé gouverneur général de l'Algérie.

J'ai quitté bientôt cette haute position où tout m'était facile, pour répondre à la confiance des électeurs de Paris, qui m'avaient appelé à l'Assemblée constituante.

Le général Cavaignac, chargé du pouvoir exécutif, à la suite des journées de Juin 1848, auxquelles je n'ai pas assisté, me nomma, le 30 juin, commandant des gardes nationales de la Seine; le 14 décembre de la même année, le général Cavaignac m'ayant fait prier de me rendre à l'hôtel qu'il occupait, rue de Varennes, me dit, en présence de tous les ministres, que la police croyait à un mouvement bonapartiste, préparé pour profiter de la cérémonie anniversaire de la translation des cendres de l'empereur aux Invalides, échauffer l'enthousiasme populaire, conduire Louis-Napoléon aux Tuileries et le proclamer empereur.

Le général Cavaignac termina en me demandant mon avis sur les mesures à prendre : je le lui donnai, et je finis en disant : « Mon cher général, j'ai donné ma main à Louis-Napoléon pour en faire un président, non un empereur ; dans peu de jours, il sera président de la République, mais vous pouvez compter qu'il n'entrera pas demain aux Tuileries, où vous avez établi mon quartier général.

Ces paroles exprimaient brièvement mais exactement mon inébranlable résolution de rester ce que j'ai été toute ma vie, l'homme, de l'ordre et de la loi.

Louis-Napoléon Bonaparte a tenté bien des fois de me faire dévier de la ligne droite que je m'étais tracée, pour me déterminer à servir son ambition ; il m'a bien souvent offert et fait offrir non-seulement la dignité de maréchal que la France m'aurait vu porter sans la croire déchue, mais une autre dignité militaire, qui depuis la chute de l'Empire a cessé de dominer notre hiérarchie.

Il voulait y attacher des avantages pécuniaires énormes, que grâce à la simplicité de mes habitudes. je n'ai eu aucun mérite à dédaigner.

S'apercevant bien tard que l'intérêt personnel n'avait aucune influence sur ma conduite, il a esssayé d'agir sur moi en se disant résolu à préparer le triomphe de la cause monarchique à laquelle il supposait mes prédilections acquises. Tous les genres de séduction ont été impuissants ! Je n'ai pas cessé d'être, dans le commandement de l'armée de Paris et dans l'Assemblée, prêt, ainsi que je l'ai dit dans une séance de la commission de permanence, à la suite des revues de Satory, à défendre énergiquement le pouvoir légal de Louis-Napoléon Bonaparte et à m'opposer à la prolongation illégale de ce pouvoir.

Ce n'est pas à vous qu'il est besoin d'apprendre comment le pouvoir nouveau s'est établi sous la nouvelle forme, et quels actes iniques, violents ont accompagné son installation. La persécution n'a pas refroidi mon patriotisme; l'exil que je subis dans la retraite et dans un silence qu'aujourd'hui vous me contraignez à rompre, n'a pas changé à mes yeux mes devoirs envers la France; si elle était attaquée, je solliciterais avec ardeur l'honneur de combattre pour la défendre.

Le seul journal français qui passe ici sous mes yeux m'a fait connaître tout à l'heure l'arrêté qui règle le mode de prestation de serment exigé de tous les militaires; un paragraphe évidemment rédigé pour être appliqué aux généraux proscrits leur donne un délai de quatre mois; je n'ai pas besoin de délibérer si longtemps sur une question de devoir et d'honneur : ce serment exigé par le parjure qui n'a pu me corrompre, moi, je le refuse !

(Signé) : CHANGARNIER.

REFUS DE SERMENT DU GÉNÉRAL DE LAMORICIÈRE.

Bruxelles, 14 mai 1852.

« *Au ministre de la guerre.*

« Général,

« Arraché à mon domicile, jeté en prison, proscrit au mépris des lois, j'avais cru que vous n'en seriez pas venu jusqu'à me demander un serment de fidélité à l'homme dont le pouvoir, usurpé par la violence, ne se maintient que par la force. Mais un acte émané de votre ministère contient un paragraphe qui s'applique évidemment aux généraux bannis et leur impose l'obligation du serment. Deux mois sont accordés à ceux qui résident en Belgique pour répondre à cette sommation.

« J'entends dire de tous côtés que le serment n'engage pas envers celui qui n'a pas tenu le sien. Si largement qu'on en use aujourd'hui, cette doctrine, je la repousse. Le delai, je n'en ai pas besoin ; le serment, je le refuse.

Je sais la conséquence de ma résolution. Vingt-neuf ans et demi passés sous les drapeaux, 35 campagnes résultant de 18 années de guerre en Algérie (de mai 1830 à janvier 1848), quelques services rendus à la France sur la terre étrangère et dans les fatales journès de juin 1848, services qui peut-être ne sont pas oubliés, tout cela sera mis au néant : je serai rayé des contrôles de l'armée. Une fois de plus, il sera constant que le grade est à la merci de l'arbitraire. La loi du 19 mai 1834 en avait fait le patrimoine de l'officier; il ne pouvait le perdre que par un jugement des conseils de guerre. Cette loi est foulée aux pieds, commes tant d'autre, par un gouvernement qui ne respecte ni les personnes ni la propriété.

Ainsi, l'épée que j'avais vouée au service de la France va m'être arrachée des mains ! Qu'en ferais-je sous un pareil gouvernement ? Mais si, ce qu'à Dieu ne plaise, nos frontières étaient envahies, je me hâterais de la reprendre et de combattre pour l'indépendance nationale, car l'histoire me dit assez qu'en présence des périls suprêmes accumulés par son ambition, le despotisme n'exige pas de serment des hommes de cœur qui marchent à la défense de la patrie !

(Signé) : Général DE LAMORICIÈRE.

REFUS DE SERMENT DU GÉNÉRAL BEDEAU.

Mons, 15 mai 1852.

Monsieur le ministre,

Un arrêté fixe le délai dans lequel doit être prêté le serment imposé aux militaires.

Mis hors la loi depuis le 2 décembre, je pourrais m'abstenir de répondre à cette prescription. Je ne veux pas que mon silence soit faussement interprété.

Mes actes ont toujours eu pour principe et pour but le respect et la défense des lois. J'ai été, par cette seule cause, arrêté, détenu et proscrit violemment.

L'injustice et la persécution ne changent pas les convictions honnêtes.

Je refuse le serment.

Le général BEDEAU.

A côté des lettres des généraux, nous placerons celles des citoyens J. Favre et Sain qui, nommés conseillers généraux par les arrondissements de Lyon et de St.-Étienne, n'ont pas voulu prêter serment au président des traîtres. Ainsi, de tous côtés, sous toutes les formes, la flétrissure arrive pour le crime du 2 décembre et pour le gouvernement qui en est issu.

LETTRE DU CITOYEN JULES FAVRE.

Paris, 21 août 1852.

« Monsieur le préfet,

« Nommé membre du conseil général, j'obéis à un devoir de conscience en refusant de prêter serment. Non pas qu'à mes yeux le mandataire du peuple puisse, par une formule quelconque, aliéner son indépendance vis-à-vis du pouvoir qu'il a mission de surveiller et de contenir; mais parce que, dans les circonstances actuelles, la soumission à cette formule est considérée comme un acte de concours.

« Membre de l'Assemblée qui a voté la Constitution de 1848 et reçu le serment solennel du 10 décembre, je ne puis donner ce concours, alors surtout que les lois protectrices de la fortune, de la vie, de l'honneur même de mes concitoyens, demeurent violées par une persécution contre laquelle tout homme de cœur doit protester. (Signé) : « JULES FAVRE. »

LETTRE DU CITOYEN SAIN.

Paris, 21 août 1852.

« Monsieur le préfet,

« Il m'est impossible, je le sais, de remplir le mandat que les électeurs de St.-Étienne ont bien voulu me confier, sans jurer fidélité à la Constitution de 1852 et au président actuel.

« Je sais aussi que personne aujourd'hui ne se fait illusion sur la valeur du serment politique. Néanmoins, je ne veux pas me soumettre à cette formalité.

« Quand la liberté n'existe plus; quand la

force défend aux lois de protéger la fortune et la vie des citoyens ; quand la persécution désole tant de familles, c'est un devoir, pour tous les hommes indépendants, de protester contre la violence et l'arbitraire.

« En conséquence, M. le préfet, j'ai l'honneur de vous déclarer que je refuse de prêter serment.

(Signé) : « SAIN. »

Nos deux collègues ne se sont pas bornés à donner leur démission. Ils la motivent, comme on voit, avec autant de dignité que d'énergie. Par le temps qui court, les deux lettres des citoyens J. Favre et Sain sont des actes de courage qu'il faut honorer.

Le citoyen Renaud, récemment élu au conseil municipal de Saint-Jean-Pied-de-Port (Basses-Pyrénées) adresse au maire de la commune sa démission dans les lignes suivantes :

« Monsieur le Maire,

« A ceux de mes concitoyens qui, le 29 du mois dernier, m'ont honoré d'un nouveau témoignage d'estime, de confiance et de sympathie ; aux habitants de ma bien-aimée ville natale qui, en arborant mon nom, en me plaçant en tête des élus au conseil municipal, ont bien voulu m'envoyer sur la terre étrangère un souvenir, une consolation, je dois et j'envoie à mon tour l'expression de toute ma gratitude.

« Mon cœur leur adresse de loin les plus chaleureux remerciments, et, comme à tous les Basques qui n'ont pas déserté la grande cause de la liberté, les salutations les plus fraternelles.

« Quant au serment exigé, du haut de son parjure, par celui-là même qui a donné l'exemple le plus cynique de la violation de la foi jurée, ma conscience, ma foi républicaine, ce que j'ai été, ce que je suis, tout enfin me défend de le prêter. *Je le refuse.*

« Je serai toujours heureux de pouvoir protester avec la plume, avec la parole ou autrement, contre le plus ignoble despotisme qui ait jamais pesé sur un pays, contre un gouvernement trop fidèle à l'infernale mission d'écrire dans l'histoire de notre patrie la plus triste et la plus honteuse des pages avec des larmes, de la boue et du sang.

« J'ai l'honneur d'être avec respect, M. le maire votre très-humble compatriote.

« Michel Renaud,

« Ex-représentant du peuple.

«Pampelune (Espagne), 8 septembre 1852»

Le capitaine de la bande de brigands du 2 décembre a publié, le 7 août, une pièce où il déclare que douze ou quinze représentants du peuple, parmi lesquels cinq ou six membres de la Montagne, peuvent rentrer en France sans courir le risque d'être arrêtés, transportés, bonapartisés. Les coupables appellent ces caprices du nom d'*amnistie*. Tout cela nous paraît fort impertinent. Que le peuple ait laissé les « cinq ou six mille coquins » s'emparer du gouvernement, soit. C'est un fait ; nous sommes bien obligés de le reconnaître. Que les coquins aient profité de l'occasion pour éloigner de France certains hommes qu'ils redoutaient plus que d'autres, soit. C'est encore un fait, mais rien de plus, et les décembriseurs devraient, au moins, ne pas se donner le ridicule de prétendre leur faire grâce. Les décembriseurs n'ont pas plus la faculté d'*amnistier* qu'ils n'avaient le droit de *bannir*. Un voleur qui rend ce qu'il a volé n'accorde point de faveur ; il serait, au contraire, bien heureux qu'on lui pardonnât. C'est ce qu'ont très-bien exprimé plusieurs de nos collègues dans des lettres que nous publions avec empressement. Elles montreront qu'elle fière attitude gardent tous les vrais Montagnards. Celle du citoyen Michel Renaud particulièrement est un peu vive, mais on comprendra ce que dut éprouver d'indignation notre jeune et bouillant ami en se voyant l'objet de ce que les gens du 2 décembre appellent une grâce.

LETTRE DU CITOYEN MICHEL RENAUD.

A Monsieur Louis-Napoléon Bonaparte.

« Je me demande quel est celui de mes amis

d'autrefois, devenu lâche, infâme et naturellement tout puissant aujourd'hui, qui n'a pas craint
de me recommander à votre bienveillance ou à
celle des gens que vous avez l'honneur de prési-
der en conseil des ministres.

« Avec un double sentiment de surprise et
d'indignation, j'ai vu dans un journal espagnol,
à la suite de deux décrets, mon nom sur une
liste dite d'*amnistie*, quand cette liste brille par
l'absence des noms d'un trop grand nombre de
mes ex-collègues.

« Notre cause est la même, nos espérances
sont les mêmes. Notre crime, c'est d'être restés
fidèles à nos convictions et de n'avoir pas déserté nos devoirs, alors que vous mentiez, vous,
à votre serment et devant Dieu et devant les
hommes ; notre crime, qui sera l'orgueil de notre vie, est encore le même. Pourquoi donc notre sort serait-il différent?

« En regardant du côté de la patrie esclave et
tombée si bas dans l'opinion des peuples, je m'é-
tais presque habituée à n'y regretter qu'une
seule personne, ma vieille mère, et deux saintes
choses, la liberté et l'honneur, qui, grâce à vous,
n'ont plus droit de cité en France.

« Vous me condamnez aujourd'hui à subir
votre générosité de contrebande, quand l'accès
de la patrie reste fermé à la plupart de mes
amis, de mes anciens collègues ! Ah ! sachez-le
bien, loin de vous en savoir gré, je vous mau-
dis.

« Cette lettre, qui n'arrivera pas à Paris avant
le 19 août, ne saurait nuire à aucune des victi-

mes de la terreur bonapartiste, ma démarche spontanée, individuelle, ne peut, ne doit compromettre que moi seul.

« Avant de profiter de la faculté de rentrer dans mon pays, j'ai besoin d'interroger, de consulter ma conscience et mon patriotisme. Et, dans tous les cas, il reste bien entendu que je ne dois rien à l'homme du 2 décembre, au grand coupable, capable seulement de toutes les fourberies ; rien, excepté tout mon mépris, et une haine implacable qui, je le jure, sera éternelle

« MICHEL RENAUD,

« Ex-représentant du peuple.

« Pampelune (Espagne), 15 août 1852. »

N° 2 — *Conduite des proscrits de 1848 et 1849 au 2 décembre.*

C'est pour nous un bonheur d'avoir à le dire, les proscrits français de 1848 et 1849, en Angleterre, en Suisse, en Belgique, partout, ont fait au 2 décembre ce qu'on pouvait attendre d'hommes comme eux.

Ceux de Suisse avaient coutume de se réunir de temps à autre, soit à Genève soit à Lausanne, pour s'entendre et se préparer à agir de concert. Le 2 décembre, comme s'ils avaient deviné ce qui se passait à Paris, ils se trouvaient rassemblés au nombre de trente environ chez le citoyen Beyer, à Bardonnex, près de Genève. Ils employèrent la nuit à discuter ce qu'ils feraient dans l'éventualité d'un coup d'état. Le citoyen Kersausie voulait qu'on tentât en masse une pointe sur Nantua. Le citoyen Boichot, considérant la difficulté des passages encombrés de neiges ou formidablement gardés; considérant d'ailleurs que des proscrits en aussi petit nombre, sans munitions et sans armes, seraient tout d'abord infailliblement écrasés, proposa d'opérer par groupes qui soulèveraient les populations à eux connues; on pouvait ainsi mettre sur pied plusieurs localités importantes à la fois et former une petite armée avec laquelle on marcherait sur Paris pour aider directement les Parisiens ou attirer dehors une partie de la garnison de la capitale. Cet avis prévalut et l'on se sépara.

Douze heures après, la nouvelle du guet-apens nocturne arrivait à Genève. Aussitôt la plus grande agitation se répandit dans la ville. Les proscrits, sur l'offre du président du Grütli (1), se réunirent dans la vaste salle où cette société démocratique et sociale tient ses séances.

L'assemblée était fort nombreuse; on y voyait, outre les Français, des Italiens, des Allemands et même des Suisses.

Un comité révolutionnaire fut tout d'abord nommé; il se composait des citoyens Beyer,

(1) Société composée presque exclusivement de jeunes suisses ouvriers et étudiants.

Boichot, Kersausie et Thoré. On proposait déjà des mesures d'urgence, lorsque M. James Fazy, président de la république genevoise, entra dans la salle. Il s'efforça de dissuader les réfugiés de toute tentative ; il parla de mouvements de troupes aux frontières, il s'étonna de voir là *des gens qui n'avaient pas le droit d'y être* (1), et il termina, non point en sommant, mais en invitant instamment la réunion à se dissoudre. L'assemblée, après une violente discussion, se sépara, chargeant son comité d'aviser à tout ce que les circonstances exigeraient.

Les quatre membres établis en permanence chez le citoyen Petit-Jean, au Pâquis, se mirent immédiatement en communication avec la frontière. D'heure en heure ils recevaient des nouvelles qui étaient aussitôt transmises aux réfugiés. La décision de la veille fut maintenue.

— Boichot et Thoré avaient leur route par Lausanne ; ils y arrivèrent le soir du 4, et se réunirent avec Avril et Rolland chez le citoyen Kopp, où Beyer et Pflieger, se rendant à Bâle, vinrent les rejoindre le lendemain. Là fut rédigée la pièce suivante qu'un imprimeur tira clandestinement à plusieurs milliers d'exemplaires.

(1) Allusion à la présence des citoyens Beyer, Boichot et Pflieger, qui, comme les citoyens Avril, Pyat et Rolland, étaient expulsés de Suisse, pour avoir protesté contre la violation du droit d'asile.

AU PEUPLE FRANÇAIS.

« Après deux ans de conspiration et de complicité entre les ennemis du peuple, le plus audacieux d'entre eux vient de consommer contre la République un attentat brutal et perfide.

« Tu as compris les desseins criminels qu'un traître veut cacher sous les noms de République, de souveraineté et de suffrage. Tu es debout pour te venger. — L'Europe aussi se lèvera !

« Tous les rebelles sont HORS LA LOI ! et il ne reste plus rien des institutions du passé.

« Accomplis donc enfin la grande Révolution qui réalisera pour tous les peuples la Liberté, l'Égalité et la Fraternité !

« Nous sommes prêts à faire notre devoir comme tu vas faire le tien.

« Aux armes ! Vive la République démocratique et sociale !

« Signé : AVRIL, *représentant du peuple* ; BOICHOT, *id.* ; BEYER, *id.* ; KOPP, *id.* ; PFLIEGER, *id.* ; ROLLAND, *id.* ; THORÉ, *rédacteur de la Vraie République.* »

Le citoyen Boichot qui, outre sa qualité de représentant du peuple, était, comme on le sait, sergent-major, fit, de son côté, une chaleureuse adresse à l'armée. — On se partagea les exemplaires de ces deux pièces destinées à être répandues dans les populations aussitôt que les signataires auraient passé la frontière.

Avant de se séparer, peut-être pour ne plus se revoir, les sept amis firent un frugal souper et burent avec enthousiasme au triomphe de la République universelle.

Le lendemain, Pflieger et Beyer prenaient le chemin de l'Alsace, Boichot franchissait le Jura à la Chaux-de-Fonds, Avril et Rolland allaient à Genève pour se diriger de là, l'un sur l'Isère, l'autre sur le département de Saône-et-Loire. Kopp resta à Lausanne.

Déjà l'avant-veille plusieurs groupes s'étaient dirigés sur la France par la Savoie. Un premier détachement de vingt-cinq hommes, essayant de franchir le pont de Seyssel, dut reculer devant les forces qui garnissaient ce passage. Cependant quatre hommes de cette petite troupe voulant savoir si derrière les esclaves armés ne se trouvaient pas une population républicaine, traversèrent le Rhône à la nage, au-dessous de Seyssel, et touchèrent la terre de France. C'était CHARLET, Veillas, Champin et Perrier. Attaqués par les douaniers, ces quatre braves, après un engagement où succomba un de leurs adversaires, cherchèrent à repasser le fleuve. Veillas seul parvint sur la rive savoisienne, Perrier périt entre deux glaçons, Charlet et Champin furent pris. Champin est à Cayenne! Dans un chapitre consacré aux assassinats juridiques des décembriseurs, nous dirons comment Charlet honora l'échafaud de son sang.

Un second groupe, composé des citoyens

Grinand, Petit-Jean, Bourat et Berthaud était entré en France par les Échelles ; mais mal accueillis, nous sommes forcé de l'avouer, par les habitants, ils furent obligés de revenir sur leurs pas.

Enfin un autre départ avait eu lieu. Les citoyens qui le composaient, Mazon, Pascal, R. Bravard, Fouillade, Félix Tabouret, après s'être égarés dans les montagnes couvertes de neige, étaient venus camper à Chancy (Suisse).

Le triste résultat de ces petites mais courageuses expéditions était dû moins encore aux obstacles matériels qu'elles avaient rencontrés qu'à l'attitude froide des populations.

Ce qui se passait dans l'Ain et dans l'Isère avait lieu à peu près sur toute la ligne. — Le Jura (Poligny excepté), le Doubs, le Haut et le Bas-Rhin, ces départements de l'Est sur lesquels la démocratie comptait, ne purent ou ne voulurent faire aucun mouvement.

En face de pareilles dispositions, et après les échecs éprouvés, il n'y avait plus qu'à se résigner et attendre. Les nouvelles de Paris achevèrent de porter le découragement dans tous les cœurs.

Avril et Rolland avaient été obligés de s'arrêter sur les bords du Rhône. Boichot, après une tentative sur Mortaux (route de Besançon), était revenu à Bâle que ses amis n'avaient pu dépasser. Meyer et Smith, rédacteurs de journaux démocratiques de l'Alsace, y arrivèrent. Un comité fut formé, mais son influence sur le Haut et le Bas-Rhin demeura presque nulle. Ce comité n'en continua pas moins d'exister jusqu'au 24 décembre et de correspondre soit avec les populations limitrophes, soit avec deux autres centres formés à Lausanne et à Genève. Toutes ces réunions furent forcées de se dissoudre au moment où le soi-disant vote du peuple eut couvert de sa menteuse sanction les attentats de la conspiration militaire. Le conseil fédéral, qui jusque-là était resté dans une prudente expectative, ne tarda pas à donner tort aux vaincus en les expulsant violemment du territoire de la Confédération.

Le gouvernement de la Suisse, comme celui de la Belgique, a perdu les grandes traditions qui firent une si belle gloire aux Cantons.

Nous ne pouvons dire tout ce qu'ont tenté les Français réfugiés en Belgique. Si ferme et si courageux que se soit montré le jury belge quand M. Bonaparte a fait poursuivre devant lui la presse vengeresse, nos amis ne sont que tolérés en Belgique. Dans l'intérêt de leur sécurité, nous croyons ne pas devoir parler du rôle qu'ils ont joué lorsdu 2 décembre ; nous nous bornerons à dire qu'ils n'ont pas plus manqué à leur devoir que nos compatriotes de Suisse et d'Angleterre. Dès le soir même de l'attentat, l'un d'eux, vétéran de la démocratie, s'est risqué jusqu'à Valenciennes pour essayer de soulever le département du Nord. Un autre, jeune homme intrépide, a pénétré jusqu'à Lille; tous étaient prêts. Un jour, quand le despotisme qui déshonore la France aura cessé, ou bien quand la Belgique sera redevenue la terre hospitalière d'autrefois, on pourra dire ce que l'avant-garde de la proscription française a fait.

Comme ceux de la Suisse et de la Belgique, les proscrits français de Londres, aussitôt qu'ils apprirent les événements de Paris, furent sur pied. Beaucoup, et entre autres le citoyen Ledru-Rollin, pensèrent ce que nous avions toujours pensé, ce qui était toujours entré dans nos prévisions : c'est que, l'Élysée attaquant, la révolution était faite. Le peuple ne l'a pas voulu. Néanmoins, les républicains réfugiés à Londres ne songèrent plus qu'à une chose, rentrer en France pour prendre part à la lutte. Mais ils avaient à cela moins de facilité encore que les autres. Il leur fallait d'abord des passe-ports supposés, et il était presque impossible d'en obtenir tout de suite. Plus éloignés de la frontière, il leur fallait aussi plus d'argent pour s'y rendre. La difficulté d'en procurer à tout le monde fit décider que chacun individuellement gagnerait la terre du danger comme il le pourrait. Ils n'y réussirent pas tous, malgré leurs efforts. On ne saurait croire combien de proscrits vivent au jour le jour, particulièrement en Angleterre où il est si difficile pour les Français de trouver des moyens d'existence. Une vingtaine cependant, entre lesquels les citoyens Martin Bernard et Louis Blanc, parvinrent en Belgique, où malheureusement ils apprirent que tout était perdu.

Les citoyens Ribeyrolles et Caussidière s'étaient embarqués sur un bateau pêcheur qui avait pris l'engagement de les descendre sur la côte de Fécamp ; mais, arrivés dans la nuit du 5 au 6, le patron ne voulut pas aborder à la côte, de crainte des douaniers. Entrer dans le port était se livrer ; bon gré mal gré, il fallut retourner à Londres.

En somme, les proscrits de 1848 et 1849 ont fait énergiquement leur devoir, et si on ne les a pas vus au milieu des combattants, c'est qu'ils ont rencontré, pour arriver, des obstacles insurmontables.

Une chose à constater est celle-ci : Pendant le voyage du citoyen Louis Blanc, le bruit s'était répandu qu'ayant pu pénétrer en France, il avait été arrêté et même, selon quelques journaux, fusillé. Eh bien, telle était l'horreur que le crime de Louis-Napoléon avait inspiré aux Anglais que, les premiers jours de son retour à Londres, le citoyen Louis Blanc se vit l'objet des sympathies les plus touchantes, non-seulement de la part de ceux qui le connaissaient personnellement, mais de la part d'étrangers qui, l'apercevant dans la rue, couraient à lui et lui disaient : « C'était donc faux, votre arrestation ? Laissez-nous vous féliciter, monsieur.... Ah ! quel brigand ! »

No 3. — *L'assassinat du général Bréa a été commis par les bonapartistes.*

On ne lira pas sans intérêt la lettre ci-jointe

que nous écrivit notre honorable collègue M. Nadaud à la suite d'une conversation où il avait eu occasion de parler de l'assassinat de la barrière Fontainebleau : cette lettre met en évidence, confirme, certifie un fait important que plus d'une rumeur avait déjà signalé. A mesure que la lumière se fera, on apprendra ainsi bien des choses sur les menées de MM. Bonaparte et Persigny pour arriver à l'empire. Quoi qu'il en soit, il résulte aujourd'hui de la lettre du citoyen Nadaud que l'horrible crime de juin 1848 appartient bien réellement à la longue conspiration qui est venue aboutir au 2 décembre. Les meurtriers du général Bréa étaient les précurseurs des généraux élyséens; des Saint-Arnaud, des Magnan, des Sauboul, des Chapuis et autres assassins qui ont fusillé des prisonniers et une femme ! Avant de laisser la parole à M. Nadaud, nous ajouterons deux mots : c'est qu'il est incapable d'un mensonge ; c'est que sa véracité n'est contestée par personne, pas même par ses ennemis politiques.

« J'ai connu Lahr, qui fut condamné à mort dans l'affaire dite du général Bréa, en 1848. C'était un excellent ouvrier qui, à force de travail, d'économie, de sobriété était parvenu à amasser une somme de 4,000 fr., qu'il avait employée, en 1847, à l'achat d'un fonds de logeur et de marchand de vin situé barrière des Deux-Moulins.

« Jusqu'à la révolution de février, il n'avait pris aucune part à la politique. On sait qu'à cette époque les travaux cessèrent dans un grand nombre d'ateliers. Beaucoup de ceux qui logeaient chez Lahr, privés de travail, ne purent lui rembourser les avances que l'on est obligé de faire dans des maisons de ce genre. C'est à partir de ce moment, c'est-à-dire vers la fin d'avril, qu'il se mit en relation avec les *agents* les plus actifs de M. Bonaparte. Ses frères, qui travaillaient avec moi, disaient tous les jours que un ou plusieurs messieurs se rendaient dans son cabaret (principal rendez-vous des Allemands), et que toutes leurs conversations concernaient Louis-Napoléon. Il finit par être tellement exalté pour le neveu de l'empereur, comme ils disaient tous, qu'un jour il vint débaucher ses trois frères, qui travaillaient avec moi à la mairie du 12e arrondissement de Paris ; le fus les chercher chez le marchand de vin qui fait l'angle de la rue Saint-Jacques et de la rue Soufflot. Aussitôt qu'ils m'aperçurent, ils m'offrirent un verre de vin, et en choquant le verre, sur un signe de Lahr, ils crièrent par trois fois : *Vive Louis-Napoléon! Vive le petit Louis! Nous le voulons et nous l'aurons!*

« J'ai su par plusieurs de mes amis, présents à la lutte de la barrière de Fontainebleau, que Lahr distribuait du vin aux combattants pour être plus utile à son prince ; car, vous pouvez attester qu'il avait reçu de l'argent. Je tiens ce fait de son frère et de deux de ses meilleurs amis.

« Si ces renseignements, cher citoyen Schœlcher, peuvent servir à défendre les Républicains qui jusqu'à présent ont été injustement accusés par les vieux partis d'avoir assassiné le général Bréa, servez-vous-en pour affirmer que le général fut frappé par les agents les plus zélés de M. Bonaparte.

« Salut et fraternité,

« NADAUD,

« Représentant du peuple.

« Londres, 1ᵉʳ mars 1852. »

A titre de nouveau témoignage de la part que les conspirateurs de Strasbourg et de Boulogne ont eu dans les affaires de Juin 1848, nous rappellerons que M. Kléber, capitaine d'infanterie, condamné à la détention perpétuelle pour avoir refusé à cette époque de prendre part à la répression, vient d'être complétement *gracié*. Cette remise de peine n'est qu'un acte de reconnaissance encore trop tardif. M. Kléber, attaché à la fortune de celui qu'il croit le neveu de l'empereur, avait sacrifié sa carrière pour obéir à ses convictions politiques.

Voici une autre lettre digne de fixer l'attention des hommes avides de savoir la vérité sur toutes choses. Ce que dit le signataire, notre honorable collègue M. Mathé, mérite d'autant plus de confiance qu'il a déclaré devant les conseils de guerre de la réaction ce qu'il répète aujourd'hui :

« Mon cher Schœlcher,

« En rappelant dans votre ouvrage sur les événements du 2 décembre le meurtre du général Bréa, vous citez, m'avez-vous dit, le témoignage de notre ami Nadaud, duquel il résulte que l'un des auteurs de ce meurtre était un bonapartiste avoué. Je viens, à mon tour, vous donner un renseignement qui aura sa valeur pour ceux qui rejettent la responsabilité de la mort du général Bréa sur les démocrates.

« De tous les actes de barbarie imputés aux insurgés de juin par les perfides organes de la réaction pour exciter les troupes au massacre, celui-là *seul* est resté vrai, et lors même qu'on voudrait toujours en accuser faussement les Républicains, encore ne seraient-ce que de tristes représailles.

« Voici ce que j'ai vu et ce qu'ont vu comme moi de nombreux habitants du quartier du Panthéon :

« L'insurrection avait été vaincue dans ce quartier dès le samedi soir ; le général Bréa avait établi son quartier général sur la place du Panthéon. Le dimanche matin, entre huit et neuf heures, j'allai chercher mes enfants, à leur pension, chez M. Amiel, rue Saint-Jacques ; les barricades étaient détruites, et la troupe bivouaquait tranquillement ; dans la cour de la pension se trouvaient plusieurs gardes nationaux qui étaient venus demander les ordres de M. Amiel, capitaine de leur compagnie, lequel avait combattu les insurgés de juin. Parmi eux était un caporal nommé Raguinard, mécanicien, rue des Fossés-Saint-Jacques. Nous causions des événements, lorsqu'un capitaine de la garde mobile, escorté de quelques soldats de la ligne, entra dans la cour et demanda le caporal Raguinard. Celui-ci se fit connaître, et ils l'emmenèrent sans lui dire un mot. Je les suivais, à quelques pas, avec mes enfants, sans bien comprendre leur dessein. A l'angle de la rue Neuve-Soufflot et de la rue Saint-Hyacinte, *je vis* fusiller Raguinard à bout portant, en présence de plus de cinquante gardes nationaux sous les armes. A la même place, j'aperçus une autre victime dont je n'ai pu savoir le nom. M'autorisant alors de ma qualité de représentant du peuple, je voulus faire comprendre aux gardes nationaux l'énormité de ce meurtre, et observer que n'ayant pas même été pris durant le combat, mais le lendemain seulement, ces deux malheureux pouvaient avoir été victimes d'une méprise ou d'une vengeance particulière. Mes observations ne me valurent que d'atroces menaces.

« Je courus à l'Assemblée pour raconter ce que j'avais vu. Je ne pus arriver jusqu'au général Cavaignac ; je retournai, avec deux de mes collègues, les représentants Madet et Vignerte, sur le lieu de l'événement, et je fis certifier devant eux, par les soldats eux-mêmes, le fait dont j'avais été témoin ; ils virent, comme moi, les traces sanglantes de ce double assassinat. Les soldats nous racontèrent qu'on avait fusillé, dans la matinée, plus de vingt citoyens *reconnus* pour avoir pris part au combat de la veille.

« Tout cela s'était passé à une très-petite distance du lieu où se tenait le général Bréa. S'il n'avait tout ordonné, il avait certainement tout entendu, tout su, sans rien empêcher. Ce fut le soir du même jour que ce général fut fait prisonnier, à son tour, à la barrière de Fontainebleau, l'une des plus voisines de son quartier général, où l'insurrection avait conservé ses positions, et à son tour fusillé par les insurgés. Il s'était, dit-on, présenté comme parlementaire, et devait être protégé par cette qualité. Cela n'est que trop vrai ; mais les citoyens fusillés dans la matinée presque sous ces yeux, pour la part qu'ils étaient accusés d'avoir prise au combat de la veille, n'étaient pas moins protégés par toutes les lois de la guerre et de la civilisation.

J'ai déposé de ces faits dans le procès des insurgés de la barrière de Fontainebleau, comme d'une des mille preuves qu'en toute circonstance ce sont les prétendus défenseurs de l'ordre qui ont pris l'initiative du brigandage.

« Salut amical,

Félix Mathé,

« Représentant du peuple. »

« Londres, 12 mars 1852. »

N° 4. — *Refus d'amnistie.*

LETTRE DU CITOYEN JOLY.

M. le rédacteur en chef des journaux *l'Eclair* et *l'Emancipation.*

Vous dites dans la correspondance particulière de votre journal, à propos du décret qui autorise la rentrée en France de quelques représentants : « M. Joly se trouvait déjà à Paris, il y a trois « mois environ, en vertu d'une autorisation spé- « ciale. En 1814, il était volontaire royal dans « le Midi. »

Ces deux assertions malveillantes et calomnieuses sont bien dans l'esprit de votre journal, depuis qu'il a fait volte-face. Je n'ai jamais obtenu ni sollicité, après les décrets infâmes du 9 janvier, l'autorisation de rester à Paris : j'écrivis quelques jours après à M. le préfet de police pour lui demander un passe-port, *en lui déclarant* que je resterais quelques jours à Paris pour régler mes affaires ; c'est ce que j'ai fait, à travers les agents de la basse police qui ne m'ont pas perdu de vue un seul instant ; leur présence continuelle autour de moi a été la seule réponse que j'aie reçue. Voilà ce que vous appelez une *autorisation spéciale.*

Au moment de quitter Paris, M. le ministre de la police me fit appeler et m'offrit gracieusement de me laisser en France. Cet offre, je l'ai repoussée avec assez de force pour l'empêcher d'aller plus loin et de m'en dire davantage ; j'étais convaincu que ces gens-là ne peuvent proposer et offrir que des choses qu'un homme d'honneur ne peut entendre sans colère et ne peut accepter sans honte; ils cherchent à tout rabaisser à leur niveau. Je suis parti pour Bruxelles, que je n'ai pas quitté un seul jour.

Je n'ai jamais été volontaire royaliste, monsieur, mais vous vous êtes fait volontaire bonapartiste, à partir de cette date. Votre correspondant parle de choses qu'il sait peu : à l'époque où les volontaires royaux défendaient tant bien que mal leur roi légitime, au pont de la Drôme, sous leur chef, le capitaine d'Hautpoul, grand-référendaire du sénat pour avoir été grand-tavernier à Satory, mes amis et moi nous proclamions, le 29 mars, la chute des Bourbons aînés dans le département de l'Aude, patrie de cette illustration militaire, et la mienne. Les volontaires royaux retournèrent un à un, débandés, venant se réfugier sous le drapeau tricolore arboré dans tout le Midi; voilà ce qu'ignore sans doute votre correspondant de Paris; il faut l'avertir, autrement il est capable de vous dire que c'est moi qui ai assassiné le général Ramel à Toulouse, et le maréchal Brune à Avignon; c'est peut-être pour cela que j'ai été condamné à mort par contumace en 1825 et non pas pour avoir voulu renverser Louis XVIII.

JOLY, Représentant de Saône-et-Loire.

Bruxelles, le 9 août 1852.

LETTRE DU CITOYEN BELIN.

Monsieur le rédacteur de l'*Émancipation*,
La correspondance de Paris, reproduite dans votre numéro d'aujourd'hui, 9 août, contient cette phrase : « *MM. Belin et autres ont demandé leur grâce et adhèrent, dit-on, au gouvernement napoléonien.* »

Je proteste de toute mon énergie contre cette allégation outrageante. L'arbitraire est dans l'amnistie comme il l'a été dans la proscription. Mes amis savent qu'il ne m'a pas pour complice, et que les décrets qui frappent, comme ceux qui amnistient, ne font que fortifier mon ardeur et ma foi républicaine.

J'ai l'honneur de vous saluer.

BELIN,
Représentant de la Drôme.

Bruxelles, le 9 août 1852.

———

LETTRE DU CITOYEN AUBANEL MAURICE.

Au ministre de la police en France.

Monsieur,

C'est avec la plus grande surprise et la plus vive indignation que j'ai vu dans un journal figurer mon nom parmi ceux qui sont autorisés à rentrer en France.

Obscur soldat de la démocratie, je me suis levé, comme je le ferai partout et toujours, contre le parjure et le traître — contre Bonaparte ; — j'ai fait mon devoir comme mes frères et mes amis. Plus heureux qu'eux, j'ai échappé aux fusillades et aux déportations : aussi, puisant dans le malheur et dans l'exil une force nouvelle, j'attends avec calme et résignation le jour de la justice et de la rémunération.

A cette autorisation de rentrer en France, voici ma réponse :

D'amnistie, je n'en veux pas.

Pour accepter quelque chose d'un pouvoir quelconque, il faut reconnaître ce pouvoir, et moi je le nie. — Cette atroce et infâme tyrannie — ce règne du sabre et du goupillon, — cette bande d'aventuriers et de parjures, cette cohorte de fonctionnaires repus, qui se vendent à tous les régimes : — voilà ce pouvoir qui déshonore la France et que je nie de toutes les puissances de mon âme.

Je termine en vous déclarant que je ne veux rentrer dans ma patrie qu'avec la Liberté.

A bon entendeur, salut.

AUBANEL MAURICE.

LETTRE DU CITOYEN MANAU.

A M. le rédacteur en chef de l'Indépendance belge.

Monsieur,

Votre correspondant fait figurer mon nom au bas d'une prétendue liste de quinze amnistiés, dressée par M. Belmontet, à *l'occasion de sa fête*, et acceptée, *après dîner, au dessert*, par M. Bonaparte, *sur la foi de son ami, qui lui auroit répondu* de ceux dont il proposait la grâce. Il ajoute que les quinze protégés de M. Belmontet *sont rendus à leurs familles.*

Pour mon compte, monsieur, j'ignore s'il est vrai que je sois compris dans une liste quelconque d'amnistiés. Il est certain du moins que je suis toujours à Londres, et qu'aucun avis officiel ou même officieux ne m'a appris que les portes de la patrie me soient ouvertes. Mais, dans tous les cas, je déclare que je n'ai autorisé personne, pas même M. Belmontet, à solliciter ma rentrée en France, et à *répondre de moi à M. Bonaparte.*

Expulsé de mon pays par la force brutale, j'ai conservé au fond de mon âme toute l'énergie de mes convictions républicaines, toute ma foi en l'*avenir prochain* de la justice et du droit.

L'exil n'a fait que fortifier ma haine et mon mépris pour le parjure du 2 décembre et pour ses complices. Je ne lui demande rien. Je n'attends rien d'eux.

Tels sont mes sentiments. Je ne m'en laisserai jamais attribuer d'autres, en permettant à M. Belmontet de se faire ma caution.

J.-P. MANAU, avocat.

Londres, 9 septembre 1852.

Liste des membres de la Réunion de la Montagne.

On commet souvent une grande erreur au sujet des membres de la Montagne. Nous avons vu maintes fois donner ce titre à des représentants de la gauche que sans doute la Montagne aurait été heureuse de compter dans son sein, mais aussi à d'autres qui ne furent jamais de cette réunion et qui certes n'y auraient jamais été admis. Pour qu'on puisse éviter toute méprise sur ce point, nous donnons ici la liste exacte des membres de la Montagne.

Arago, Emmanuel.
Arnaud du Var.
Bac.
Bancel.
Bandsept.
Bard.
Barrault, Emile.
Belin.
Bertholon, secrétaire.
Bourzat.
Breymond.
Brives.
Bruckner, trésorier.
Burgard.
Cassal, secrétaire.
Chaix.
Charras.
Chauffour, Victor.

Choury.
Chovelon.
Clément.
Crémieux.
Crestin
Curnier.
Dain.
Deflotte.
Delavaelade.
Delbetz.
Delebecque.
Detours.
Duché.
Ducoux.
Dulac.
Ennery.
Esquiros.
Etchegoyen.
Fond.
Foul.
Frichon.
Gambon.
Gérard (Bas-Rhin).
Gillaud.
Gleizal.
Guilgot.
Guiter.
Hennequin.
Jelh
Jollivet.
Joly, président.
Labrousse.
Laclandure.

Lasteyras.
Lastrade.
Lavergne.
Madet.
Maigne, Francisque.
Malardier.
Martin du Loiret.
Mathieu de la Drôme, président.
Michot-Boutet.
Mei, Auguste.
Miot, Jules.
Monnier.
Morellet.
Pean.
Pelletier.
Perdiguier.
Pesnières.
Pons-Tande.
Quinet, Edgar.
Rantion.
Renaud.
Rey de la Drôme.
Rochut.
Ronjat.
Rouaix.
Rouet.
Saint-Marc Rigaudie.
Salmon (Meurthe).
Salvat.
Sartin.
Savatier-Laroche.
Savoge.

Schœlcher, président. | Testelin, secrétaire.
Signard. | Valentin.
Sommier. | Vignes.
Sue, Eugène. | Westercamp.
Terrier.

Un groupe de 24 membres qui s'étaient détachés de la Montagne pour quelque nuance d'opinion, tout en conservant les mêmes principes, et qui s'adjoignit le citoyen Colfavru, était composé des citoyens :

Baudin.
Baune.
Bouret, Aristide.
Boysset.
Bruys.
Colfavru.
Cholat.
Combier.
Duputz.
Dussoubs, Gaston.
Faure.
Gastier.
Gindriez.

Greppo.
Laboulaye.
Lafon.
Lamarque.
Madier de Montjau.
Mathé.
Michel de Bourges.
Nadaud, président.
Racouchat.
Richardet.
Saint-Ferréol.
Viguier.

TABLE ANALYTIQUE
DU TOME SECOND.

CHAPITRE V.
LE PEUPLE.

Le peuple ne fait que ce qu'il veut, 5. — Il n'a écouté, le 2 décembre, aucune des voix qui l'appelaient au combat, 6. — Il n'a pas été divisé par les écoles socialistes, 6. — Les riches payant pour faire la révolution des partageux ! 8. — Comment le peuple a envisagé la situation, 9. — Les mesures liberticides n'avaient aucun effet nouveau pour lui, 11. — L'Assemblée, quelle qu'elle fût, représentait la souveraineté nationale, 12. — L'inaction du peuple tient à l'ignorance où on l'a laissé. Il reconnaît qu'il n'y a rien de commun entre lui et l'ex-président, 12. — La grande nation

— 373 —

forgeant elle-même ses chaînes, 15. — La question est entre la démocratie et l'absolutisme, 16. — La réaction a commencé en Europe le même jour qu'en France, 17. — Le 2 décembre n'est point un fait isolé, 17. — Alliance nécessaire de la bourgeoisie et du prolétariat, 17. — La France a charge d'âmes, 17.

CHAPITRE VI.

RÉSISTANCE DANS LES DÉPARTEMENTS.

§ 1ᵉʳ. *Clamecy.*

La province soulevée contre l'attentat avant même de savoir ce que ferait Paris, 19. — Invention de la jacquerie, 21. — Procédé de calomnie des honnêtes gens, 21. — Meurtre de M. Mulon. Tirer aux habits, 22. — Arrestations préalables, 23. — On veut délivrer les détenus préventifs, 23. — Engagement entre le peuple et les insurgés, 23. — Mort du gendarme Bidan, 24 —Soulèvement 27. — Quatre mille hommes des environs à Clamecy. Prétendu pillage de la caisse du receveur, 28. — Bon compte rendu, 28. — Les viols, 29. — Les amis de la Constitution et les dames de la ville, 29. — Un soldat tué par la femme d'un homme arrêté, 30. — Trait d'un partageux, 30. — Modération du peuple, 31. — 1830 et 1848 insultés, 33. — M. Delafosse fait massacrer trois prisonniers, 33. — Les insurgés tuent un ouvrier qui passait, 33.—Ils arrêtent des parlementaires, 43.

§ II. *Donjon et Lapalisse.*

Arrestation des autorités, 35. — Mesures prises, 36. La gendarmerie désarmée, 36.— Marche sur Lapalisse, 38. — Traitement fait aux prisonniers, 39. — Prise de Lapalisse, 42. — Arrestation du sous-préfet, 42.—Le sabre d'honneur de M. Rochefort, 43. — Attaque des réactionnaires, 44.— Infâme histoire des gendarmes assassinés, 45. — Inaction motivée des démocrates de Lapalisse, 48. — Les autres se retirent, 48. — Le juge de paix du Donjon arrête ses créanciers, 49. — Femme et servante emprisonnées pour les forcer à dénoncer, 50. —Rentrée au Donjon, 50. — Fuite forcée, 51.

§ III. *Basses-Alpes.*

Le sous-préfet de Forcalquier ordonne de tirer sur des citoyens réunis, à la nouvelle du crime, 52. — Les communes voisines appelées aux armes s'emparent de Forcalquier, 52 — Fable ridicule sur la blessure de M. Paillard et la manière dont il fut traité, 53. — Son ingratitude, 54. — Le département tout entier se lève, 55. — La part des sociétés secrètes, 55. — Prise de Malijay, 56.—Entrée à Digne, 57. —Lettre de M. Ch. Fortoul, 57. — Les gendarmes se mettent à la disposition des constitutionnels, 59. — Les citoyens Buisson et

— 375 —

Cotte nommés chefs, 60. — Comité de résistance, 60.— Armistice signé avec le commandant de la forteresse, 60. — Mesures d'ordre, 60.— Petit vol puni, 61.— La garde nationale de Digne adhère au mouvement, 62. — La justice suit son cours, 63. — Les livres des droits-réunis sont brûlés, 63.— Proclamation du comité de résistance, 64.— Argent tiré des caisses publiques contre reçus, 66. — Emploi des sommes prises chez les comptables, 66.— Réquisitions frappées par les insurgés. Exactions commises à Villeneuve, 68. — Un aubergiste menacé de mort parce qu'il réclame les dépenses des soldats, 70. — Vol à main armée, 70. — M. Buisson et M. Cotte vengés, 71. — Retraite de Digne, 72. — Soulèvement de Sisteron, 72. — Mouvement de Barcelonnette, 72. — Prétendu pillage du château de Malijay, 73. — Concentration sur les Mées, 74. — Arrivée des troupes insurgées. Leur colonel arrête deux parlementaires, 75. — Mise en liberté des parlementaires, 76.— Un peloton des insurgés tombe aux mains des républicains, 76. — Acte de trahison des factieux, 76. — Ils battent en retraite, 76. — Les constitutionnels se dispersent. Leur isolement, 78. — Portée de la prise d'armes des Basses-Alpes, 78. — Mensonge prouvé sur l'engagement des Mées, 78. Six cents Français fuyant devant cinq gendarmes blessés, 80. — Quatre mille cinq cents Marseillais épouvantés par quelques gendarmes, 81.

§ IV. Var.

Le Var se lève spontanément tout entier. Le citoyen Duteil nommé général par quinze mille hommes, 82. — Proposition de marcher sur Paris, 82. — Puissante force perdue, 83. — La calomnie sur les prisonniers, 83. — Le colonel Trauers la soutient, 84. — Trait de perfidie de M. Trauers, 84. — Les insurgés tirent sur les prisonniers enfermés dans une chambre, 86. — Un miracle en faveur d'une atrocité, 88. — Le fanatisme de la haine. Grand nombre de chefs pris, 89. — Digne attitude du citoyen Duteil. Les constitutionnels font retraite en colonne, 90. — Marche vers Nice, 90. — Noble conduite du gouvernement piémontais et des habitants, 90. — Les brigands dénués de tout, 91. — Lettre du citoyen Duteil, 92.

§ V. Marmande (Lot-et-Garonne).

Fermentation à la nouvelle du guet-apens, 94. — Le conseil municipal appelle les citoyens aux armes, 95. — Armistice conclu avec les autorités, 95. — Commission municipale provisoire, 96. — Réorganisation de la garde nationale, 97. — Mesures de résistance, 97. — Les autorités et la gendarmerie abandonnent la ville, 98. — Marche sur Agen repoussée par contre-ordre, 99. — Bordeaux refuse de se lever, 100. — Résolution de soutenir la lutte, 100. — Sortie contre la troupe.

102. — Engagement avec la gendarmerie, qui tourne bride, 102. — Découragement, 103. — La colonne se dissout faute d'appui, 104. — Caractère du mouvement, 105. — Incroyable faiblesse de M. Peyronny, 105. — Il se dément lui-même, 105.

Trente-deux départements en état de siége, 108. — Témoignage de leur vaillance, 108. — La proscription va sévir jusque dans les villages les plus obscurs. Avénement de la province à la politique active, 110. — Bons augures, 110. — La province sait maintenant ce qu'elle a à faire, 110.

CHAPITRE VII.

LA RÉSISTANCE DES DÉPARTEMENTS TRANSFORMÉE EN JACQUERIE.

Système de calomnies organisé par les amis de l'ordre, 113. — Incendies de la Savoie attribués aux démagogues, 114. — L'assassin de la reine d'Espagne donné pour un démagogue, 115. — Egorgement général et pillage universel préparés pour 1852, 115. — Les jacques viennent d'inventer de nouveaux supplices, 116. — Ils jettent les enfants dans les flammes, 118. — Le viol! Les femmes vengent les républicains, 119. — Les représentants du peuple excitent à la dévastation, 120. — Société formée pour assassiner l'ex-président, 121. — Les membres de la Montagne discutant cet assassinat, 122. — Les réactionnaires nous imputent les projets qu'ils ont réalisés, 122. — Démentis donnés par les propriétaires au pillage de châteaux, 123. — Lettre du curé de Poligny, 124. — Les jacques font emprisonner leurs pères et leurs frères, 126. — La *Patrie* forcée de se rétracter, 127. — Les forfaits détaillés de Joigny sont de pure invention, 127. — Le cadavre d'un sous-préfet qui se porte bien, 128. — Horrible histoire brodée sur la mort du gendarme de Clamecy, 129. — Les poignets sciés du gendarme de Marmande, 132. — Qui a le plus d'horreur du sang, 134. — Les jeunes filles et les jeunes femmes de Digne partagées entre les constitutionnels, 138. — Les meurtriers et les voleurs de Chomérac, 138. — Serment d'être parricide, 139. — Béziers à sac! 139. — Deux heures de pillage à Bagnères, 140. — On déshonore les classes laborieuses et on les dit bonapartistes, 140. — Point de délits forestiers pendant les journées de décembre, 141. — Pourquoi Toulouse n'a pas pris les armes, 142. — Honorable réserve des démocrates de Villeneuve, 143. — Deux mille paysans vont prendre Agen avec des sacs, 143. — Les proclamations du comité de Clamecy et du peuple souverain de Bédarieux, 146-147. — Les mensonges des décembriseurs compromettent le caractère national, 149. — L'opinion des riches faussée, 149. — Les réactionnaires ont besoin de la peur pour gouverner, 149. — On ne peut rien reprocher aux républicains maîtres de la France après février, 150. — Générosité du peuple en 1848, 151. — La jacquerie de 1851 est une fantasmagorie, 152.

CHAPITRE VIII.

CRUAUTÉS COMMISES PAR LES DÉCEMBRISEURS.

La seule crainte à concevoir, c'est d'en laisser échapper un seul, 153. — Battues dans les bois de l'Allier et de la Nièvre, 154. — Suicides causés par la terreur, 155. — Traits d'arbitraire, 155. — Expédition du préfet des Pyrénées-Orientales à Estagel, 157. — Le maire de Caumont fait inonder un aqueduc pour y noyer des réfugiés, 159. — Le préfet de Lot-et-Garonne veut enlever la garde de la prison centrale, 159. — Arrêté sanguinaire du commandant Bourrely, 161. — Horrible proclamation du général Bourjolly, 162. — L'hospitalité devenue crime, 164. — Arrêtés de MM. Carlier, Charlier et Pellagot, 165. — Recéleur d'hommes arrêté. — La mort pour un verre d'eau, 166. — Condamnation à vingt années de galères pour recel d'un fugitif, 168. — Pas un proscrit n'a été trahi, 171. — Un maire installé, sous peine d'être fusillé, par le colonel Sercey, 172. — La mort pour une doublure de poche, 174. — Le général Eynard met sous séquestre les biens des pillards, 175. — Le colonel Fririon met à la charge des proscrits les garnisaires placés chez eux, 177. — Tête de fugitif à prix, 178.

CHAPITRE IX.

LA RÉSISTANCE A ÉTÉ FAITE PRINCIPALEMENT PAR LA BOURGEOISIE.

§ Ier. — Impostures accumulées pour tromper la France et l'Europe, 481. — La plupart des brigands appartiennent aux classes conservatrices, 182. — Quelques noms de ceux qui ont pris part à la résistance, 183.
§ II.—Listes d'hommes frappés par les commissions militaires départementales, 183.
§ III. — Listes des personnes arrêtées chaque jour, 201.
§ IV.—Listes des transportés, 205.
§ V. —Notables qui trament le bouleversement de la société, 209.—Les amis de l'ordre avouent qu'il a beaucoup d'honnêtes gens au milieu des brigands, 210. — La Chaussée-d'Antin plus anarchiste que les faubourgs, 214. — La bourgeoisie témoigne à Bédarieux de sa sympathie pour les brigands, 215.—Les bourgeois assassinés traités de malfaiteurs. Le gouvernement des coquins a peur de la garde nationale, 215. — Jacques d'un rang élevé, 217.
§ VI. — Liste des magistrats promoteurs de rébellion, 217.—Magistrats transportés, 218.— L'armée a fourni ses victimes, 220. —Liste de prêtres ennemis de la religion, 221. - De quoi rassurer les classes riches, 223.

CHAPITRE X.

PRÉTENDUE CONSPIRATION DE L'ASSEMBLÉE CONTRE LE PRÉSIDENT.

Les méchants ne s'avouent pas à eux-mêmes qu'ils sont coupables, 225. — Les conjurés de décembre accusent l'Assemblée d'avoir conspiré contre le président. La majorité a, au contraire, été sa complice. Elle a refusé de le mettre en accusation, 228. — Les pièces trouvées à la questure, 228.—Lettre explicative du général Bedeau, 231.—Le plan du guet-apens est de M. Carlier, 231. — Pourquoi M. Carlier ne se chargea pas de l'appliquer. Explications sur sa retraite, 233. — Tentatives de corruption faites directement auprès de M. Changarnier, 234.—L'Élysée avoue qu'il méditait son crime depuis un an, 235. — Dessein de l'exécuter pendant la prorogation, 236. — Pourquoi n'a-t-on pas mis en jugement MM. Baze et Bedeau? 237. — Prétendue coalition de la majorité et de la Montagne, 238, — Les royalistes détestent encore plus les républicains que l'ex-président, 240. — Ignoble imposture de M. Bonaparte contre la Montagne, 240. —Démenti formel, 241.—Le 2 décembre n'est pas un coup d'état, 241.

CHAPITRE XI.

CE QUE SONT LES CONSPIRATEURS DU 2 DÉCEMBRE.

§ I*er*.—Préjugé du peuple en faveur de Napoléon l'empereur. A quoi tient ce préjugé, 243. — M. L.-N. Bonaparte n'est pas le neveu de l'empereur, 245. — Il est attaqué de la manie impériale, 245.—Premier accès à Strasbourg. Il se cache au moment du danger, 246. — Il se déclare touché de la clémence de Louis-Philippe et recommence ses intrigues en Suisse, 247. — Expédition de Boulogne, où M. Bonaparte assassine un soldat, 247.—Il se fait policeman, 250. — Sa lettre à l'Assemblée constituante, 251. — Son élection comme président, 254. — C'est un homme sans intelligence, 255. — Sa circulaire de candidat à la présidence, 257.— Son serment comme président, 258. — Ses protestations répétées en faveur de la République, 259.—Ses amis l'aident à tromper l'opinion, 263. — M. Vieillard, 263. —M. Bonaparte ment par goût, 263.—Échange de démentis entre le *Constitutionnel* et le *Moniteur*, 266. — Sa réputation en Europe, 267. — Le coup de Jarnac fait à force de mensonges, 268. — Ingratitude. Esprit de vengeance. Déguisement en habit de général. États de service du général L.-N. Bonaparte, 272.—Le banquet des sous-officiers, 274. — Le nouveau César a toujours peur, 274.— Triste spectacle moral, 276. — Sa mission, 277. — Soulouque Ier et Napoléon II, 278.

§ II. — La conspiration tramée par le gouvernement, 278. — M. Maupas, 279. — Le gouvernement des bâtards. M. Morny, 281. — Le coup de main des insolvables, 283. — Le général Magnan, 286. — M. Bonaparte corrompt toujours avec de l'argent, 292. — Le prix du sang donné aux officiers, 294. — Les dix francs aux soldats, 295. — M. Saint-Arnaud, 296. — M. Persigny, 304. — M. Vieyra, 306. — Défense de publier les arrêts des tribunaux, 307. — M. Romieu, 311. — Extraits du *Spectre rouge*, 312. — Le plébisciste sous la protection de l'étranger, 315.

§ III. — Pas un homme honorable dans le 2 décembre, 316. — Vol des 25 millions de la banque. Gaspillages de caverne. Fêtes et festins. L'empire. Le duc de Marmelade et le le duc Cassagnac. France en Haïti. Armes parlantes de S. M. Verhuel. 317. — Joug déshonorant, 325. — Abaissement de la France, 327.

ANNEXES.

I. — *Refus de serment.*

Lettre du colonel Charras.	335
Lettre du général Changarnier.	337
Lettres des généraux Lamoricière et Bedeau.	341

Lettres des citoyens J. Favre et Sain 343
Lettre du citoyen Michel Renaud, représentant. 347
II. — *Conduite des proscrits de 1848 et 1849 au 2 décembre* 349
III. — *L'assassinat du général Bréa a été commis par les bonapartistes* 357
Lettre du citoyen Félix Mathé, représentant. 360
IV. — *Refus d'amnistie.*
Lettre du citoyen Joly, représentant 364
Lettre du citoyen Belin, représentant 366
Lettre du citoyen Aubanel Maurice 366
Lettre du citoyen Manau, avocat 368
Liste des membres de la Réunion de la Montagne. 369

FIN.

www.ingramcontent.com/pod-product-compliance
Lightning Source LLC
Chambersburg PA
CBHW060615170426
43201CB00009B/1023